図解で読みとく世界の名著60

読破できない難解な本がわかる本

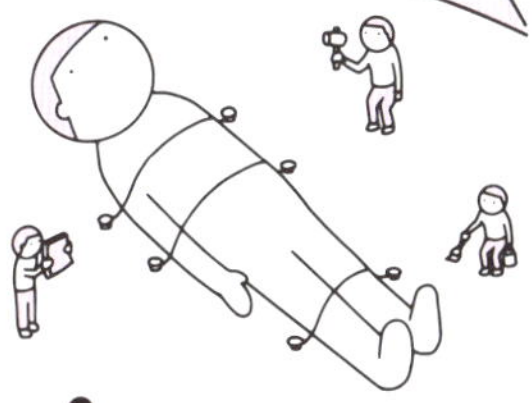

富増章成 Tomasu Akinari

ダイヤモンド社

はじめに

私たちはなぜ本を読むのでしょうか。それは「本は人類が積み上げてきた叡智のアーカイヴだから」です。本は、人に知識や喜怒哀楽すべての豊かな経験を与えてくれる存在です。ときに読んだ人の人生を変えてしまう本だってあるでしょう。

この本で紹介しているのは、本のなかでも特に多くの人に読み継がれていたり、あるいは数千年という時を経ても今なお読まれている本、つまり「名著」です。

「名著」にはそう呼ばれるだけの理由があります。たとえば多くの人が今悩んでいることのほとんどは、この長い歴史上で誰かがすでに徹底的に考えていることです。紀元前という昔に遡っても、人間はやはり人間なのです。だから、もしあなたに悩みや、疑問に感じていることがあるなら、それらの答えのヒントはほぼ「名著」のなかにあるのです。

「目標がないし、やる気も出ない」
「思考が乱れて集中できない」
「健康なのに、なぜか疲れを感じる」

「勉強したいが、どこから何をしたらいいのかわからない」
「働いても働いても、楽にならないのはなんでだろう」
「歳をとってきて、だんだん楽しみが減ってきた」

そんな悩みは、この本で紹介する「名著」のエッセンスを手に入れればたちまち解決するはずです。自分で思い悩むよりずっと気分が晴れること、請け合いです。

ところで、「名著」の多くは、とても難解で、それでいて分厚いものが多いです。しかし、名著が難解なのには、実は理由があります。分厚い古典的「名著」は、その時代背景と常識を前提として書かれているので、多くの場合、現代の私たちにとっては説明不足なのです。また、その学問世界の専門用語を「知ってるんでしょ?」という前提のもとに書かれていますから、こっちはわかるわけがない。

「名著」は、下手をすると一冊をしっかりと理解するのに20年以上かかります(それでも、さらに疑問は増えていきます)。普通に生きて普通に暮らしている私たちには、そんな時間はありません。つまり、「名著」とは基本的に「読破することができない本」なのです。

人生は短い。だからこそ「名著」をまず、おおざっぱに理解して、興味が出たら原典にあたればよいのです。この本では、古今東西の「名著」のうち哲学から心理学、経済学まで選りすぐった60冊のエッセンスをイラストとともにわかりやすく解説していきます。

もちろん原典と比べてその情報量は雲泥の差です（本書の場合、500ページの本を見開き4ページにまとめているのだから）。でも、なんにも読まないよりずっといいでしょう？　そう思いませんか。分厚い本を一冊買って、読まないで部屋に飾っておくより、本書を電車の中で読んだほうがいいに決まっています。

必ずしも時代順になっていないので、どこから読んでもOKです。パラッとめくって、全体を眺め、どんなふうに自分の役に立ちそうかを考えます。それぞれの本は、関連を他のページとリンクしてあります。つながりの意味については、6～7ページの「ひと目でわかる名著の関連図」を参照してください。

ぜひ本書を活用して、自由な思考法を手に入れて、人生の難問解決をはかり、明日に向かって進んでください。きっと、すばらしい未来が広がっていくことでしょう。

2019年3月　富増章成

【本書の使い方】

項目別に人生、経済、心理などの見出しをつけていますので、自分の興味のあるところを開いて読みます。本の難易度【★★★★★】の部分は、基本的に読み通すことができない、読んでも意味がとれない場合は星が多くなっています。その本の重要度や深さとは関係がないので参考程度で考えてください。

例えば『老境について』などは、原典も厚さはありませんし、読みやすいのですが、内容はとてつもなく深いと言えます。けれども、とっつきやすさで★一つと、少なくなっています。

次にある著書の解説を読みましたら、それと関連する思想などのページが記載してありますので、そちらに飛びます。

するとまったく無関係な分野が、つながっていることがわかります。また、テーマによって思考実験、空想、仮定を前提とした思考など、いろいろ実践できるので、ホッと一息つきたいときにもおすすめです。

それから、ちょっとしたアドバイスです。本書のようなダイジェスト版的な本を読んだあと、すぐに原典へとジャンプするまえに深呼吸しましょう。

「ショーペンハウアーは人生の苦しみについて書いているのか。もっと知りたい。じゃあ、原典の『意志と表象としての世界』を読むぞー!」というのは、あまりおすすめできません。紹介されている難解な「名著」に興味が出たら、新書などの解説書に進むのです。そうやって、ダイジェスト版からより専門的な概説書へ、余裕があれば、原典に向かうという段階を踏みましょう。くれぐれもジャンプしすぎないように。

ぜひ、まず本書から入って、この書を超えていき、有意義な人生を送ってください。

※見出しの書名からは副題を除いています

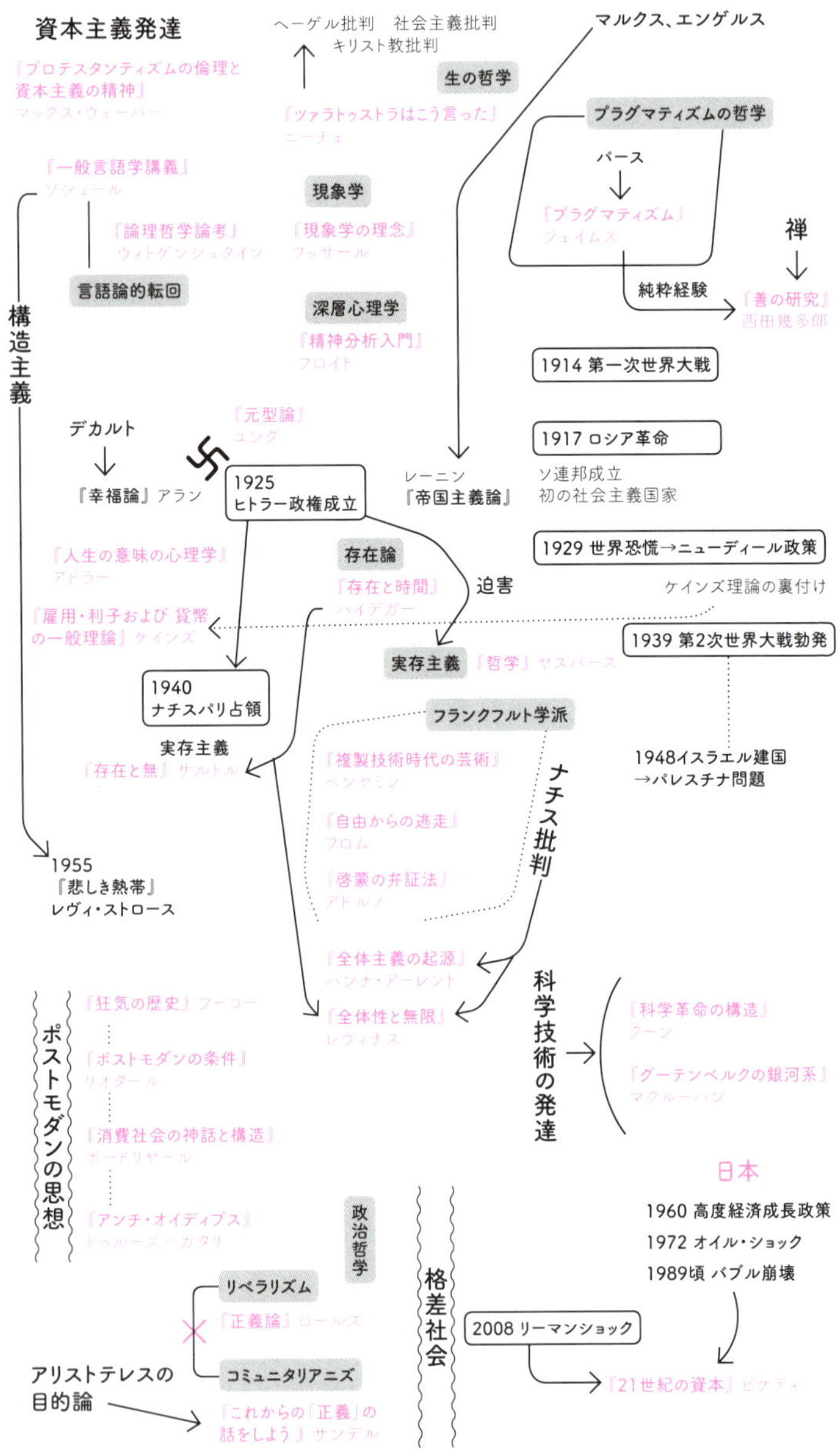
資本主義発達
『プロテスタンティズムの倫理と資本主義の精神』
マックス・ウェーバー
ヘーゲル批判　社会主義批判
キリスト教批判
生の哲学
『ツァラトゥストラはこう言った』
ニーチェ
マルクス、エンゲルス
プラグマティズムの哲学
パース
『プラグマティズム』
ジェイムズ
禅
純粋経験
『善の研究』
西田幾多郎
『一般言語学講義』
ソシュール
『論理哲学論考』
ウィトゲンシュタイン
言語論的転回
構造主義
現象学
『現象学の理念』
フッサール
深層心理学
『精神分析入門』
フロイト
1914 第一次世界大戦
1917 ロシア革命
ソ連邦成立
初の社会主義国家
『元型論』
ユング
デカルト
『幸福論』アラン
1925
ヒトラー政権成立
レーニン
『帝国主義論』
1929 世界恐慌→ニューディール政策
ケインズ理論の裏付け
存在論
『存在と時間』
ハイデガー
迫害
『人生の意味の心理学』
アドラー
『雇用・利子および貨幣の一般理論』ケインズ
1939 第2次世界大戦勃発
実存主義
『哲学』ヤスパース
1940
ナチスパリ占領
フランクフルト学派
実存主義
『存在と無』サルトル
『複製技術時代の芸術』
ベンヤミン
ナチス批判
1948イスラエル建国
→パレスチナ問題
『自由からの逃走』
フロム
『啓蒙の弁証法』
アドルノ
1955
『悲しき熱帯』
レヴィ・ストロース
『全体主義の起源』
ハンナ・アーレント
『全体性と無限』
レヴィナス
科学技術の発達
『科学革命の構造』
クーン
『グーテンベルクの銀河系』
マクルーハン
ポストモダンの思想
『狂気の歴史』フーコー
『ポストモダンの条件』
リオタール
『消費社会の神話と構造』
ボードリヤール
『アンチ・オイディプス』
ドゥルーズ＝ガタリ
日本
1960 高度経済成長政策
1972 オイル・ショック
1989頃 バブル崩壊
政治哲学
リベラリズム
『正義論』ロールズ
コミュニタリアニズム
アリストテレスの目的論
『これからの「正義」の話をしよう』サンデル
格差社会
2008 リーマンショック
『21世紀の資本』ピケティ

ひと目でわかる名著の関連図

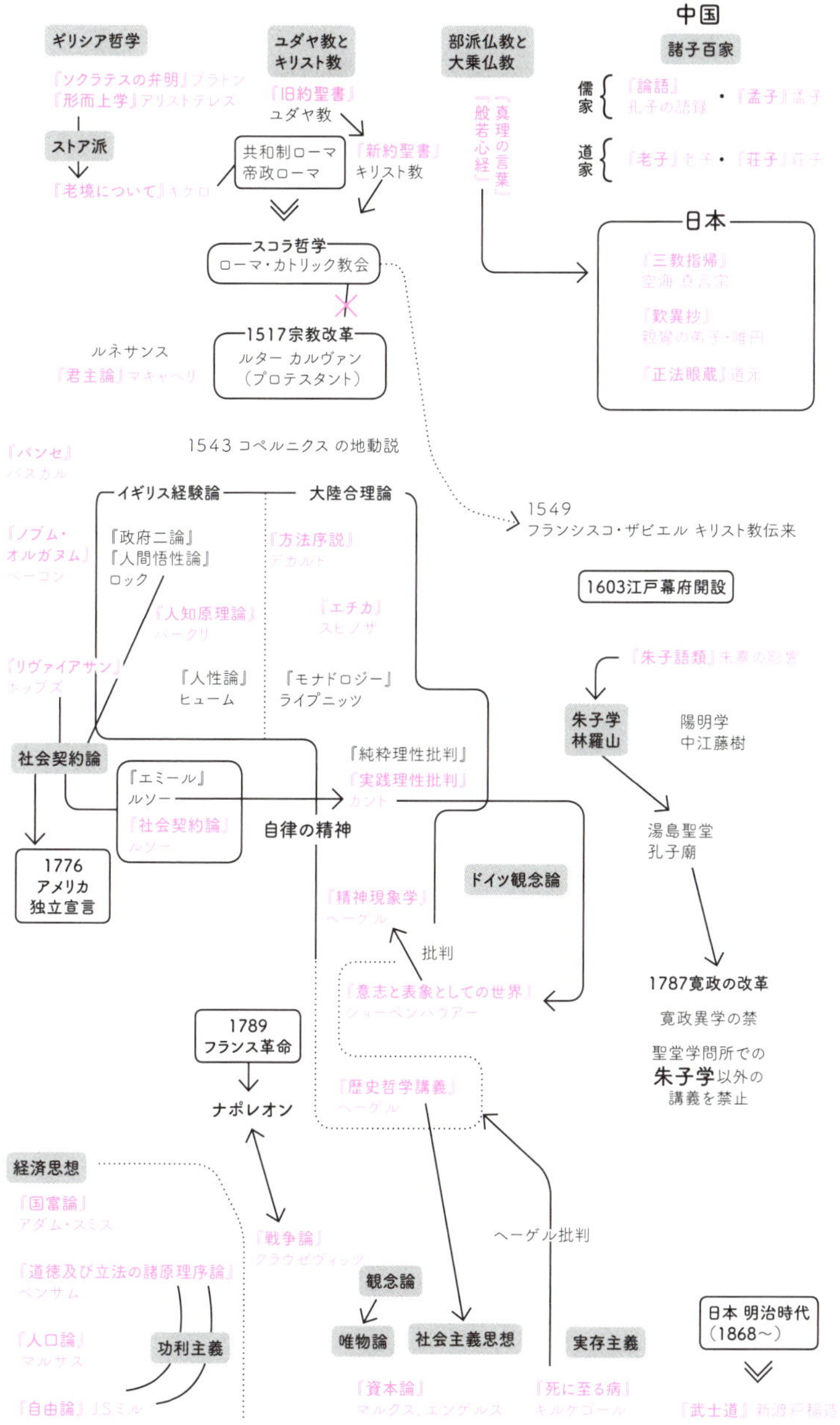

古代・叡智編

第1章 古代からの叡智を知ることができる本

思考・理性編

第2章 考えに考えて人生を変える本

人生・苦悩編

第3章 悩める人生について考えることができる本

政治・社会編

第4章 現代の政治思想とその起源がわかる本

経済・生活編

第5章 仕事と生き方がよくわかる本

心理・言語編

第6章 人の「心」と「言葉」について考えてみる本

思想・現代編

第7章 現代社会を別の角度から考えてみる本

日本・自己編

第8章 日本の思想をふりかえって自分を知る本

古代・叡智編

第1章

古代からの叡智を知ることができる本

【本の難易度】★☆☆☆☆

『ソクラテスの弁明』

プラトン 著

この本が書かれた背景

世界で最初に人の生き方を説いた哲学者。それがソクラテスだ。その主張は「ただ生きるのではなく、よく生きること」だった。しかし、真実を追求するあまり弁論家や政治家に煙たがられ、最後は死刑になってしまう。弟子のプラトンは、ソクラテスが裁判で弁明する姿をストーリー的な対話形式で残したのだった。

問答法とはなんだろう？

紀元前３９９年のこと、ソクラテスはアテネの法廷で訴えられ、裁判によって処刑されました。これについて記したプラトンの著作『ソクラテスの弁明』は法廷弁論の再現という形をとっている対話篇です。内容は、「最初の弁論」「有罪の宣告後の弁論」「死刑の宣告後の弁論」の3部からなります。

自分に罪はないと主張するソクラテスは、法廷弁論として、デルフォイの神託の出来事について語りました。本書の記述によると、あるとき、ソクラテスの信奉者がデルフォイの神殿で「ソクラテスより賢い者はいない」という神託《しんたく》を受け、ソクラテスはこれに驚くとともに当惑しました。そこで、神託を反駁《はんばく》したい気持ちから智者（ソフィスト）らと問

対話篇
シナリオのような形式になっている本書はプラトンの初期対話篇の一つであり、ソクラテスの処刑後、数年の間に書かれた。

「～とは何か？」と本質を聞かれると
けっこうわかってないことがわかり、より理解が深まっていく

答し、自分より賢い人間を見つけようとしたのでした（問答法）。問答して負ければ、神託を否定できるからです。

ところが、実際に問答してみたところ、智者と呼ばれる人々は、自分の専門分野には詳しいのですが、人間として一番大事なことを知らないということがわかったのです。

そこで、ソクラテスは「自分も何も知ってはいないが、自分が知らないと思っている。ただその点で自分が彼らより賢い」と考えて、神託について納得しました。

こんな問答をすると相手に「無知の自覚」をうながしますから煙たがられます。知らないことをそのまま素直に「知らない」と自覚し「じゃあ何がホントウなの？」と相手に真理を生み出させる（産婆術）のですから、多くの人から憎まれることになったのです。

全体は3部にわかれている。アテナイの裁判では、告発者と被告者がそれぞれの意見を一方的に語るのが慣行だったが、ソクラテスは、あえて対話を試みた。

問答法
相手が思い込んでいる結論に、例外的なテーゼを示すことにより、その思い込みが誤りであったことを自覚させる方法。問いを投げかけられた相手の「ドクサ（思い込み）」が破壊されて、無知が顕になる。必ずしも答えが出るわけではない。

「魂」を磨く方法とは？

一般に、人間が日常生活で重きをおいていることは、収入や財産を増やすことや、評判や名誉を獲得することなどです。しかし、ソクラテスはそれについて「恥ずかしくないのですか？」と問いをすすめ、「よい」について追求しました。

普通の人が言う「よい」は「金儲けができるからよい」とか「名誉があるからよい」であって「魂がよい」わけではないというのです。つまり、結果の効率性が「よい」（近代では帰結主義という。153ページ参照）だけであって、その本質的な心の中心が「よい」のではありません。

だから、肉体や物レベルへの思慮よりもまずもって内面的な「魂」に目を向けるべきだというわけです。「魂を配慮」して「よく生きる」と金や権力を犠牲にすることが多々あるでしょう。ソクラテスのこの主張も反感をかいました。

ソクラテスの主張によれば、財産や名誉を失うことはある。でも、真に配慮すべきなのは、思慮が働き真理が求められる場としての「魂」のよさです。そこでは快楽が得られるかではなく、善悪の価値が重要視されます。配慮が向かう魂こそが自分自身であり、そのよいあり方が最高にパフォーマンスを発揮した状態が「徳」（アレテー）と呼ばれます。

ソクラテスは、このような信条のもとに、人々と対話する活動を行っていたのですが、判決は死刑となりました。死刑と言っても当時は、牢番に賄賂を贈って国外逃亡す

よく生きる
人間にとって最も大切なものは魂である。財産や名誉や権力を求めるのではなく、魂を磨くことが「よく生きる」ことである（魂の配慮）。

死刑
ソクラテスの死刑

ればそれでよかったのですが、ソクラテスは、ど真面目に死刑になってしまったのです。ソクラテスは有罪投票をした人々に向かって、「ソクラテスを殺して人生の吟味、つまり哲学から解放されたと思ったら大間違い」と語りかけました。自分をアブにたとえて、これを叩き潰しても、次のソクラテス的な使者が送り込まれると予言したのです。

ソクラテスの思想は後の哲学史のスタートとなり現代にまで影響を与えています。ホントウのことを言うと消される――。イエスの磔刑（26ページ参照）に重ねられることもあり、まさに、予言は的中したといえるようです。

人生で役に立つこと

自分が知っていると思い込んでいることに対して「それは何か」「なぜか」と問いかけていくことによって、知識の確認をすることができる。あやふやな知識がよりシャープに研ぎ澄まされ、モノの本質が見える。

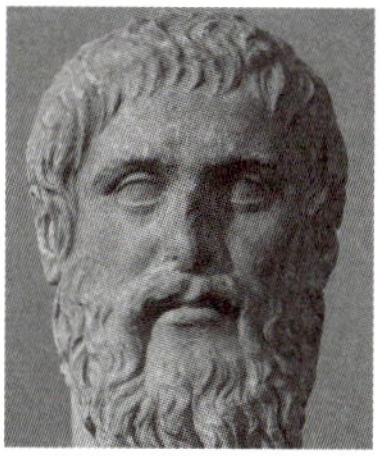

（CC-BY-SA Jastrow）

プラトン（前427年～前347年）

古代ギリシャの哲学者。ソクラテスの弟子、アリストテレスの師にあたる。イデア論などを説いた。学園「アカデメイア」を創立。著書に『国家』『クリトン』など。

の罪状は、「若者たちを堕落させ、かつ、ポリスが信ずる神々を信ぜず、別の神霊（ダイモーン）のようなものを信じている」という根も葉もない内容だった。彼の弁明にもかかわらず有罪判決がだされ、最終投票によって死刑が決定した。死刑の方法は自ら毒（毒ニンジン）を飲むという方式だった。このシーンはプラトンの対話篇『パイドン』に詳しく描かれている。

【本の難易度】★★★★★

『形而上学』

アリストテレス 著

この本が書かれた背景

政治学、自然学、論理学、詩学などあらゆる学問の祖がアリストテレスだ。その中でも重視されたのは、形而上学。あらゆる学問の土台となる「存在」について研究する「第一哲学」である。これを研究すると、世界はある「目的」に向かって進んでいることがわかるという……。

万学の祖がとことん考えたらこうなった

「人は誰でも生まれつき知ることを求める」。これが『形而上学』第一巻の冒頭です。人間の知的好奇心は、それが役に立たないとわかっていても「知りたいから知る」「思わず考えてしまう」ということです。これが哲学なのです。

アリストテレスの形而上学では、あらゆる学問に共通する「存在」について説明されます。アリストテレスは「存在」の最も一般的な形式を10個に分類しました（カテゴリア）。たとえば、これは猫だ（実体）、うさぎは白い（性質）、重さが200グラムだ（分量）、私の父母（関係）、棚に並んでいる（場所）、昨日見た（時間）、立っている（様態）、本を持っている（所有）、走っている（能動）、壊されている（受動）となります。

形而上学
原題は『自然学的なるものの後に来るもの』。つまり、形而上学とは、「自然学を超えた」学問のこと。「第一哲学」とも表現される。本書は、アリストテレスの14の論文が後世に

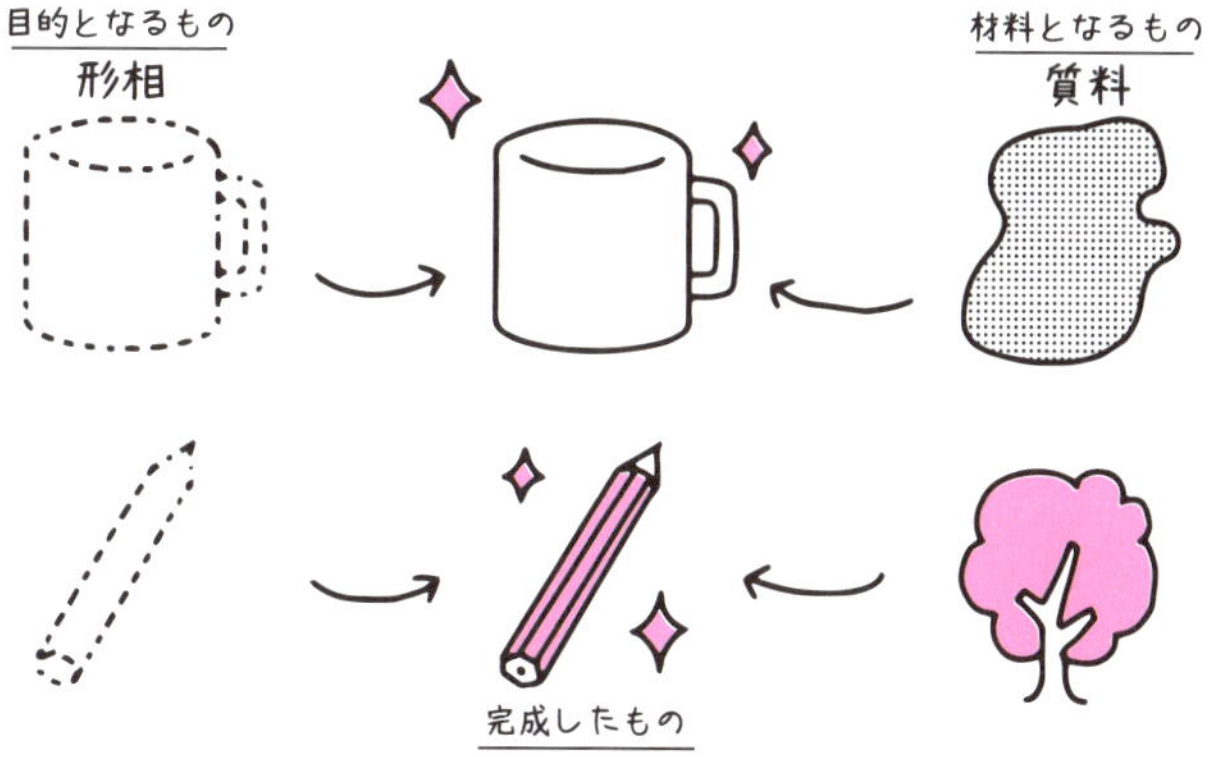

すべての存在は目的をもって運動している
機械論的観点から目的論的観点にシフトしてみよう

そのなかで「何であるか」という問いに対して、「人である」「馬である」などの「馬」や「人」が個物であり「実体」です。「この馬は速い」「この馬は大きい」という表現ができ、これは「主語と述語」という形式になっています。実体はその同一を保ちながら、様々な性質をもちます。

ソクラテス（実体）が立っている、あるいは座っているというように、実体に述語として、様々な説明が付け加えられるわけです。実体とは性質や分量において変化しながらもそれ自身は変わらない概念です。

ソクラテスは、若くても歳をとってもソクラテスという実体を維持します。

原因をたどっていくと不動の第一原因につながる

「実体」すなわち、存在する「個物」（コッ

編纂されたもの。すべての学問は何らかの形で存在について関わっているが、存在そのものを語ろうとはしない。存在の普遍的概念を問う学問である。

実体
アリストテレスによると、「実体は、主語となって述語とならないもの」とされる。「この人」とか「この馬」など「このもの」として指示される個物のことをいう。よって実体は分割されず、数の上で一つということになる。

プとかペンなどのこと）は、「形相《けいそう》」と「質料《しつりょう》」によって説明されます。「形相」は設計図であり、「質料」は材料のことです。銅でできた彫像は、彫像という「形相」と銅という「質料」が合わさってできています。銅でできたコインは、コインという「形相」と銅という「質料」でできています。同じ銅という「質料」でできていても、それぞれの「形相」が異なるので、使用目的も異なります。つまり、「形相」は目的を決める内在的な要因ということになります。

質料は形相によって限定されるもの、あるいはまだ限定されていないが形相をとりうるものです（銅は彫像になったりコインになったりする）。だから、質料は未完成の可能性をもっています（可能態）。一方、形相は、未完成の質料が完成した「現実態」です。

たとえば、樫の実は、見た目はなんの木になるのかはわかりません。でも、生長すれば樫の実は樫の木になるのであって、杉の木にはなりません。ということは、すべての種子には目的をもった形相がプログラミングされていることになります。

個物は生まれて、育って、同じ形相の個物を産んで終わるという目的をもっています。私たちの行為にもまた、すべて目的があります。散歩は健康のため、健康は働くため、働くのは給料をもらうため、給料をもらうのは家族を養うため……というようにさかのぼって考えられます。けれども、これが無限に続くのなら「人生はなんのためにあるのか？」と虚しくなるでしょう。よって、目的は無限に遂行されてはいけません。もはやそれ以上問うことのできない究極の目的があるはずです。

形相と質料
自然物や人間がつくった個物は、すべて形相と質料の2つの側面を持つ。形相は個物の外見上の形であるし、またその形を支えている内部構造で、質料はその材質である。この世界の生成は質料が形相を実現し、可能性が現実性へ移っていく一連の円運動の動きと考えられる。アリストテレスはプラトンのイデア（形相）が、イデア界にあるという考えを批判し、イデアは内在していると考えた。

アリストテレスは、その究極の目的としての存在（不動の動者）が世界を動かしていると考えました。機械文明が進んだ現在において、結果や利益ばかりが追い求められ、そのなかで忘れ去られているものは、人生の「目的」なのかもしれません。

人間は享楽的なものを求めますが、その本質的な価値を求めることが理想とされます。「美味しいものを食べる」もいいかもしれませんが、「美味しいもののレシピをつくる」の方が、より本質的な価値に近づきます。

人生で役に立つこと

現実の成り立ちを「目的」の観点からながめれば、すべての出来事は一つのことに向かっていっていることがわかる。物事を「どのようにあるか」ではなく、「その目的は？」と考えることで新たな切り口が見える。

（CC-BY-SA Jastrow (2006)）

アリストテレス（前384～前322年）

ギリシアの哲学者。17歳のときアテネに出てプラトンの門下生となった。マケドニアで、アレクサンドロス大王を教育した。前335年、アテネでリュケイオンを開く。政治、文学、倫理学、論理学、博物学、自然学など学問領域の分類と総括を行なった。

現実態
現実化する以前の潜在的な能力を持つ可能態の実現されたものが現実態（エネルゲイア）であると説明される。

不動の動者
すべては形相と質料によって生成消滅していく。よって、もはやいかなる質料も含まない純粋な形相（第一形相）が存在する。これは、他のすべてを動かし、自分は動かない存在である。すなわち、世界を動かす「不動の動者」であり「神」である。

【本の難易度】★★★☆☆

『旧約聖書』『新約聖書』

聖書の編者ら

この本が書かれた背景

人生が苦しくってしょうがない人たちが、その理由を神から心が離れているからだと理解した。神の律法をひたすら守るけれどもうまくいかない。そこで、神自らが人間の姿をとって出現し、全人類の罪をあがなったというストーリー。そこまで、神は人間を愛していたのだった。

ユダヤ教の経典だった『旧約聖書』

『聖書』には2種類あります。イエスが登場する前の聖書が『旧約聖書』、イエスが登場する聖書が『新約聖書』です。旧約聖書は、キリスト教からの呼び方であり、「旧約」とは、古い契約という意味です。もちろんユダヤ教の側では、聖書は一冊しかありませんし、旧約とも言いません（単に「聖書」と呼ばれます）。

旧約聖書の内容をかいつまんでいうと以下のようになります。まず、天地創造の神がイスラエル人に律法（ルール）を与えます。神が与えた律法を守れば、人間は救われるのですが、人間はこれらを守ることができません。そこで、彼らは苦難の歴史を歩むことになり、神は何度も預言者を使わして、人間にアドバイスをします。それでも人間は、神のルー

旧約聖書
前10〜前1世紀の間にまとめられたという説がある。創世記では、天地創造、アダムとエヴァの楽園追放からアブラハムの族長物語までが記されている。出エジプト記では、モー

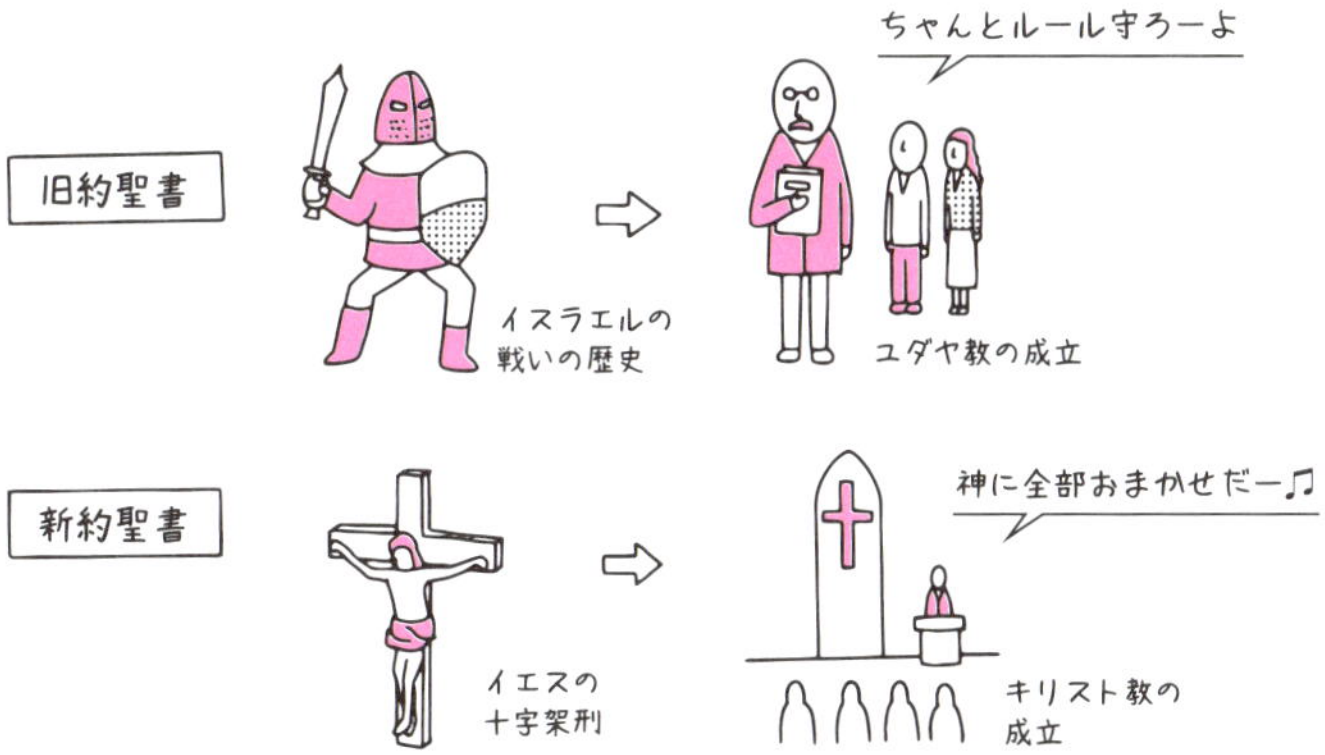

人間はルールを守れないダメダメな存在だから、神はみずから十字架にかかって、人類の罪を初期化した

ルを守りきれません。そこで神はイスラエル人たちを繰り返しお仕置きします。

ルールを守らないと激しい神の怒りが下ります。なにしろ、神が怒ると国がまっぷたつにされて、他国に連行されたりするのだから、たまりません（国が別れて、片方の国がユダと呼ばれ、ここからは、イスラエル人をユダヤ人と呼ぶというとらえ方もあります）。

イスラエル人たちもあんまり神に怒られるものだから、ビクビクしてルールを完璧に守ろうと決意し始めます。親の顔色をうかがいすぎて、こんどは完璧主義で潔癖症みたいになってしまったのです。これを「律法主義」といいます。

彼らは絶望に陥って、最後は救世主（メシア）の出現を待ち望みます。でも、旧約聖書のストーリーでは、最後まで救世主は現れませんでした。

ゼに率いられたイスラエルのエジプト脱出の物語と神から与えられた十戒など。歴史書では、ダビデ王とソロモン王の栄華や統一王国の分裂、イスラエル王国、ユダ王国の滅亡などが描かれている。知恵文学のヨブ記、預言書ではイザヤ書、エレミヤ書、哀歌、エゼキエル書、ダニエル書などから構成されている。

こうしてキリスト教が誕生した

これを引き継いだのが新約聖書で、待ち望まれた救世主がイエスであるという設定です（イエス・キリストは「イエスが救世主（メシア）である」という意味）。当時、ユダヤ人たちは、ローマ帝国の支配下に入り、ほそぼそとやっていくしかない状態に追い込まれていました。そこで、パリサイ派、サドカイ派（法律専門家のような人たち）が強い力を持ちました。

イエスはユダヤ人でユダヤ教の信者でした（大工ヨセフの息子）。本人はユダヤ教の教えを説いているつもりでした。ところが、その内容があまりに新解釈で斬新だったのです。

新約聖書の福音書には、「心の貧しい人々は、幸いである、天の国はその人たちのものである。悲しむ人々は、幸いである、その人たちは慰められる」など苦しむものへの慰めや、「復讐してはならない」「天に富を積みなさい」「人を裁くな」「悪口を言われたら喜べ」「欲情をもって人妻を見る者は、すでにその心のうちで姦淫《かんいん》している」などの数々の教えが綴られています。

イエスの教えや行動は律法学者にとっては挑発的な行為と解釈されました。自分たちの伝統が崩されるのではないかと恐れを感じた彼らは、政治家に根回しをしてイエスを逮捕させます。イエスは死刑（十字架刑）となりましたが、弟子たちの間では、3日後にイエスが復活したと信じられました。

新約聖書

2～4世紀に現存の形が成立したとする説がある。新約聖書は4福音書に加え、歴史書（使徒行伝）1巻、書簡21巻、ヨハネの黙示録1巻からなる。福音書は「マタイによる福音書」「マルコによる福音書」「ルカによる福音書」「ヨハネによる福音書」である。使徒行伝は、ペテロとパウロらを中心とした使徒らの福音伝道の記録であり、イエスの昇天と教会の確立、さ

さらに、弟子たちはイエスの死に、贖罪《しょくざい》という意味を与えます。旧約聖書でイスラエル人たちが、自分たちの罪を清算することができなかったので、イエスが罪人にかわって十字架の死を遂げ、神に反逆している人間の罪をチャラにしてくれたのです。

これは、親が子供の借金をかわりに払ってあげたような意味です。この後の弟子たちの活躍が記されているのが「使徒言行録」です。ここには、イエスの昇天から弟子パウロのローマ滞在に至るまでの初代教会が成立していく過程などが記されています。キリスト教は、イエスがつくったわけではなく、弟子たちの信仰によって構築されたのでした。

らにエルサレム教会、異邦人教会の成立、また、パウロの回心などが描かれている。

人生で役に立つこと

聖書の内容はざっくりと知っておきたい。聖書の知識なしでは、海外における習俗・習慣から政治的なパレスチナ紛争まで、その根本を理解することはできない。聖書を知ることで世界の新しい側面が見えてくる。

聖書の編者ら

聖書を編集した人々は、歴史的に交代していっている。旧約聖書はユダヤ教成立とともにまとめられていった。新約聖書の福音書編者は、マタイ、マルコ、ルカ、ヨハネとされているが、これも実際にその人物が書き記したかは諸説ある。

【本の難易度】★☆☆☆☆

『老境について』

この本が書かれた背景

2025年に高齢化率は30％、人口の3人に1人が高齢者という時代。老人になることは他人事ではない。が、なんと紀元前の共和政ローマで、老人になるメリットを強く説いている人がいた。時空を超えた高齢者による現代人へのアドバイスに耳を傾けてみよう。

キケロ 著

歳をとることは悪いことではない？

だれでも歳をとることはうれしくはありませんが、なんとローマ時代に、老境について考えた政治家・哲学者がいました。それは、世界史の教科書にも登場することで有名なキケロです。

キケロはストア派の立場から、人が哲学をしっかり学びつつ、理性的に生きれば、一生のいかなる時期も憂いなく生きることができると説いています。ですから、日常生活を理性的に生きることは大切ですし、老衰の時期にも用意をととのえて、「高齢者になった」という事実を受け入れる心構えが必要とされます。

キケロは、現代の私たちと同じく、「一般的に老境は望ましくないものとされている」

理性的に生きる
ゼノンが説いたストア派の生活信条は「自然に従って生きる」である。

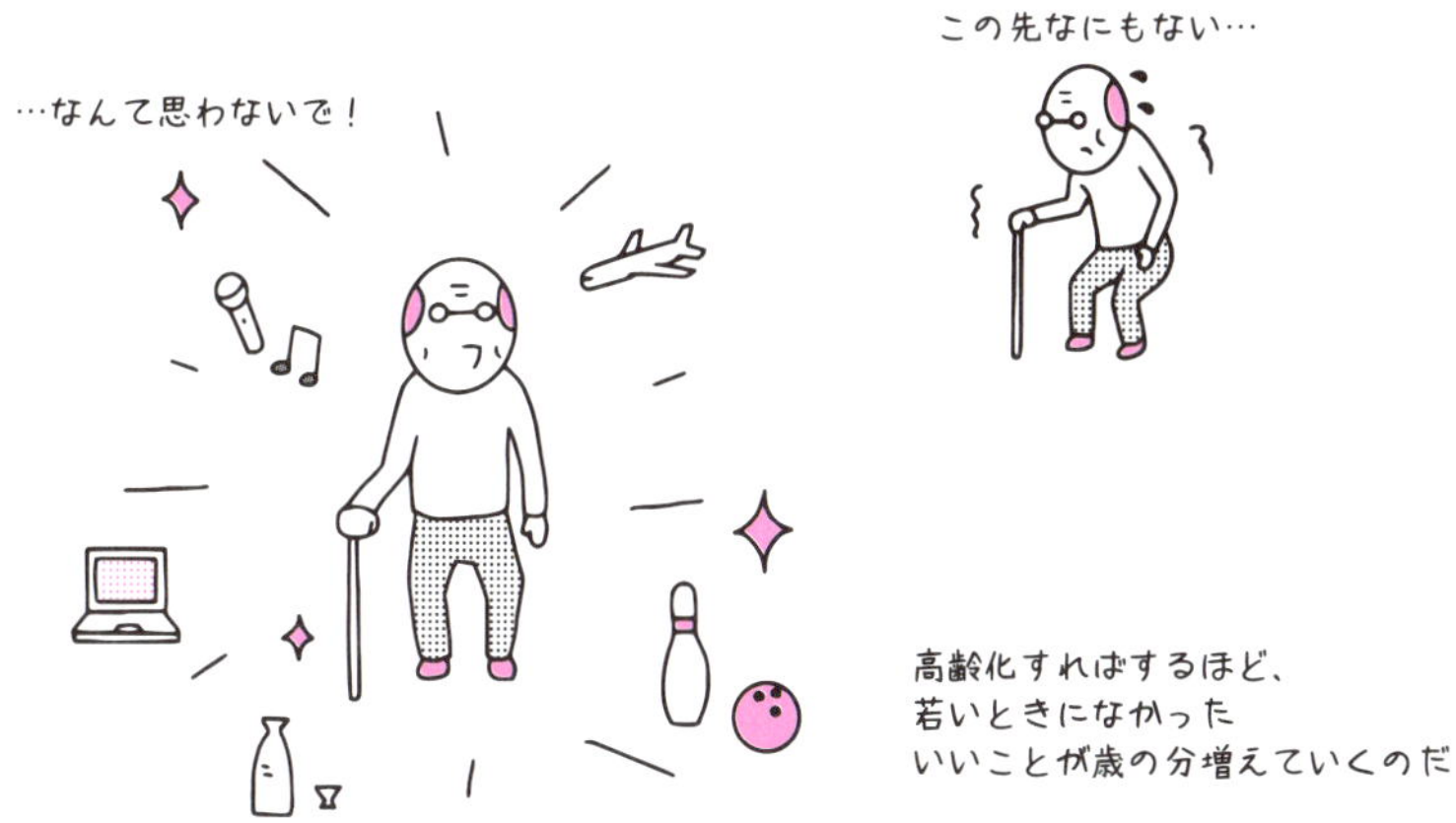
この先なにもない…
…なんて思わないで！
高齢化すればするほど、
若いときになかった
いいことが歳の分増えていくのだ

と認めています。「世の中の人は、老境に入ると楽しみがなくなるだの、他人から相手にされなくなるだのと恐れている」わけです。けれども、キケロによると、まったく心配はいらないそうです。

まず、老人は高度な仕事ができると説かれています。

世間では、「老人は若者のする仕事ができないという誤解」が広まっている。仕事で大切なのは「肉体の活力・機動性ではなく、思慮・貫禄・見識である」。「老境になるとそれが増大してくるのだから、若者にはまねできない仕事ができるのである」（同書）

これは少子高齢化の現代に、大きな助言となることでしょう。

さらに、老境に入ると肉体がよわってくると世の人は言いますが、熱意と活動とが持続しているかぎり老人は健康体の維持が可能だ

自然とは宇宙の理法（ロゴス）であるので、自然に従うとは人間が自らの理性に従うことである。自然に従うとは、理性的に生きるということ。よって情念をコントロールするアパティア（不動心）の境地が説かれる。

とされます。「知力も増して、覚えも減ずることはない。むしろ、多くの知識が新しい言葉の連結に一役買ってくれるものだ」とされます。

「老人は嫌われるのではないかという不安を持つ必要もない。老人たちは、嫌われるどころか好かれていると言うべきである。若者も老人たちの様々な教えを楽しみにしているのだ。知識を錬磨し、精神の訓練に汗を流していれば肉体的力の欠乏を覚えることはない。絶えず仕事をしている人は老境が忍び寄るのも気がつかないものだ」(同書)

老境はよいことだらけだ

さらにキケロは、老境のよいところを強調しています。老境ではほとんど欲情がなくなる。若いときには欲情して、思考を妨害されたり、道徳的に反する有害な行為に流されがち。しかし、老境はこれを自然に遠ざけてくれる。よって、肉欲と野望から離れた老境は、好学をもってよろこばしい生活をおくることができるわけです。

「適度な食事、談話の楽しみもあるし、自然にかこまれて晩年をすごすことほど幸福なものはない」とされます。

キケロの時代でも、老人たちは、「気みじかで、苦労性で、憤りやすく片意地だ」と言われることがあったそうです。これもいつの時代も変わらないことなのかもしれません。しかし、キケロは、「気みじかで、苦労性で、憤りやすく片意地をはる人間」は、若者にもみられるし、逆に、気長で温厚な老人がたくさんいるとバッサリ断じています。

覚え
第7章に「記憶力を失いはせぬかなぞと心配はせぬ。人が年寄りになったからというて……何処に己の財産を埋めておいたかを忘れてしまうようなためしをきいたことがない」とある。

死
ストア派は死の不安・恐怖の克服を目指す哲学の学派

老境の最大の問題は「死」ですが、これもキケロはユニークな主張をしています。「死はすべての年齢にとって共通なものであり、青年も同じ状況にある」。人間いつ死ぬかわからない。そんな心配をしてもしょうがないというのです。

「人は、等しく、いつ死ぬのかわからないものじゃ」と、まるで近所のオヤジが語っているような親近感があります。だからゆったりと生活すればよい。「死」そのことが問題なわけではなく、人生が満ち足りていたかどうかが問題だと説かれています。ローマ時代の究極のポジティブ・シンキングと言えるでしょう。

人生で
役に立つこと

大昔の哲学者は、アンチエイジングどころか、歳をとることを楽しんでいた。すべてを理性的に考えれば、若いも歳をとるも同じこと。それぞれにいいところも悪いところもある。いいところに焦点をあてよう!

（CC-BY-SA Jacek Halicki）

マルクス・トゥッリウス・キケロ（前106～前43年）

共和政ローマ末期の政治家、ストア派の哲学者。ラテン語で哲学の術語をつくり、ラテン語を思想伝達の手段とした最初の人物で、中世哲学の中心的教師となった。アントニウスの敵として殺害される。

である。キケロによると、もしも死において、人の魂が消えうせるのなら、死はまったく無視してよい。一方、もしも死んでも魂が消えないで別世界へいけるのなら、死は願い求めるべきことだ。どっちにしたって死について恐れる必要はないのである。「老境の稔りは、前もって収穫された美徳善行の思い出と蓄えである」（同書）。死は円熟である。美徳と善行に励んで人生の稔りを豊かにした人は死をまったく恐れることはない。

【本の難易度】★☆☆☆☆

『論語』『孟子《もうし》』

孔子の言行録（弟子らの編纂）・孟子 著

この本が書かれた背景

『論語』は孔子と弟子たちの言行を記した書。論理よりも実践を説く傾向がある。日常の生き方から政治のあり方までを広範囲に語る。『孟子』では仁愛を中心に人生と世界について説かれている。

愛と根性について書かれた孔子の語録

儒教の教えは「仁《じん》」に集約されます。「仁」はもともと肉親間に芽生える愛を意味しました。よって、孔子においては、親兄弟への愛を重視します。たとえば、親に対する徳目が「孝《こう》」ということです。

また、孔子の「仁」は肉親間の愛のみにとどまりません。「仁」は内面的・主観的な側面にとどまらず、外側へと表現されていきます。これが、「礼」の徳目です。愛が外側にあふれ出れば自然に「礼」が実現します。

これは、社会的な人間関係にも影響する考え方です。『論語』によれば、「親兄弟にあたたかい気持ちを抱いている人間は、上司にさからったりしない」（有子・学而《がくじ》編）と説か

儒教
儒教は、『論語』から始まって、『孟子』『大学』『中庸』の四書を代表とする。その他、関連する書としては、『易経』『書経』『詩経』『礼記』『春秋』の五書など多数ある。

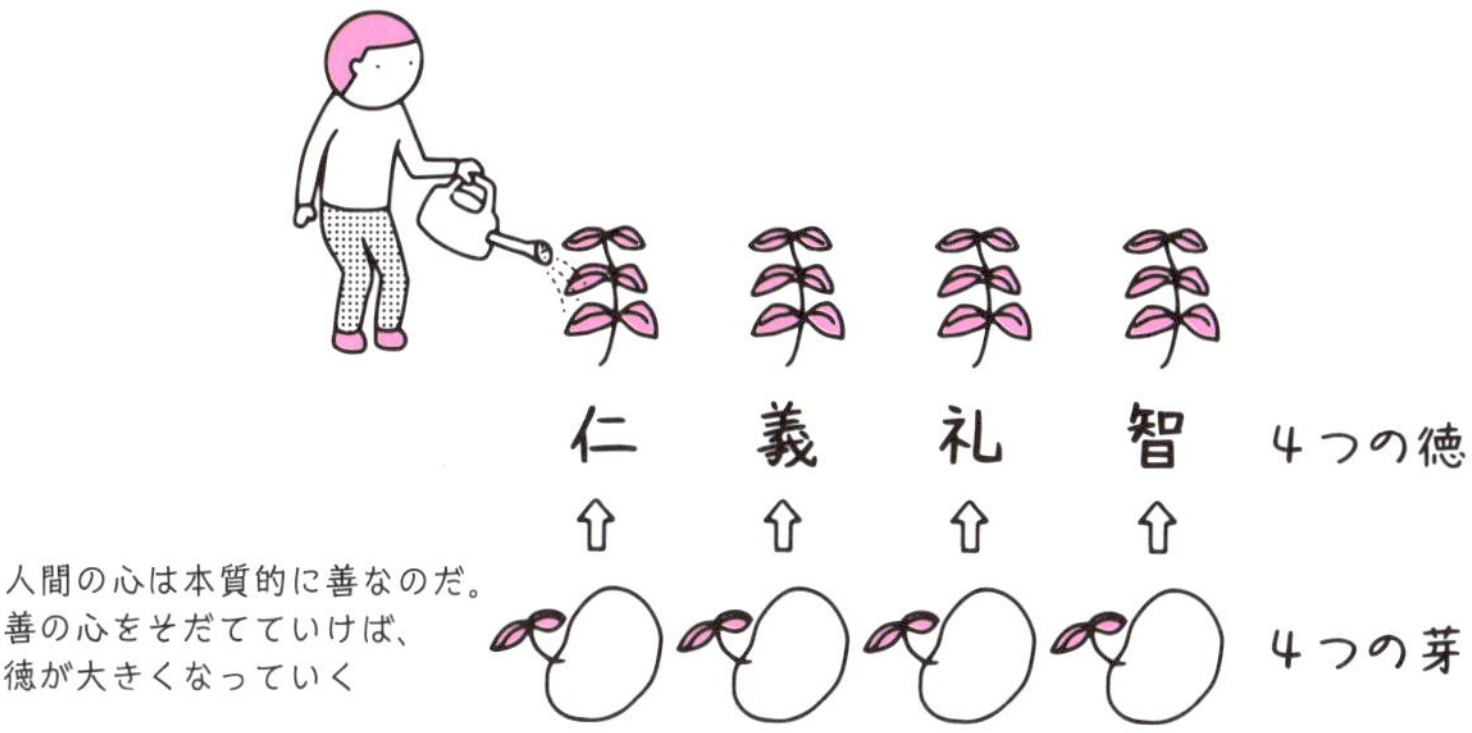
仁
義
礼
智
4つの徳
人間の心は本質的に善なのだ。
善の心をそだてていけば、
徳が大きくなっていく
4つの芽

れています。

「義」は自己の欲（利）を抑える徳目です。

『論語』では、自己の欲望を抑えて、礼にかなった行動をとること、つまり欲望に克つことを「克己復礼《こっきふくれい》」といいます。

また、国の為政者がこれを行えば、国全体が安定します。法律によって政治を行う法治主義に対して、道徳により国を治めるという考え方の徳治《とくち》主義が説かれました。

人を刑罰で罰してもその抜け穴を考えて、やはり悪事をはたらくので、個々人の徳を養うことが先決だというわけです。

「政治を行うには徳をもとにしなければならない。徳をたとえて言えば北極星である。不動の北極星を中心に、すべての星が整然と運行するようなものだ」（為政編）

徳による政治を行う為政者は、みずからが徳をきわめなければならないのです。

孝
孝悌《こうてい》＝親子・兄弟の親愛（自然的に発生）、忠恕《ちゅうじょ》＝己のまごころを尽くす・他人を思いやること。

義
秩序に従うという意味。義は利と対立するので、欲望追求を抑制する働きをもつ。

徳治主義
心の内側にある愛（仁）の心を外側に広げれば、人のあり方（礼）が決まる。これを国家のレベルで適用するには、為政者が高度に道徳的でなければならない。

愛をアップグレードした孟子

孟子は孔子の思想を受け継ぎ、「仁」を高めて「仁義」としました。愛の心に正義の心がプラスされたということです。孟子は人間が生まれつき善の心をもっていると考えました。これを性善説といいます。

孟子の性善説は、四端説《したん》にまとめられます。端とは「端緒」「きざし」「芽」という意味ですから、善の端に水分や養分をふんだんに与えてやれば、それがすくすくと成長して徳という実をつけるのです。

「惻隠《そくいん》の心」とは「人の不幸をみすごすことができない心」「思いやり、憐みの心」です。これが拡充されると「仁」になります。「羞悪《しゅうお》の心」とは「悪をみすごすことができない心」であり、これが拡充されると「義」の徳となります。

同じくそれぞれを拡充していきますと、「辞譲《じじょう》の心」からは「礼」、「是非《ぜひ》の心」からは「智」の徳が完成されるのです。

さらに、仁義の政治とは王道です。王道とは徳による政治のことで、仁政といってもよいでしょう。仁政の基盤は民衆を豊かにして安住させてやることです。

「人民は、自分たちの生活を楽にしてくれるための使役なら、どんなに辛くても怨んだりはしない。また、自分たちの安全を守ってくれるための刑罰なら、たとい殺されても怨みには思わない」（『孟子』尽心《じんしん》編）

そうすれば、すべての人民も道徳的になり豊かになるとされる。

性善説
孟子は性善説の立場をとる。一方、荀子は性悪説をとり、「礼」の側面を強調した。

四端
良心の四つの働き方のこと。他人の不幸を憐れみ（惻隠の心）、悪事を憎み（羞悪の心）、目上の者にへりくだり（辞譲の心）、是非善悪を区別する（是非の心）という基本的な善の芽である。これらがあるからこそ人

また、政治家としては民に一定の収入や財産をもたせてやるような積極的な政策を進めるのが義なのです。これができないような為政者はすぐさま天命によってリストラされてしまいます。天命を受けたものが人民に幸福をもたらすために為政者となり、その使命を終えれば天命がかわって新しい王朝が建てられるとされます（易姓革命《えきせいかくめい》）。天の意志は民衆の声にあらわれるので、仁義の徳に基づいて政治を行う者が、民衆の支持を受けてリーダーとなるのです。

人生で役に立つこと

仁《じん》義《ぎ》礼《れい》智《ち》の徳目を自分のルールとして、日常生活に適用してみよう。特に他人を思いやる心と正義の心をもって行動することで、リーダーシップを発揮できるというのは、今も昔も変わらない。

（CC-BY-SA Wu Daozi）
（CC-BY-SA Cold Season）

孔子（前551～前479年）
儒家の祖。中国北部、山東省魯の出身。魯《ろ》に仕えた後、弟子とともに遊説。晩年は教育・著述に専念したとされる。

孟子（前372～前289年）
性善説・易姓革命説を唱えた。宋代以降、『孟子』は朱熹の「孟子集注」により四書の一つとされる。

間の本質が善であると説かれている。

【本の難易度】★★★☆☆

『老子』『荘子《そうし》』

老子・荘子 著

この本が書かれた背景

儒家の思想は徳治主義という政治哲学を唱えたものだった。けれども、仁義礼智《じんぎれいち》という道徳観念を唱えれば、世の中は本当によくなるのだろうか。老子と荘子は儒家の人為的な思想を排除して、あるがままの自然な生き方を求めたのだった。

うまくやろうと意識しすぎると失敗する？

老子は儒家の説く人倫の道を不自然な作為であると考えました。人間の決めたルールではなく、宇宙の原理としての「道（タオ）」に従うべきだと考えたのです。

儒家の主張する仁義は、世の中が乱れているからもてはやされるだけだとします（「大道廃《すた》れて仁義あり」『老子』）。

老子の説く道（タオ）とは、儒家の説く「人の道」とは意味が違います。儒家の「道」が現実的な「生き方」を意味しているのに対して、老子の「道」は万物を生み出す原理のことです。

「道」という宇宙の原理については語ることもできなければ、具体的に名づけることもで

道（タオ）
道は万物の成立の根拠であり、万物に先立って存在する。人間の感覚ではそれを把握できない「無」の存在。あらゆるものの母であり永遠にすべてを生み出す。

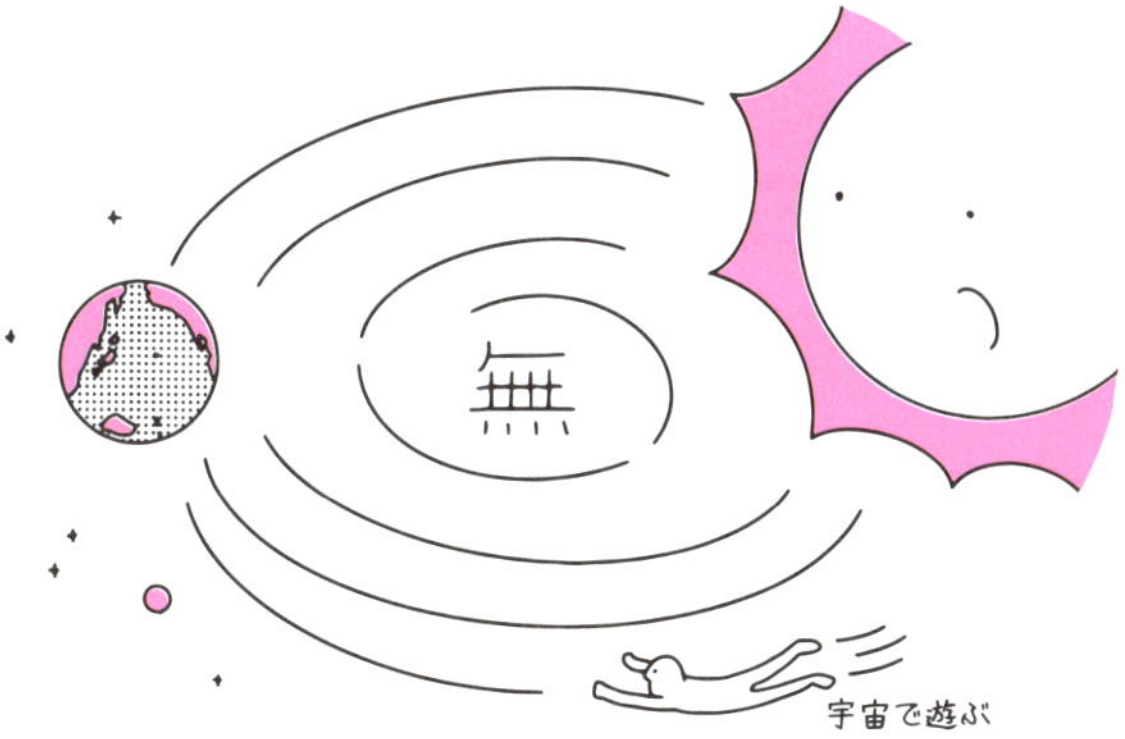

宇宙全体から見れば、すべては相対的なこと。
大きいも小さいも、高いも低いも誤差みたいなもんだ

きないので、「道」と名づけるほかありません。

老子によると、「道」は完全な存在ですから、万物もまた完全です。「道」が完全なのですから、私たちも「無為自然《むいしぜん》」に生きることが理想とされます。

『老子』第八章には、「最上の善とは水のようなものだ。水のよさは、あらゆる生物に恵みを施し、しかもそれ自身は争わず、それでいて、すべての人がさげすむ場所に満足している。このことが水を『道』にあれほど近いものとしている」とあります。

常に身を低くして、あえて争わないという「柔弱謙下《じゅうじゃくけんげ》」の態度が理想とされたのでした。

この道に従って、「無為自然」に生きれば、すべてが順調にいくのです。

もともと世界は完全なのに、人間があれこれよけいなことをするから、自然のバランスが崩れてしまうという教訓です。

無為自然
自然は意図的に何もせず、「自ら然《しか》る」というあり方をする。自然は無為にすべてを生み出す無限の働きをもつ。こざかしい人為を捨てて、道に従う生き方が無為自然である。英語では"What is so of itself"と訳される。"Let it go"のような生き方に通じる。

柔弱謙下
「上善は水の如し」（『老子』第八章）の有名なフレーズで説明されている。清酒の名前にもなっている。

気にしていることは誤差のように小さい

『老子』と並ぶ道家の書が『荘子』です。荘子は老子の思想を発展させて「万物斉同《ばんぶつせいどう》」を唱えました。この世界は対立、差別のない一つのあり方をしているという考えです。

たとえば、自分のたっている場所を「ここ」と指さして、その場所から離れてみると、さっきまで「ここ」といっていた場所は「そこ」になっています。

有限な世界では、このようにすべてが相対的であり、人間が人為的に区別しているだけのものにすぎません。

「世の人は、もともと一つであるはずのものを可と不可に分け、可である物を可とし、不可であるものを不可としている。だが、それはちょうど道路が人の通行によってできあがるように、世間の人々がそういっているからという理由で、習慣的にそのやり方を認めているにすぎない」（『荘子』斉物論篇）

私たちの日常の考え方は、単なるこざかしい知恵に過ぎず、ちっぽけであるというのです。宇宙レベルで考えれば、もともと大きいも小さいも人間が勝手にきめたもので、それは誤差といえるでしょう。小さなエゴを捨て、宇宙（道＝タオ）に思いをよせて、自然のまま、ありのままに振る舞えばよいわけです。荘子は宇宙の流れに無為自然として同調する姿を「逍遙遊《しょうようゆう》」と呼び、そのような境地に到達した人が「真人《しんじん》」であるとします。

さらにこの世は夢のようだと説きます。「夢の中で酒を飲んで楽しんでいた者が、朝に

万物斉同
世界には是非・善悪・美醜・生死などの対立は存在しない。道（タオ）によって人間は相対的な小さなこだわりから解放される。するとそこに価値・目的・意味・秩序などが存在しない混沌の世界にアクセスすることができる。

逍遙遊
いっさいの人間的営為から離れて、

なって悲しい現実に泣き出すことがある。反対に夢の中で泣いていたものが、朝になるとけろりとして猟に出かけることがある。夢と現実はこのようにちがったものだ」。（斉物論《せいぶつ》篇 第二章）

人間の物差しでつくりあげた相対的な価値を初期化して、世界をありのままにみれば、自分がちっぽけであることがわかりますし、小さなことが気にならなくなるでしょう。このとき人は混沌《こんとん》たる世界の中で自由に漂う仙人（252ページ参照）のような存在になれるのです。

天地自然のありのままに従って漂うあり方。逍遙とは「あてもなくぶらつく」という意味。後の仙人の思想へとつながっていった。

人生で役に立つこと

世界はただ自然にあるだけ。自分のエゴを出すと、自然本来の力が阻害され、真のパフォーマンスが発揮できなくなる。ありのままに自然の流れにそって生きることで肩の力がぬけてかえってなんでもうまくいく。

（CC-BY-SA Xgoni～commonswiki）
（CC-BY-SA Rockfang）

老子（生没年不詳）
老荘思想（道家）の始祖とされる。謎の多い人物である。

荘子（前370～前300年）
戦国時代末期の思想家。老子の道の思想を受け継いで、政治を含めた世俗的な価値を否定して自由な思想を説いた。

『朱子語類』

【本の難易度】★★★☆☆

朱熹の教え（門人の編纂）

この本が書かれた背景

孔子、孟子の説いた儒学は、生活に密着した実践的内容だった。これを引き継いだ宋代の朱熹《しゅき》が、形而上学的な原理を導入して、宇宙と人間の関係を「理気二元論」によって説明する。そしてそこから、人間の生きるべき倫理を示した大宇宙レベルの道徳書である。

理と気で宇宙のすべてを説明する壮大な哲学

朱子学（程朱学・程朱理学）は、南宋の朱熹によって体系化された儒教の新型と言える学問です。朱熹は、性即理《せいそくり》説をもとに、天理（天が理である）思想や、仏教思想、また、道教の正座などの瞑想法をとりいれつつ、個人と宇宙がつながっているという壮大な学問体系をつくりあげました。

朱熹によると、理は形而上の存在で、気は形而下の存在です（理気二元論）。理と気は、密接につながっていて、気は、この世の中の万物を構成する要素としてあらゆるところに存在しています。

気の動きが活発なときは「陽」、反対は「陰」と呼ばれます。陰陽の2つの気が凝集し

性即理
性（人間の持って生まれた本性）がすなわち理であるとする考え方。自己と社会全体は、理という宇宙の原理によって貫かれている。

て木火土金水の「五行《ごぎょう》」となり、「五行」の組み合わせで万物が生じるとされます。

さらにここから「性即理」が唱えられます。朱熹によると「性」に「理」があると考えます。

「性即理」の「性」とは心が静かな状態です。この「性」が動くと「情」が生じ、さらにこれが激しくなると「欲」となります。よって、「情」をコントロールして、本来の「性」を維持する必要があるのです。

この「性」に立ち戻ることが「修己《しゅうこ》」と呼ばれます。

では、そのように自己をコントロールする修行法はどのようなものなのでしょうか。朱熹によるとそれは「居敬窮理《きょけいきゅうり》」と呼ばれるものです。

まず「居敬」の心をもって、宇宙の原理としての「理」を窮め、宇宙と一体化して「理」

理気二元論

理は形而上的存在であり、宇宙の原理である。気は形而下的存在で、両者は結び合っている。気は、この世の中の万物を構成する要素として運動を続ける。その動きのレベルで、陰陽が木火土金水の「五行」として現象化し、その組み合わせによって万物が生じる。この背景で「理」は、原理的な働きをしている。

そのものの存在になりきることが「窮理」の境地なのです。これは、達人としての悟りの境地といえるでしょう。

朱子学が日本に与えた影響とは？

朱熹の学は、科挙《かきょ》試験として国家の公式の学問に認定されていました。よって、中国社会では朱子学を知っていることが一つのステイタスとなりました。朱子学は、中国だけにとどまらず、13世紀には朝鮮に伝来します。朱子学は、朝鮮王朝の国家の統治理念としてまで重んじられました。朝鮮（李氏朝鮮：１３９２年～１９１０年）は、それ以前の高麗《こうらい》の国教であった仏教を排除して、朱子学を官学とします。

16世紀には李退渓《りたいけい》らの偉大な儒者が出現しましたので、現在でも朝鮮文化には、朱子学の影響が大きく残っています。

一方、日本にもこの朱子学はとてつもない影響を与えました。朱子学の日本への伝来は諸説ありますが、五山を中心として、元の一山一寧《いっさんいちねい》が学説を広めます。また、後醍醐《ごだいご》天皇は、朱子学の大義名分論《たいぎめいぶん》を深く信奉し、天地の道理をこの世界に実現すべく、鎌倉滅亡にはたらきかけ、建武《けんむ》の新政（１３３３年～）でその理想を実現しようとしました。鎌倉幕府が滅亡した要因の一つに朱子学があるのは驚くべきことです。

江戸時代になると、林羅山《らざん》によって大義名分論は、「上下定分《じょうげていぶん》の理」として封建制の基礎理念となりました。また、寛政《かんせい》の改革では、老中松平定信《さだのぶ》が、１７９０年（寛政２年）

大義名分論
中国の影響を受け、日本の儒学者らが唱えた説。中国では、君臣・父子などの関係（名）には、相応の責任・役割（分）があると考えられ

に寛政異学の禁を発し、聖堂学問所では朱子学以外の講義が禁止されました（聖堂学問所は、江戸幕府直轄の昌平坂学問所となる）。

朱子学の思想は、近代日本にも影響を与えています。1890年（明治23年）の「教育勅語」では、「六諭《りくゆ》」が近代日本の道徳思想として取り入れられました。

朱熹は、現代のタイム誌の「2000年の偉人」で東洋の偉人の一人として評価されているほどです。日本では西洋の哲学が人気ですが、このような東洋のすぐれた学問も日本の教育にもっと取り入れていくべきではないかという声もあります。

人生で
役に立つこと

宇宙の原理は理と気であって、理は善であるが、気によって欲望が生じて悪となる。日常生活でトラブルが生じたら、自分の内側の理の力に集中し、思考の気分転換をはかるといいだろう。

朱熹（1130〜1200年）

中国南宋の儒学者。諡《おくりな》は文公。朱子《しゅし》と尊称される哲学者。朱熹の学は、日本にも大きな影響を与え、江戸時代には、幕府の官学として封建制度を基礎づける学問となった。『朱子語類』は、朱子がその門弟らと語り合った言葉を、後に修正分類した書。

た。朱子学では、為政者が秩序を維持するための理念とされ、封建道徳に発展した。日本では、江戸幕府の統治理念となったが、幕末になると、尊王攘夷論の背景思想となり倒幕思想に傾いていった。

六諭
中国、明の洪武帝《こう》が1397年に発布した教訓。朱子学の影響を受けている。「父母に孝順」「長上を尊敬」「郷里に和睦」「子孫を教訓」「職業に安んぜよ」「非行なすなかれ」の六箇条である。

【本の難易度】★☆☆☆☆

『真理の言葉（ダンマパダ）』
ブッダの語録

この本が書かれた背景

日本に伝わった仏教は、お釈迦様の直接的な教えではない。では、釈迦オリジナルの教えとはなんだったのか？　覚者《かくしゃ》としてのブッダの言葉を詩の形式で集めた経典。仏教のすべてはここから始まった。

基本的な仏教をおさらいしてみよう

『真理の言葉（ダンマパダ）』（法句経）は、仏教の教えを短い詩の形式にした仏典です。『スッタニパータ』とともに釈迦入滅後の時期の経典の中でも、早い時期にまとめられたと考えられています。つまり、釈迦の残した言葉にもっとも近いわけです（それぞれ、中村元訳『ブッダの真理のことば・感興のことば』（岩波文庫）として訳されています）。

この語録は、非常にシンプルで、かつ心に深く響く教説が続いていくのが特徴となっています。

「実にこの世においては、怨みに報いるに怨みを持ってしたならば、ついに怨みの息《や》むことがない。怨みをすててこそ息む。これは永遠の真理である」（同書）

釈迦
釈迦は仏陀（ブッダ）とも呼ばれる。本名は、ゴータマ・シッダッタ。釈迦族の王子。仏陀（ブッダ）というのは「覚者《かくしゃ》」という意味で、ゴータマが修行の末に

一切皆苦
諸行無常
諸法無我
涅槃寂静
人はパーツの集まり・・・
五蘊
私自身はパーツの集まりで私のものではない。
ましてや、すべての存在は私のものではない。だったら、なんにも欲しくないね

あるいは「他人の過失を見るなかれ。他人のしたこととしなかったことを見るな。ただ自分のしたこととしなかったことだけを見よ」というように、私たちの生活にすぐに取り入れることができるような教訓が並んでいます。

後半では、「生老病死《しょうろうびょうし》」の四苦《しく》が説かれています。「生老病死」とは、生まれる苦しみ、そして、年老いていき、病と死がまっているという苦しみです。

「この容色は衰えはてた。病の巣であり、脆《もろ》くも滅びる。腐敗のかたまりでやぶれてしまう。生命は死に帰着する」（同書）

この句は、見なかったことにしたいようなキツい教えです。

しかし、実はこういうことを、生きていく上で、できるだけ早めに自覚しておく方が、結果的に人生全体の苦しみが和らぐのです。

悟りを得て解脱した後の呼び名である。

四苦
ゴータマは、生・老・病・死という人生の苦しみに直面し、出家を決意した。6年間の厳しい苦行を続けたが、悟ることはできず、苦行を捨てて菩提樹の下で瞑想してブッダ（覚者）となる。

苦しみから脱出する方法はこれだ！

人生の根本は苦しみですから、これを四法印《しほういん》では「一切皆苦《いっさいかいく》」といいます。人生のゴールが老病死というのは、なんとも悲しい現実です。では、どうすれば、この苦しみから脱することができるのでしょう。その道標が「四つの尊い真理」（四諦《したい》）です。それは、（1）「苦しみ」、（2）「苦しみの成り立ち」、（3）「苦しみの超克」、（4）「その方法」です。

まず、私たちの苦しみに満ちた人生は、誰のせいでもなく、自分自身の心が作り出す煩《ぼう》悩《のう》によるものです。だから、初期の仏教では、神のような存在に頼って救ってもらうという考え方をもちません。

「ものごとは心に導かれ、心に仕え、心によって作り出される。もし人が汚れた心で話し、行動するなら、その人には苦しみが付き従う。あたかも車輪が、それを牽《ひ》く牛の足に付き従うように」（同書）

このように厳しい教えが初期の仏教の特徴です。自分の蒔いた種は自分で刈り取らなければなりません。すべての存在が、「縁起《えんぎ》」によってつらなっているとされ、原因と結果が密接に結びついています。また、「私」という存在も私のものではないのです。ましてやあらゆる所有物は幻想です。

「わたしには子がある。わたしには財があると思って愚かな者は悩む。しかしすでに自己が自分のものではない。ましてどうして子が自分のものであろうか。どうして財が自分の

四法印

仏陀の教えは、四法印にまとめられる。四法印とは一切皆苦、諸行無常、諸法無我、涅《ね》槃寂静《はんじゃくじょう》である。仏陀は人の生涯は、意のままにならない苦の連続ととらえる。

四諦

「苦諦」「集諦《じったい》」「滅諦」「道諦」というこの世の真理。「苦諦」とはこの世は「一切皆苦」であるということ。「集諦」は、その苦しみを生み出す原因は煩悩であるということ。「滅諦」はその煩悩を消すことで苦

ものであろうか」（同書）

仏教では、「私」は本質のない存在であり、これは「無我」と表現されます。自分の中に「私」を探したところで、それはどこにも見つからないのです。

人間の存在を構成する要素は「色《しき》・受《じゅ》・想《そう》・行《ぎょう》・識《しき》」（五蘊《ごうん》）です。私はパーツの寄せ集めであり、すべては縁起の法で貫かれている。こうして修行の末に煩悩を滅することで、輪廻から脱出（解脱）して、涅槃《ねはん》に入るとされました。この初期の仏教は、大乗仏教（49ページ参照）によって、大きな展開をみせることになります。

人生で役に立つこと

私の中のどこを探しても私はみつからない。私がないなら、様々な出来事に執着する必要はない。煩悩をおさえて、執着を断ち切るのは難しいが、現代人はこれを実践すればベストな生活がおくれるかもしれない。

原始仏教の編纂者ら

『真理の言葉（ダンマパダ）』は、仏教の教えを短い詩節の形で表現している。釈迦入滅後に、部派仏教の編纂者らがまとめた『スッタニパータ』とともに現存経典のうち最古の経典と考えられている。

が消えるということ。「道諦」は、解脱への道が示される（八正道《はっしょうどう》）。

無我
仏教以前のウパニシャッド哲学では、アートマン（我）が不滅の実体であるとされた。「縁起」の思想によれば、私は五蘊（色受想行識）の要素の寄せ集めである。よって、永遠不滅の実体としての我は存在しない。輪廻は、霊魂の生まれ変わりではなく、執着がパーツを寄せ集めて現実に生まれ変わってくるということになる。

【本の難易度】★★☆☆☆

『般若心経《はんにゃしんぎょう》』

この本が書かれた背景

出家しなくとも、読んだり書いたりすることによって功徳が得られるという究極のダイジェスト経典が『般若心経』だ。内容はズバリ「すべての苦しみを消し去ることができる」というありがたい教えである。

般若部の人々

たった262文字で悩みが解決

262文字（または266文字）の般若心経《はんにゃしんぎょう》は、もっとも親しみやすいお経でしょう。けれども、そんな短いお経であるにもかかわらず、人生のあらゆる悩みに対処する仏教の知恵がギュッと詰め込まれています。持ち歩ける特効薬のようです（暗記しておけば、もっと楽です）。

このお経には、特筆すべきことがたくさんあるのですが、まず驚くのが、「お釈迦様の初期の仏教説を否定する」という内容を含んでいるということです。「いや、仏教開祖であるお釈迦様の説を否定するって本当に仏教なの?」と思われるかもしれません。けれども釈迦の教えがバージョンアップしていく全体がまた仏教なのです。

般若心経
玄奘《げんじょう》三蔵（あの三蔵法師）は、中国からインドに渡り、古代インド語から翻訳した。私たちの知っている「般若心経」はこれである。その他のバージョンもある。

ぎゃあてい
ぎゃあてい…
空について、とっても短い文で説明していて、
最後はマントラで終わるのです。
意味がわかるとよりよいですが、
わからなくとも唱えたり聞いたりするだけで
ご利益があるのです

最初は、「観自在菩薩《かんじざいぼさつ》・行深般若波羅蜜多《ぎょうじんはんにゃはらみた》時《じ》・照見五蘊皆空《しょうけんごうんかいくう》・度一切苦厄《どいっさいくやく》・舎利子《しゃりし》」と始まります。観世音菩薩《かんぜおんぼさつ》が深い瞑想状態に入って、この世界が「空」であることを体得し、すべての苦しみから解放されたという意味です。

「色不異空《しきふいくう》・空不異色《くふいしき》・色即是空《しきそくぜくう》・空即是《くうそくぜ》色《しき》」と続きますが、これは「物質は空である」ということを説明しています。

釈迦が説いた縁起は相互依存をあらわすのですが、この思想が発展すると物質（色）の実体は存在しないことになり、これが大乗仏教で「空」と表現されます。

そうなると、この物質世界では、生じるものも滅するものもなく、汚れることもなく、増えたり減ったりすることもありません。すべては見かけの錯覚に過ぎないわけです（不《ふ》生不滅《しょうふめつ》・不垢不浄《ふくふじょう》・不増不減《ふぞうふげん》）。

舎利子
釈迦の高弟であるシャーリプトラのこと。ここでは、大乗仏教で登場した修行者としての観自在菩薩が阿羅《あら》漢《かん》（ブッダのレベルの悟りを開いた人）に、新しい仏教の真理を説き聞かせるという形で、大乗仏教の優位さを示している。

大乗仏教
仏陀入滅後の仏教教団は、弟子が教え（教典）と戒律をつくることにより守られていった。保守的な上座《じょうざ》部《ぶ》と進歩的な大衆《だいしゅ》部《ぶ》の二つに内部分裂した教団は、後

唱えているだけで楽になる

このあとは、物質的現象もなく、感覚もなく、表象もなく、意志もなく、知識もない。さらに、触れられる対象もなく、心の対象もない。物質の領域から意識の領域にいたるまでなんにもない。つまり、すべてはバーチャルだという説明が続くのです。(無色無受想行識《むしきむじゅそうぎょうしき》・無眼耳鼻舌身意《むげんにびぜつしんに》・無色声香味触法《むしきしょうこうみそくほう》・無眼界《むげんかい》・乃至無意識界《ないしむいしきかい》)。それだけではなく、釈迦があれほど強調した十二縁起の「無明《むみょう》(無知)を滅すれば、老死も滅する」という部分、さらに苦諦・集諦・滅諦・道諦の四諦もないことになります(無無明《むむみょう》・亦無無明尽《やくむむみょうじん》・乃至無老死《ないしむろうし》・亦無老死尽《やくむろうしじん》・無苦集滅道《むくしゅうめつどう》)。だから、私たちは修行して煩悩を滅し、涅槃に入るという厳しい修行はしなくていいのです。「苦しみやその原因もそれをなくすこともその方法もない」(無智亦無得《むちやくむとく》・以無所得故《いむしょとくこ》)と説かれるところが、釈迦の仏教をもっとも否定している箇所でしょう。こうして、悟りを求めている修行者(菩提薩垂《ぼだいさった》)は、「知恵の完成」(**般若波羅蜜多**《はんにゃはらみった》)に住しているので、心に何の妨げもなく恐れもありません(故心無罣礙《こしんむけいげ》・無罣礙故無有恐怖《むけいげこむうくふ》)。知恵を完成すれば、この上なき悟り(阿耨多羅三藐《あのくたらさんみゃく》三菩提《さんぼだい》)を得るのです。

決め手はラストの呪文(マントラ=真言)なのですが、ここへの誘導がまた絶妙です。「したがって、知恵の完成こそが、この偉大なマントラであり、悟りのためのマントラであり、この上ないマントラであり、比較できないほどの最高のマントラである。このマン

に前者が小乗仏教、後者が大乗仏教という形で流れていく。小乗仏教の特徴は、出家主義であり、修行してもある程度の悟りは開けるが、仏陀にはなれない。一方、大乗仏教はわれわれ凡人でも、修行によって仏陀と同じレベルの悟りを開くことができる。

般若波羅蜜多
サンスクリット語の「パンニャパーラーミター」の音写で「知恵の完成」という意味。

トラこそが、あらゆる苦しみを取り除くのであり、これは真実そのものであって嘘ではない。すなわちそれは以下のようなマントラだ……」と盛り上げ、羯諦羯諦《ぎゃあてい》、羯諦羯諦《ぎゃあてい》、波《は》羅《ら》羯諦《ぎゃあてい》、波羅僧羯諦《はらそうぎゃあてい》、菩提薩婆訶《ぼじそわか》（行った者よ、行った者よ、彼岸に行った者よ、向こう岸へ完全に行った者よ、悟りよ、幸あれ）というサンスクリット語の音写で終わります（佐々木閑『般若心経（100分de名著）』〈NHK出版〉より）。般若心経全体が一つの呪文であると考える人もいますし、呪文の中の究極の呪文でラストを閉じるという構造になっています。最後を唱えるだけでご利益があるのかもしれません。

人生で役に立つこと

般若心経を唱えたり写したりすれば、それが瞑想のような効果を発揮する。忙しく疲れた現代人にはピッタリのお経だ。すべては仮想現実であるというような感覚で生活すれば、心が楽になるに違いない。

般若部の人々

上座部仏教（のち小乗仏教と呼ばれる）に対して、大衆部の大乗仏教ムーブメントが起こった。大乗仏教の代表的な経典は『法華経』である。その他、新しい仏教理論が生まれたが、般若部の人々は知恵の完成を目指した。

阿耨多羅三藐三菩提
サンスクリット語の「アヌッタラー・サムヤックサンボーディ」の音写で「この上もない、正しく平等な覚醒」を意味する。

思考・理性編

第2章

考えに考えて
人生を変える本

【本の難易度】★★☆☆☆

『ノブム・オルガヌム』

フランシス・ベーコン 著（1620年）

この本が書かれた背景

自然の実験的探求によって得られた知識は、その利用によって人類の進歩に貢献する力となる。今ではあたりまえのことだが、それを最初に方法論としてまとめたのがフランシス・ベーコンだ。この書のおかげで、科学に囲まれた私たちの快適な生活がある。

科学的知識で自然を支配するという考え方のスタート

ベーコンの思想は、現代の科学技術に大きな影響を与えています。ベーコンはルネサンスという時代の中で、古い考えを根本的にしりぞけて、新しい実験科学による学問方法を確立しようと考えました（大革新の思想）。『ノブム・オルガヌム』は、多くのアフォリズム（箴言《しんげん》）を集めた形式の未完作品です。アリストテレスの論理学の著作は、「学問研究のための機関（道具）」、あるいは「方法」の意味を含んでいることから、オルガノンと呼ばれていました。これに対して、ベーコンは、新しい論理学を樹立しようとして「ノブム（新）・オルガヌム」という表題にしました。

『ノブム・オルガヌム』には、「人間の知と力は同じ一つのものである」と記されています。

『ノブム・オルガヌム』
ベーコンの未完の論理学書。実験科学そのものの創出方法と文明の革新を提唱した。アリストテレスの論理

自然についての法則を知ることが必要。逆にその法則を使って自然を支配し、人類を豊かにするのだ

これは、一般に「知は力なり」と表現されています。「知は力なり」というと、「知識をもっているといろいろとパワーが出る」という自己啓発の標語のように理解されがちですが、そういう意味ではありません。

「知」＝「科学的な知識」、「力」＝「自然をあやつる力」とズバリと定義づけられた力です。科学的な知識をもって様々な実験をすれば、自然の法則を発見することができ、技術によって私たちの生活を豊かにすることができる。ようするに「科学的知識による自然支配」という内容です。パソコン、自動車や電車、建築、医療などすべてはこの科学技術によって自然を支配していくという根本的な思想がスタートになっていたというわけです。

また、ベーコンは4つのイドラ（偏見）を取り除くことによって、正しい知識が得られるとも説いています。

学の著作がオルガノンと呼ばれていたのに対して、新しい論理学を樹立しようという意図からノブム（新）・オルガヌム（機関）と名づけた。

4つのイドラ（偏見）
①種族のイドラは、人類に共通の

偏った見方を排除する科学的な方法

まず、ベーコンは、真理と効果が表裏一体であるような新機軸の学（今で言う実験科学）について説明します。彼は、当時のスコラ哲学（キリスト教哲学）は裏づけの乏しい原理から「クモ」の巣のような不毛な論理を展開していると批判しました。

また、錬金術師が行っているような断片的な経験をアリのように集める方法も批判されます。ベーコンによると、様々な種類の花から同じ蜜を作り出すミツバチこそ見習うべきだというのです。

この実験と観察によって、多くの事実を集めて整理し、一般的な原理を導き出すという方法は、「帰納法」と呼ばれています。

ベーコンの「帰納法」は、ある事例の現れる「現存表」、類似の状態でそれが現れない事例の「不在表」を作成し、さらには、各種の条件が異なった場合の「比較表」を作成して、それを比較しながら科学的な結論を導いていきます。

たとえば、熱の本質を探る場合、まず熱の現象の事例をまとめます。次に熱の生じていない事例を集め、それぞれを比較して熱の原因でないものを除去していく、というようなやり方をとります。

ベーコンは、「自然は服従することによってでなくては征服されない」と主張しています。服従するとは自然を観察するということです。

思いこみで、人間の感覚が事物の尺度であると考える誤り（一切の知覚は人間によるもので、事物の本性に自分の性質を混ぜて理解している）。②洞窟のイドラは、各個人の偏見のこと。個人のもっている性格やこれまで受けた教育などの影響で、勝手な思いこみをする。③市場のイドラは、言語の不当な使用から起こる偏見。言葉づかいの間違いによる思考の偏りのこと。④劇場のイドラは、権威ある学説を鵜呑みにしてしまうこと。劇場

「諸学の正しい真の目標は、人間の生活を新たな発見と富によって豊かにすること以外の何ものでもない」(同書)

スマホ、パソコン、自動車から建築、冷暖房、薬品のみならず、コンタクトレンズ、シャンプーなどありとあらゆるものが「知は力なり」の恩恵をうけています。

ついつい、現代の日常生活があたりまえのような気がしますが、身の回りのありとあらゆるものが科学の力で成り立っていると考えてみると、驚きを禁じ得ないのではないでしょうか。

で本当らしく演じられていることを観客が真実と思ってしまうというのに似ている。

人生で役に立つこと

現在ではあたりまえと思われている科学的方法は、それ自体が新しい哲学だった。今や、科学が関与していないものを探すのは難しいほどだ。コンビニ内の製品を見回して、「知は力なり」を実感しよう。

(CC-BY-SA Artinpl)

フランシス・ベーコン(1561~1626年)

イギリスの哲学者、政治家。スコラ哲学を批判し、経験と実験を重視する帰納法を提唱した。科学思想にとどまらず文学・政治・法律・歴史などの広い分野で活躍した。経験論の先駆者とされる。著書に『随筆集』『ニューアトランティス』など。

【本の難易度】★☆☆☆☆

『方法序説』

ルネ・デカルト 著（1637年）

この本が書かれた背景

数学者であったデカルトは、哲学を数学のような厳密な学問へとアップグレードしたかった。それには、絶対確実な第一原理を発見して、そこから演繹《えんえき》的にあらゆる学問の木の枝葉を打ち立てる必要があった。その木の土台となるのが「私」すなわち精神だった。

考えている私は確実に存在している

『方法序説』は一般に、それ自体が独立した本のように読まれていますが、実は屈折光学、気象学、幾何学の三論文の序論です。ここには、デカルトの思想形成を語る自叙伝が記されており、さらに、デカルトの学問の方法論が述べられています。

デカルトは哲学を「知恵の探求」と見なし、これを一本の木にたとえました。その木の根は形而上学、幹は自然学、枝は機械学、医学、道徳の三本からなります。木の根には、哲学の「第一原理」が置かれます。これは、すべての学問の土台となる部分ですから、絶対に確実な真理でなければなりません。

そこで、デカルトは絶対確実な真理を発見する方法をとります。これは方法的懐疑と呼

『方法序説』
第一部では様々な学習の後に「世間という大きな書物」のなかに見出すことのできる学問を求めて旅に出たことが綴《つづ》られている。第二部では論理学と数学、4つの規則など、第

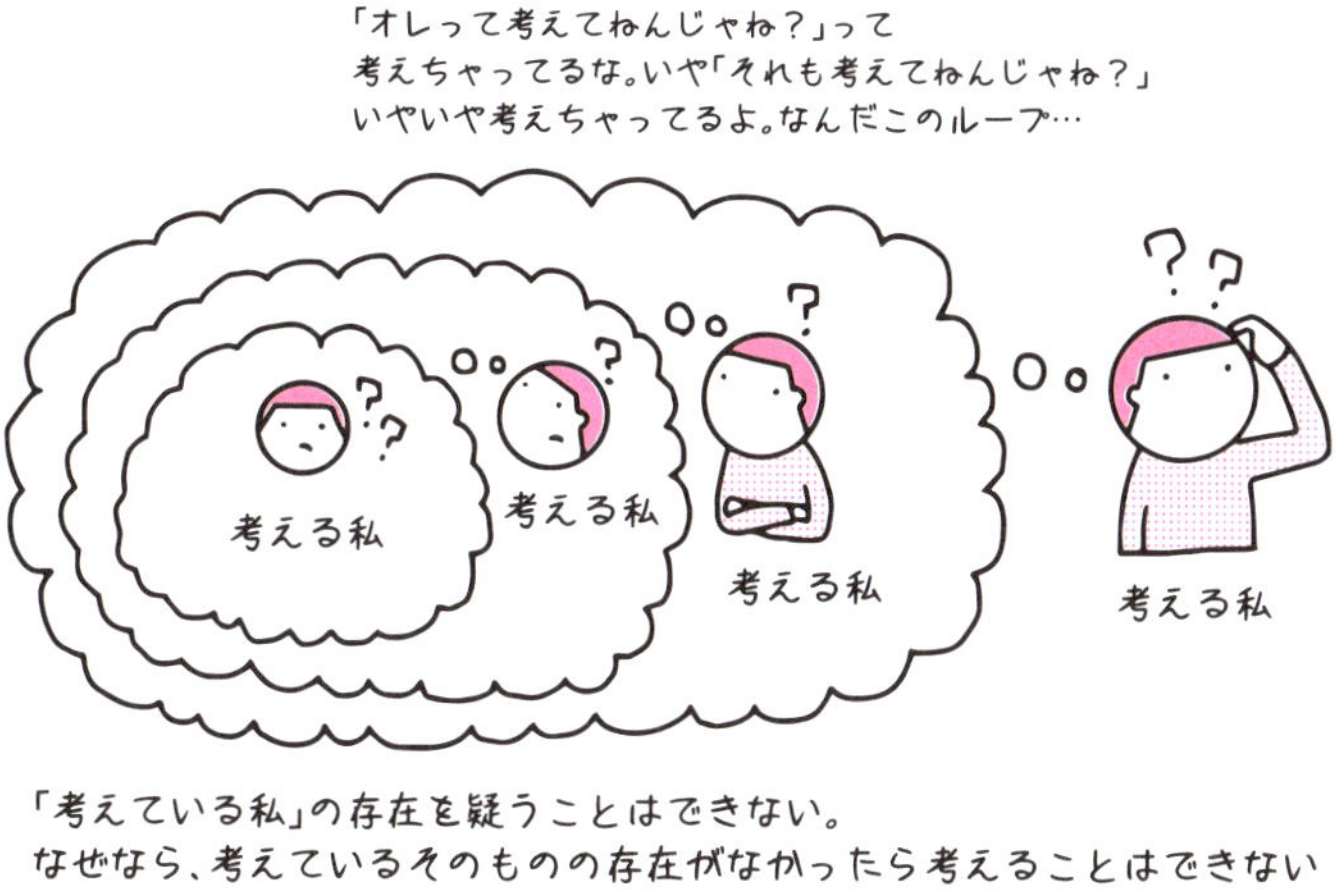
「オレって考えてねんじゃね？」って
考えちゃってるな。いや「それも考えてねんじゃね？」
いやいや考えちゃってるよ。なんだこのループ…
考える私
考える私
考える私
考える私
「考えている私」の存在を疑うことはできない。
なぜなら、考えているそのものの存在がなかったら考えることはできない

ばれています。方法的懐疑とは、あらゆることを極限まで疑って、それでも疑うことのできないものが残ったならば、それを真理として受け入れるという思考法です。

まず、感覚は疑われなければならないと考えます。というのは、感覚による情報には錯覚が含まれているからです。また、目の前の物体の存在も疑われます。それは、夢かもしれないからです。

さらに、2＋3＝5などの数学的真理も疑われます。神（あるいは悪魔）が絶えず誤るように誘導しているのかもしれないと疑います（もちろんそんなわけはないのですが、一種の思考実験のようなものです）。

しかし、このように疑わしいものをすべて疑い、虚偽としてしりぞけていってもただ一つ疑えないことがあります。

それは「疑う私自身の存在」です。天も地

三部では暫定《ざんてい》道徳、第四部で、第一哲学について、第五・六部では自然科学の研究などについて言及している。

方法的懐疑
方法的懐疑はいたずらに疑うだけではない。疑いっぱなしは「懐疑論・懐疑主義」などと呼ばれる。デカルトは、確実な原理に到達するための手段・方法としての懐疑を行った。

も色も形も、自分の体も、悪霊が罠をかけた幻影にほかならないとしても、このように疑っている私は存在します。だから「私は考える、ゆえに私は存在する」ということを、もっとも確実な第一の原理として受け取ることができるとデカルトは結論したのです。

心と身体のつながりは今も謎？

このように疑わしいものをすべて疑っても「考える私」の存在だけは疑うことができないわけですが、ここから次の原理が導き出せます。「私」の本質は思惟であり、「考えるもの」すなわち精神であり、これは物体とは根本的に異なる存在である、と。

また、「考える私」の存在が絶対に疑えないのは「明晰かつ判明な認識」であるからです。よってこのことから私たちが明晰判明と認識したことはすべて確実で真理ということになります。さらに、「考える私」のもつ観念の中に「神の観念」があります。「神の観念」は永遠・無限・絶対・普遍などの内容をもちます。この神という完全者の観念があるからこそ私たち人間の不完全さが認識できます。しかし、「神の観念」の意味内容は自我の観念よりも遥かに大きいので、これは自我が生み出したものではなく外側から植え付けられたと考えられます。よって神は実在することが論理的に証明されるのです（神の存在証明）。

そうなると、方法的懐疑で疑われていたことはすべて解消されます。なぜなら神は「誠実」という観念を含んでいるので、外界の物体の存在は確実であることがわかるのです。よって、知性が明晰判明に認識する三次元の量としての物体は、夢幻ではなく確実に存在

哲学の第一原理
デカルトは、「私は考える、ゆえに私は存在する」ということの確実な真理を、哲学の第一原理とし、これを土台として自然学、政治学、医学などの諸々の学を基礎づけようとしたのだ。

物心二元論
デカルトは精神と物質をそれぞれ実体と考えた。実体とはそれ自身を自己原因として、他の何ものにも依存せず、影響も受けない存在である。

するわけです。

こうして、デカルトは、精神と物体はそれぞれ独立に存在し、両者とも「他のなにものをも必要としない」存在、すなわち「実体」であると考えました。精神の属性は思惟で、物体の属性は延長（広がり）です。ここに「物心二元論」が確立しました。

物体の本質は幾何学的に規定された空間的広がりなので、物体は自ら運動する力をもちません。世界は大きな機械であって、因果関係によって支配されています。現代では、心と身体のつながりは、脳科学で説明されていますが、まだ謎の多いところです。

人生で役に立つこと

自分があたりまえと信じていることを徹底的に疑ってみよう。それでも疑うことができないことがわかれば、それは間違いない。論理的な思考を身につけるには、まず疑って吟味してみることだ。

(CC-BY-SA Dedden)

ルネ・デカルト（1596〜1650年）

近代哲学の父と呼ばれる。フランスの中部、貴族の子として生まれる。スコラ哲学、法律、医学を学び、合理主義哲学を確立する一方、数学や物理学にも業績を残した。著書に『省察』『情念論』など。

よって身体が消滅しても、精神は存在し続ける。これは霊魂不滅の証明と呼ばれた。

脳科学
デカルトは人間精神の自発性と自由を認めたが、物体については機械論と決定論の立場をとる。しかし、物心二元論は心身問題を呼んだ。心と身体の関係性が保留されていたからである。現代でも、脳内の化学的反応がどのように、リアルな主観的経験とつながるのかは、まだはっきりとわかっていない。

【本の難易度】★☆☆☆☆

『人知原理論』

ジョージ・バークリ 著（1710年）

この本が書かれた背景

認識論という学問はイギリスで生まれた。人間はいかにして世界を正しく認識しているのか？ 実は物体は存在せず、その物体の情報を心が直接捉えていると考えた哲学者がいた。それがジョージ・バークリ。実は世界はバーチャル空間だったのか？

実は物質は存在しないという哲学？

自分を取り巻く世界は本当にあるのでしょうか。バークリという18世紀の司教（哲学者）は、外界に物質が存在する確証はないと主張しました。まさに映画『マトリックス』や『インセプション』を先取りする話です。

バークリによると、物体は色や広がりなどを持っていますが、それらは知覚されてこそ私たちに「存在している」という自覚を与えています。となれば、色や形などの視覚情報や堅いや柔らかいなどの触覚情報、さらに匂いなどの嗅覚情報などが私たちの心に与えられれば、仮想的な世界が出現するというのです。

バークリは、いかなる感覚的実体も、それを知覚する心の中にしか存在することができ

『マトリックス』 監督ウォシャウスキー兄弟、1999年のアメリカ映画。キアヌ・リーブス主演。仮想空間での戦いを描く。

『インセプション』 2010年のアメ

世界はバーチャルリアリティ
存在は「知覚すること」なんだから
実は、物質は外側にないんです…

ないと主張しました。彼は感覚を超えて、外部に**物体の存在**を求める必要はまったくないと主張したのです。

しかし、常識ではたとえば、「自分の部屋の机は、自分が外出しているときも、そこに存在しているのではないか?」と考えるでしょう。バークリによれば、それは証明不可能です。

自分の部屋に机があるということの意味は、もし自分がその場にいるとするならば、机を知覚するだろうということにすぎません。

また、他の主体が知覚した場合、その間だけ、それが存在しているということです。

つまり、私たち人間が主観的に知覚している色、音、香りなどの観念があるから物体が存在しているのであって、別に物体が外側にそのままの形で存在する必要はないのです。

リカのSFアクション映画。クリストファー・ノーラン監督・脚本・製作。レオナルド・ディカプリオ主演。階層的な夢の世界での戦いを描く。

物体の存在
一般的な考え方では、人間が認識している物体は、外部に実在していると考えられている。海や山の自然物から机や椅子などの人工物まで、すべて外部にありのままに存在していると考えるのが常識である。

この世界は、情報オンリーのVR空間だったというわけです。

もしかすると本当にそんな世界があるかも？

「匂いがあったということは、それが嗅がれたということである。音があったということはそれが聞かれたということである」（同書）

こうしてバークリは、いかなる物も「知覚される」ということを離れて「存在する」ということはないとし、ここに「存在するとは知覚されることである」という定式をたてました。

では、この仮想空間を作り出しているのは何者なのでしょうか。もし人間が仮想現実を作り出しているのなら、自分の希望するいかなる世界も創作することができます。急に空を飛んだりできるはずなのです。

でも、人生は思うようにはなりません。物理的なルールの範囲内でしか行動不可能です。そうしないと、心の中にあるものが人それぞれ違うことになってしまい、人間が個々にバラバラの妄想をもっていることになります。そこで、バークリの場合は、人それぞれの心にデータを送り込んでくるサーバーのような存在（神）を想定しました。有限な人間精神によってではなく、無限な精神、つまり人間精神をも含めて万物を創造する何かの巨大なシステムが存在するに違いないというわけです。

これらの説は、一昔前までは誤りと考えられていました。ところが、知覚＝存在という

存在するとは知覚されること
たとえば、リンゴであれば、赤い、丸い、甘酸っぱいなどの知覚がリンゴの存在である。その観念は、明らかに心の中にある。

神
この場合の神とは、人を救ったり罰したりする人格神ではない。認識の土台となる保証

のは、現代のコンピュータ社会におけるVR世界の観点からすると一理あると言えるかもしれません。近未来において、コンピュータによる現実世界とまったく同じリアル感をもった仮想空間が作られると、本当に存在するという「存在」の意味が多様に解釈されるでしょう。まさに『レディ・プレイヤー1』の世界。

さらにこの世界が最初から一種の物理的システムによって作られたバーチャルマシンであるということを否定はできないかもしれません。そんなSF的なことを考えてみるのも面白いのではないでしょうか。

人生で役に立つこと

この世界が人間を離れて、ありのままに存在するという素朴な考え方を捨ててみて、バーチャル思考にシフトしてみることも必要だ。そうすれば、自分の認識しているものはとても狭いということがわかるだろう。

(CC-BY-SA DcoetzeeBot)

ジョージ・バークリ(1685~1753年)

アイルランドの哲学者、聖職者。彼は、魂の不滅と神の存在を結びつける目的から本書『人知原理論』を書いたと言われている。彼の名にちなんだカリフォルニア大学バークレー校(カリフォルニア州バークレー市)がある。

のような存在である。

『レディ・プレイヤー1』
人類はゴーグルひとつですべての夢が実現するVR世界「オアシス」を手に入れた。オアシスに眠る3つの謎をめぐる争奪戦を描く。映画では、「現実の世界が一番リアルだ」と強調されている。監督:スティーブン・スピルバーグ、主演:タイ・シェリダン。

【本の難易度】★★★★☆

『エチカ』

バルフ・デ・スピノザ 著（1677年）

この本が書かれた背景

デカルトの哲学では、心と身体は別の実体だった。スピノザはこれを一つにして、「自然（神）」と考えた。すべての精神と物体は、「自然（神）」というエネルギー体の異なった現れだったのだ。これを明晰に説明するためにスピノザはユークリッド幾何学の方法を使って説明した。

幾何学によって世界を説明するユニークな書

オランダの哲学者スピノザは、斬新な方法で緻密な哲学体系をつくりあげました。彼はデカルト以降に残された精神と身体の心身問題、機械論と自由、幾何学的精神と宗教的精神などの分裂をすべて統合することを目指したのです。

『エチカ』は、ユークリッド幾何学の体系にならっており、定義、公理、定理という形の体系で表現されています。

たとえば、定理として「神、すなわちそのおのおのが永遠・無限の本質を表現する無限に多くの属性からなりたつ実体は、必然的に存在する」をおきます。そして、その証明を数学のように続けます。デカルトが、哲学に数学の手法を取り入れたわけですが、スピノ

デカルトの心身問題
デカルトは物心二元論によって、精神と物体が異なる実体であるとした。しかし、これでは精神と身体が連動する現象を説明できない（61ページ参照）。現在でも、脳と心の連動を説明はできる

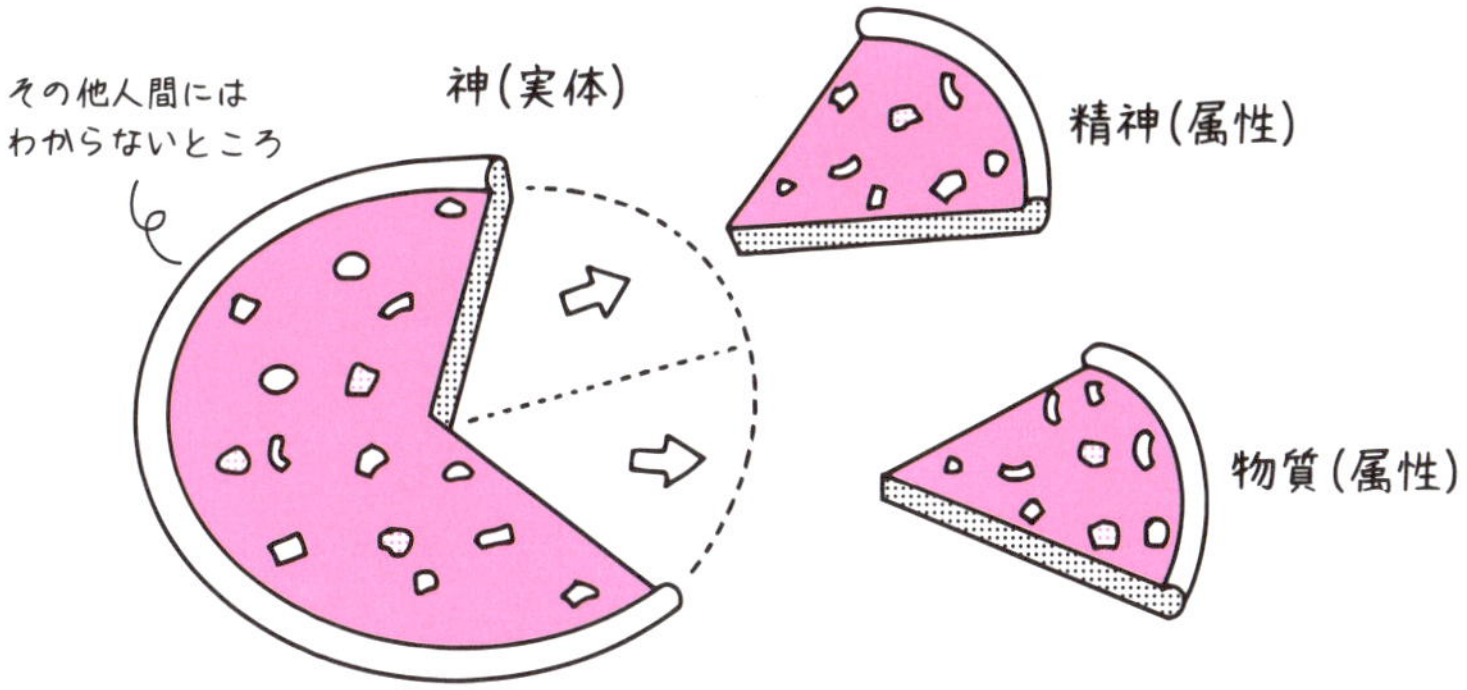

すべては一つの実体からできている。
2つに見えるのは、同じものが違う角度で表現されているだけ

ザは、さらにユークリッド幾何学そのままの形式を哲学に導入したのです。

「【証明】（神が存在する）これを否定する人は、もしできれば神が存在しないと考えなさい。そうすれば、公理七『存在しないと考えられるものは、その本質が存在を含まない』より、神の本質には存在が含まれないことになる。しかし、このことは定理七『実体の本性は存在することである』より不条理である。ゆえに神は存在する。証明終わり」（同書第一部）

『エチカ』では、このような証明が延々と続いています。この書によれば、神は唯一の実体であり、その本質は思惟（精神）と延長（物体）の属性をもちます。思惟（精神）と延長（物体）は神の現れ方の違いに過ぎません。たとえれば、海の水が様々な波の形となって表現されるようなことでしょう。

が、脳内の反応と、リアルな主観的経験がまったく別物なので、脳で心のすべてを説明すると両者は、結局は平行線をたどる。

神
神は「産出する自然」であると同時に「産出された自然」である。「三角形の本性から内角の和が180度に等しいということが必然的に生じるように」、必然的に神から世界が生じるとされる（神即自然）。

実体
デカルトの場合、精神と物体をそれ

過去を後悔しても無意味だ

汎神論（一元論）では、すべての存在が一つのものの別な表現となりますので、精神と物質の両者の間の対応関係が説明しやすくなります。つまり、「歩こう」（精神の働き）と思えば、「歩ける」（身体・物体の働き）というシンクロ現象は、根源的な実体が2つの方向で表現されているのです。根本的に一つの原理が多様な現れ方をするという見解は、現代の物理学に通じるところがあります。

ところで、神（＝自然）はなんら目的をもって活動しているわけではなく、必然的な動きをしています。これは「機械論的世界観」と呼ばれます。この説ではすべてが原因と結果でつながっているので、出来事はすべて決まっていることになります（決定論）。そうなると、世界の出来事はすべて決定しているのですから、現在の世界以外の世界のあり方は存在しません。そして、未来もまたすべてが決定しているのです。これは、世界全体がドラマのように完結しているということなのです。私たちは時間の流れで、それを垣間見ているのです。

ということは、この世界観によれば、私たちが「もし、あのとき……だっタラ」「もし、あのとき……していいレバ」と後悔することに意味がないことになります。

さらに、人生に自由がないことを意味します。「投げられた石が自分で自由に飛んでいると思っているだけ」（同書）なのです。この説を真に受けると、人生に意味がないよう

ぞれ実体としたが、スピノザは階層を一段引き上げて、神を実体とし、精神と物体はその性質（属性）とした。

現代の物理学
アインシュタインは、一つの原理からすべての事象を説明しようとする『エチカ』の態度を高く評価している。

決定論
自然は、機械的・因果的に動いているだけなので、原因と結果はすべて決定している。「ものは現に産出されているのとは

な失望感に襲われるかもしれません。でも、実はそうではありません。『エチカ』によると、「世界に自由がないということを知ることが自由」なのだというのです。

なにか後悔しそうになったときは、自分自身が宇宙の一つの波動のようなものだとイメージして、現在のあり方を受け入れます。そして、自分も神も一つであることを理解し、世界全体を愛するのです。これは「永遠の相のもとに」神を認識すると表現されます。

「外部の原因の観念を伴う悲しみが悩み」であり、理性的に考えることで、人生の苦しみから脱出することもできるのです。

人生で役に立つこと

すべては一つの存在が、様々な角度からホログラフィックに表現されている。自分もその中の一つなのだから、自分自身を肯定的にとらえることで、全世界を肯定的にとらえることができる。

(CC-BY-SA Triggerhippie4)

バルフ・デ・スピノザ（1632～1677年）

オランダのアムステルダムにユダヤ商人の子として生まれる。24歳の時、冒瀆《ぼうとく》の罪でユダヤ教団から破門される。哲学、自然学、政治学を研究。レンズを磨きながら生活していたという。著作に『エチカ』『デカルトの哲学原理』など。

異なった仕方で、また異なった秩序によって神から産出されることができなかった」。（同書第一部【定理33】）

永遠の相のもとに
私たちの個別の心も身体も同じ自然（神）の無限な延長の一部である。すべてが神の一部であることを理性的に認識し、すべてを「永遠の相のもとに」とらえることで、至福の境地にいたる。

【本の難易度】★★★★☆

『実践理性批判』

エマニュエル・カント 著（1788年）

この本が書かれた背景

『純粋理性批判』で人間の認識の限界を示したカント。ところが、それによると「自由の存在」「霊魂の不滅」「神の存在」などの哲学が全部否定されてしまう。そこで、今度は道徳哲学でこれらの回復を目指そうとしたのだが……。

「自由に我慢できること」が自由？

カントは人間の認識の仕組みを『純粋理性批判』で説明しました。けれども、『純粋理性批判』によると、「神」「霊魂」などの人間が経験できない領域は人間は推理できないということが明らかになりました（神や霊について考えてもわからないということ）。

そこで、カントは新たにこれらを回復するために、道徳的な形而上学をうちたてようとします。その内容が『実践理性批判』です。

自然科学の世界では、ニュートンの万有引力の法則があります。そこで、カントは自然の世界と同様に、道徳の世界にも普遍的な法則があると考えました（道徳法則）。それは、自然の因果法則とは違って、私たちの意志を規定する命令であって、「〜すべし」という

『純粋理性批判』
カントの著作。カントは理性認識の能力とその適用の妥当性を、理性自身が判定し批判するという哲学を確立した。人間がこの世界において、どこまでのことがわかって、どこか

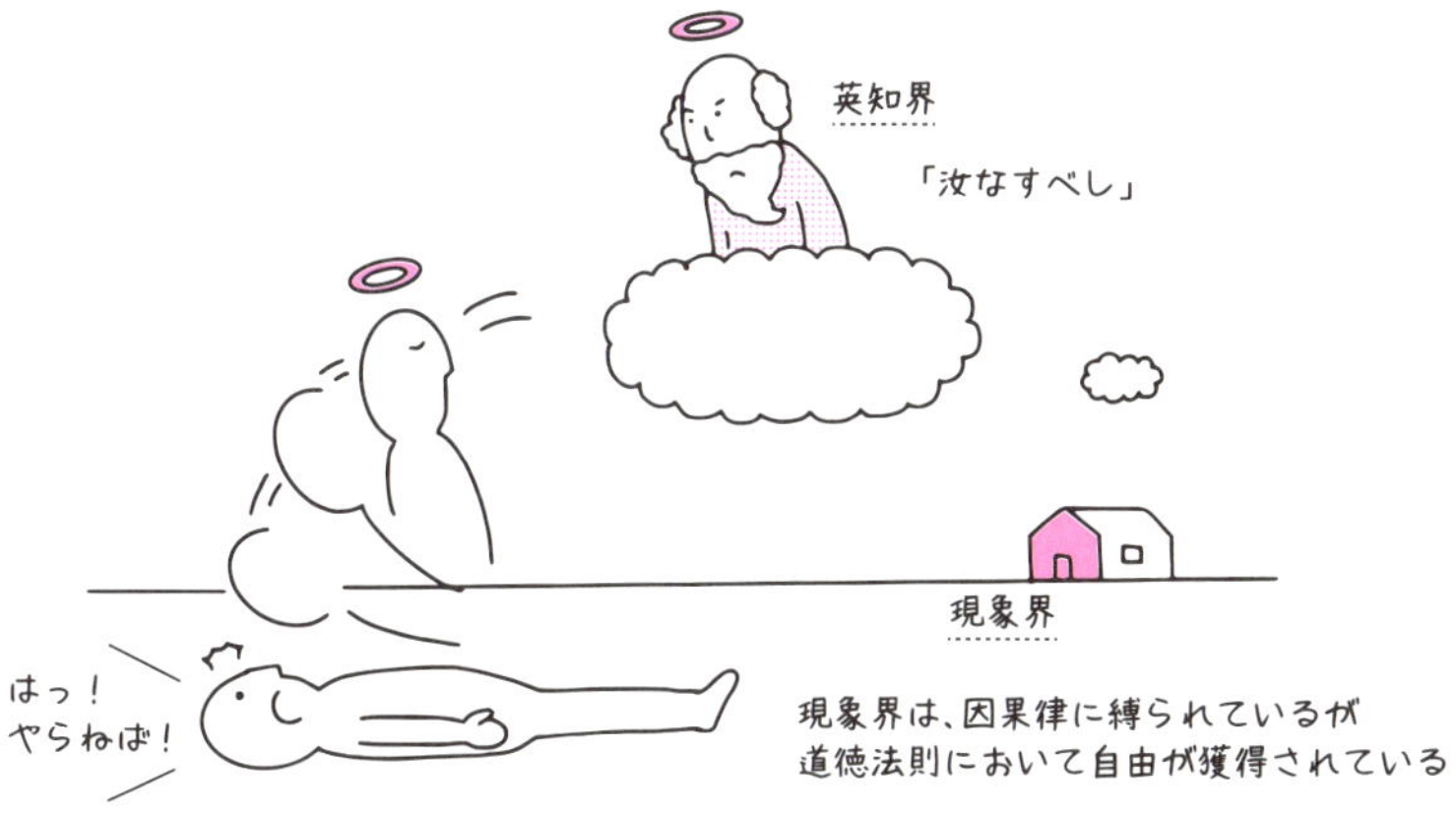

命令の形をとります。また、それは幸福（快楽）を得るための条件付きの命令ではありません。たとえば、「もしお金がもらえるなら、人を助けよ」というような条件付き命令ではダメなのです。これを「仮言命令」といいます。真に道徳的な命令は、自分の幸福を計算に入れず、行為の結果をまったく顧慮しないで、いついかなる場合でも「〜せよ」と命ずる無条件的な命令です。これは「定言命令」と呼ばれます。「もしお金がもらえるなら」のところをカットして、「人を助けよ」だけの部分にしたら「定言命令」になります。

道徳法則が命令の形をとるのは、私たち人間が理性的存在者であると同時に感性的存在者（欲望に負けてしまう存在）でもあるので、道徳法則に従って行為するとは限らないからです。だから私たちは、いつも「無条件に〜をするべし」と言い聞かせながら生活しなけ

らわからないのかの認識能力の線引きを明快に証明した。

道徳法則
道徳的行為の名に価するのは「義務から」の行為である。行為の結果が義務にかなっているだけでは「適法性」をもつにすぎない。

ればなりません。ついつい寝過ごしてしまったり、食べすぎてしまったりするのは、本能のままに生きる感性的存在としての動物と同じです。でも、理性をもった人間は自分で自分の欲望をコントロールすることができるのです。

「霊魂不滅」「神の存在」は要請される

道徳法則という人生の公式は、人間がもともともっている実践理性が自分自身に与える法則です（理性の自己立法）。自分で自分を律するわけですから、これを「自律」といいます。カントによると人間が「自律」的存在であるということは、人間が「自由」であるということを意味します。自分でルールに従うこと、つまり、「無条件に〜せよ」という命令に従うのは自由なのです。これは、普通に考えると不自由であるという印象をもちますが、「他のいかなる権威にも他律的に拘束されることなく、実践の原理をみずから洞察し、それによってそのつどの自己の実践生活をみずから規制していくことができる」という意味なので「自由」なのです（自分の欲望をコントロールできるということ）。カントによると、それが人間の「尊厳」にほかなりません。

ところで、『純粋理性批判』では、人間の意志の自由の証明は認められなかったのですが、このように『実践理性批判』では、道徳的命令において意志の自由が確保されました。同じく、霊魂の不滅も神の存在も『純粋理性批判』によれば、証明することはできませんでした。しかし、『実践理性批判』によると、「最高善」の概念を介することで、これらが

自律

カントの『純粋理性批判』の超越論的弁証論と、「純粋理性の二律背反」「純粋理性の理想」という流れで、「誤謬《ごびゅう》推理」つまり、誤った推論が批判されている。それによると、デカルト以来の「自我＝霊魂」は伝統的論理学の「媒概念曖昧《ばいがいねんあいまい》の誤り」（三段論法の大前提・小前提にかぶっている概念）であり、これは否定されてい

実践的に要請されるのです（証明はできないけれど、「霊魂」も「神」もあるのです）。最高善の実現は、人間が感性的存在者である限り、現実において期待できません。

だから、来世におよぶ無限の道徳的努力が、したがって「霊魂の不滅」が要請されます。

また、最高善が実現されるべきであるとすれば、徳と幸福との完全な合致を保証する全能な「神の存在」が要請されなければなりません。このようにして、実践理性は、「自由の存在」「霊魂の不滅」「神の存在」という3つの理念に対して実在性を与えることができたのです。

人生で役に立つこと

「道徳なんて人それぞれでしょ?」なんて言わないで、数学や物理の公式のように「道徳法則」が存在すると思ってこれを使ってみよう。そうすれば、自分の行動を自律的に決定することができる。まさに自己啓発の公式だ。

（CC-BY-SA UpdateNerd）

エマニュエル・カント（1724～1803年）

ドイツの哲学者。1740年にケーニヒスベルク大学に入学。同大学教授として活躍し、『純粋理性批判』『実践理性批判』『判断力批判』を刊行し批判哲学を完成。この間、ケーニヒスベルク大学総長をつとめる。

る。また、現象世界は「もし、××ならば○○」というニュートン力学的因果律に従うので、「自由」はないことになる（もし、腹がへったら食べる）。しかし、現象世界の物理法則では自由はないが、人間の道徳法則の面では自由である。なぜなら「無条件に～せよ」の場合、「もし～」がないので、因果律に制限されていない。「もし～だったら…」という迷いはなく、自分の意志がスタート地点だから、因果関係はゼロ。瞬間に自由なのだ。

【本の難易度】★★☆☆☆

『意志と表象としての世界』

アルトゥール・ショーペンハウアー 著（1819年）

この本が書かれた背景

世界はまず「私」の表象として始まる。その表象の奥には何かが存在するが、それについて「私」は知ることができない。ただ一つ、「私」の内側には「意志」というリアル感があることだけはわかる。となると世界の原理は「意志」なのでは……？

理性もいいけど「欲望」のパワーを忘れないで！

本書は、「世界は私の表象である」の一節から始まります。この一節をわかりやすく言い換えるなら、世界を自分だけのシアターのように見るということかもしれません。この「自分シアター」をよく観察すると、そこには主観と客観というちゃんとした区切りがあるとショーペンハウアーは考えました。

主観は世界の担い手で、あらゆる現象の前提とされる根本的な場です。「すべてを認識し、いかなるものによっても認識されないものが『私』という主観」です。「主観は決して客観とはなりえないもの」と定義されています。

こうした主観から世界をとらえる哲学説は観念論と呼ばれます。さらに、ショーペンハ

表象

この世界は真の実在ではなく、認識主観との関係において客観として表象されている。心に存在するのは意志のみであり、意志が個体化の原理によって様々な現象を生む。

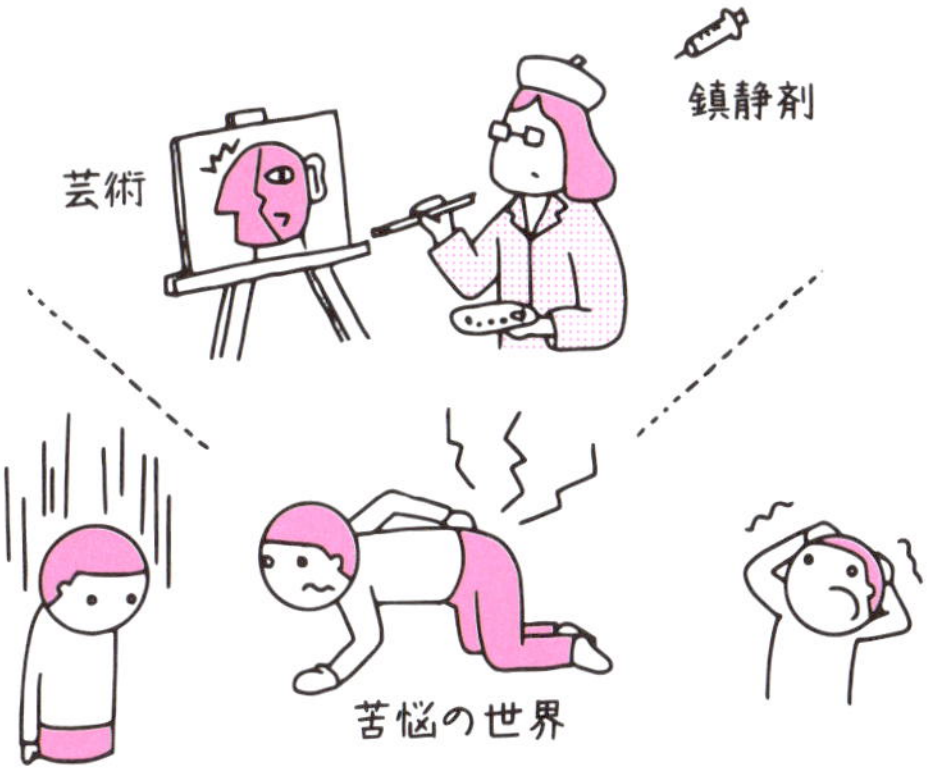

この世界は苦悩が亡くならない仕組みをもっているから最悪だ。
鎮静剤で苦しみを和らげつつ、最後は意志の滅却をめざす…。

ウアーは、主観が「身体によって媒介されている」と説きます。身体は認識の主観に二重の仕方で与えられます。自分の身体は内面と外面の両方で認識されるからです。

たとえば客観的な物体としてのマグカップの内面について、私たちは直接的に知ることはできません（自分がマグカップという物体の立場になることは無理）。これはあらゆる物体に対して言えることです。

しかしただ一つ、例外の物体があります。それは自分の身体です。身体という物体（客観的対象）なら自分で手や足など外側からも見えますし、同時に内側から観察される感覚や欲望（全部まとめて意志と表現されます）も直接的に知ることができます。

つまり、身体だけは、2つのまったく異なる仕方（主観と客観）で観察できる同一物なのです。

身体
身体は表象でありながら、同時に直接に認識される意志の現れである（主観・客観の両方を含んでいる）。身体の各部分は意志の欲望に対応し、苦痛や快楽は直接的に主観として自覚される。

この世界は限りない苦しみそのもの

ショーペンハウアーはこの内側から捉えられる主観的な力を「意志」と呼んでいます。見たいという意志は「目」、聞きたいという意志は「耳」、食べたいという意志は「口」、つかみたいという意志は「手」という形で、現象化していることがわかります。

けれどもこの「意志」は理性を欠いた「生きんとする盲目的意志」です。ひたすら「あれがほしい、これがほしい」ときりがありません。『意志と表象としての世界』では、あらゆる植物や動物がこのような意志をもっていることが記述されています（無機物までも意志的な動きをします）。残念ながら、意志はどんなに努力しても何らかの目的を達成することはないのです。そして、というのは意志は絶えることのない永続的な力として現れるからです（例：満腹になっても、またお腹が空いて食べたくなるから終わりがない）。

ところが、この現象世界は時間と空間という形式や様々な因果律によって規定されて認識されます。この有限な世界において、無限の意志は、抑え込まれるしかありません。

だから、この書では「生きることは苦悩」であり、「この世界は最悪の世界」ということになります。人は努力しても必ずそれを阻まれていつも悩むことになりますが、それはその人が悪いのではなく、世界の根本的構造が悪いのだからどうしようもないわけです。意志は無限に欲し、世界は有限であることから、常に戦争が起こります。この世界の仕組みの上から、殺戮や戦争がなくなることは永遠にありえないと説かれます。

意志

意志と身体の関係は物理現象や生命現象に類比的に拡大できる。物質の奥にも意志があり、その動きが現象である。これが複雑化すると生物となり、高度化して人間にいたる。もっとも複雑な人間（天才）はもっとも悩みが多いとされる。

この人生の苦しみからの脱出方法としては、芸術などがすすめられますが、これは**鎮静剤**としての効果しかなく、根本的な解決にはなりません。そこで、この書の結論としては、他人の苦しみを共有する「同苦《どうく》」（同情）をもちつつ苦しみの痛み止めとして、「意志」そのものを滅却させ、苦しみの根本的原因を取り除くのです。それは、ひたすら「禁欲」をすることによって意志の滅却化を図るという方法です。あまり実践的ではありませんが、この書は、なぜか人生の苦しみを和らげる効果があります。

人生で役に立つこと

体の中の葛藤を観察すれば、それと同じ構造が世界に相似的に存在していることがわかる。世界は満たされない欲望と闘争の世界である。意志を滅却して心を鎮めて生きていくことも必要だ。

アルトゥール・ショーペンハウアー（1788～1860年）

自由都市ダンチヒ（現ポーランド領グダンスク）に生まれる。イェーナ大学で学位を取得。ベルリン大学講師の地位を得たが、ヘーゲルに対抗し半年で辞職。後に評価が高まり、ワーグナー、ニーチェ、トルストイらに大きな影響を与えた。

鎮静剤
人間は芸術を通してイデアを知ることができる。永遠に変わらないものとしての（プラトンの説いた）イデアを垣間見ることになり、安らぎを得ることができるという。しかし、これは人生の苦しみの鎮静剤としての効果しかないので根本的解決ではない。

【本の難易度】★★☆☆☆

『現象学の理念』

エドムント・フッサール 著（1907年）

この本が書かれた背景

真理とはなんなのか？　それは主観が客観を正しく言い当てることだ。しかし、主観が「自分が正しく言い当てている」ということをどうやって自分で確認できるのだろう。私たちの生活は勘違いの連続。その中に絶対に正しいことがあるのだろうか。現象学ならそれがわかるのだ。

外界が実在することはなぜわかるのか？

映画『マトリックス』では、バーチャル世界が表現されていました（62ページ参照）。哲学の世界では、私たちの世界がバーチャルではないという証明を追求する分野があるのです（対象の実在性の追求をする分野＝認識論や存在論など）。

「身の回りにあるコップや机などの事物は、本当に存在しているのか、夢や幻覚ではないのかを証明せよ」という問いに対してどうこたえればよいでしょう（観念論か唯物論か）。

フッサールの哲学は、これらの哲学とは異なったアプローチをするのです。普通は、誰でも世界や事物が外界にありのままに存在していると思っています。これを「自然的態度」といいます。目の前にコップや机がありのままに自分から離れて存在し、自分はそれをビ

観念論・唯物論
観念論では、世界の存在は人間の心に依存しているという立場をとる（バークリなど、62ページ参照）。唯物論では物質がまず実在し、思考は脳の派生物であると考える。最近は自然科学の発達により、いちいち

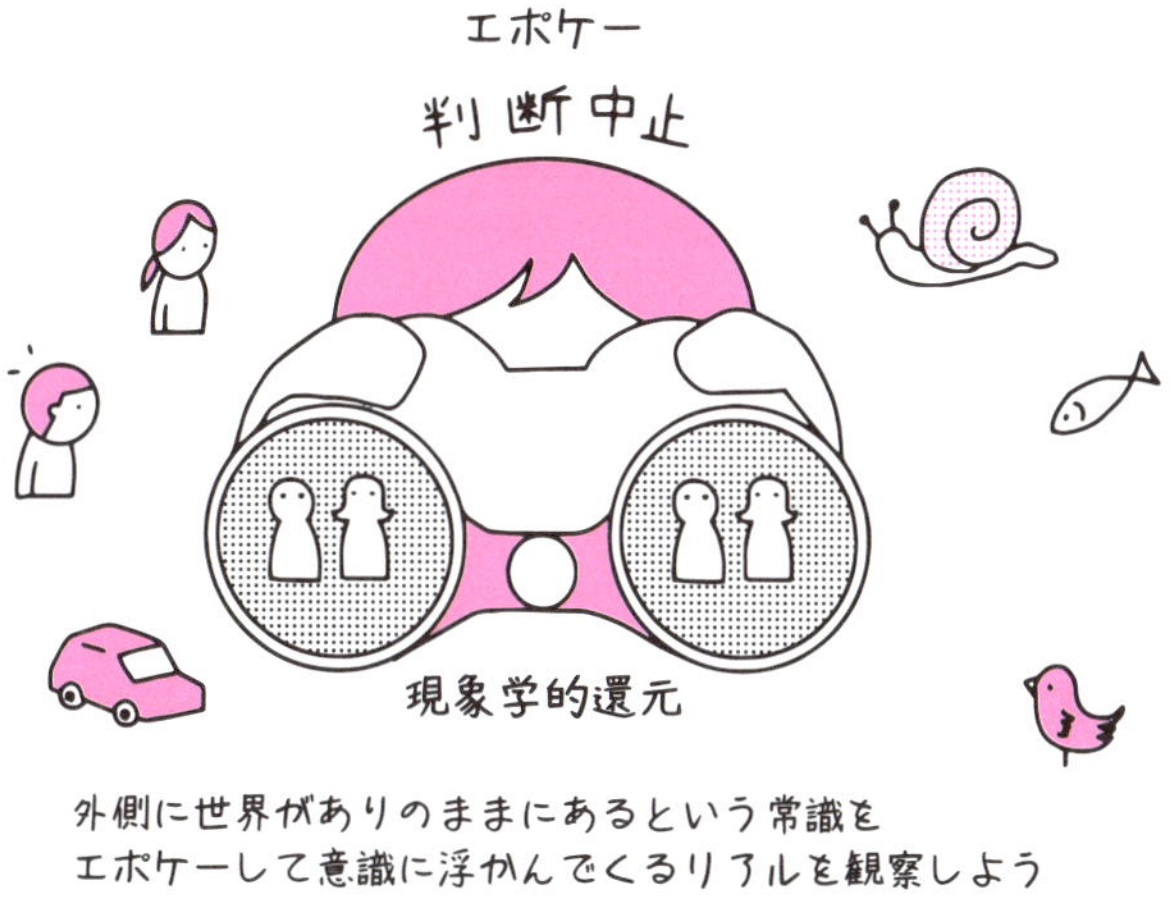
エポケー
判断中止
現象学的還元
外側に世界がありのままにあるという常識を
エポケーして意識に浮かんでくるリアルを観察しよう

デオで撮影しているような素朴な態度です。しかし、この客観（対象）と主観（認識する私）という図式では、「自分の認識と世界のあり方がずれているかもしれない」という疑問が生じます（勘違いが生じるということ）。

　そこで、フッサールは、外にありのままに世界があるのかについて、とりあえず**エポケー（判断中止）**すればよいと考えました。つまり、私たちが日常「そこにありのままに実在する」と確信していることを、単なる思いこみかもしれないと疑って、念のためいったん「括弧に入れる」のです。

　「目の前にコップが、そのままありのままに外部に存在する」とは考えず、これは本物なのか夢幻なのかわからないが、とりあえずボケーッと見て、ただひたすら意識の流れの方を観察するのです。

世界が物質だけでできていると強調する必要がないようだ。

エポケー（判断中止）
事物に対する意識の関係を抽出するために、客観世界を無反省に存在するものとして措定している立場を「エポケー（判断中止）」し、客観的世界を括弧に入れる。これによって、「何者かの意識」という志向性《しこうせい》の本質構造を有する「先験的《せんけんてき》意識」と、主体としての「先験的自我」を見出すことができる。

自分の心にインタビューする哲学

たとえば、「信号が青かと思ったら赤だった」という場合、「青」という判断と「赤」という事実が勘違いでズレていたわけです。でも、エポケーすれば、「青」「赤」と意識が流れていったそのことそのものは絶対に正しいのです（勘違いというリアル体験のようなもの）。

こうして、主観が客観に的中しているかはさておいて、意識の上に流れたことだけを観察します。そうすれば、その内容は絶対に間違っていないことになります。フッサールはここから厳密な学問が体系づけられると考えました。このような意識の操作を「現象学的還元」といいます。

「私の体験だけが、これらの思考作用があるのではなく、さらにそれらが認識するものも存在していることを、すなわち一般に認識に対立する客観として措定されるであろう何かが存在していることを、認識者たる私はいったいどこから知るのであろうか、またどこからそれをそのつど確実に知りうるのであろう?」（同書）。

このような問を発したフッサールは、物質的世界から意識の世界へと舞台の変更を行いました。そうすると、私たちの意識の上に現れてくることに、意味を与えるという作用が働いていることがわかったのです（ノエス・ノエマの相関関係）。

フッサールは、思考する作用を「ノエシス」、「ペン、机、コップ、ノート」などの対象を

現象学的還元
本質を知ることが形相的還元（本質直観）。また、エポケーを含めた「先験的還元」をあわせ、「現象学的還元」という。もちろん世界が「還元」されたからと言って、世界の存在が否定されたり失なわれたりするわけではな

「ノエマ」と名づけました。私たちは心の内側から意味づけして、事物のリアリティを確信していたのです。現象学をはじめれば、目に映るもの聞こえるものがすべて哲学の対象となります。まさに、自分の心にインタビューをする哲学なのです。ただ、フッサールの現象学は他者問題をうまく解決することができませんでした。他者が目の前にいても、それが「エポケー」されると自分の意識に取り込まれてしまうので、他者がロボット的になってしまうのです。この問題については、ハイデガー（108ページ参照）、メルロ・ポンティ、レヴィナス（104ページ参照）らによって現象学的なアプローチがなされています。

人生で役に立つこと

世界をありのままに見て、自分の意識の流れを観察する。そこには、常に事物に意味づけする作用が働いている。その意味そのものを体験しているとき、それは生き生きとしているリアル（真実）であることがわかる。

（CC-BY-SA Materialscientist）

エドムント・フッサール（1859～1938年）

オーストリアの哲学者、数学者。ウィーン大学でブレンターノに師事し、ドイツのハレ大学などで教鞭をとる。数学基礎論の研究者だったが、哲学に転向し厳密な学としての「現象学」を生み出した。

い。還元後は、外の実在物だと思われていた存在が、意識のスクリーンに出現するので、これを黙って観察すればよい。

ノエシス・ノエマ 自我が多様な体験や感覚与件を統一し、それらに意味を付与し、自己に対して存在するものと規定する作用がノエシスである。リンゴの色、形、香りなどを統合し、「リンゴという意味」すなわちノエマを抽出するのがノエシス作用である。

【本の難易度】★★★★☆

『歴史哲学講義』

ゲオルグ・フリードリヒ・ヘーゲル 著（1838年）

この本が書かれた背景

従来は歴史は出来事のつながりであると考えられていた。しかし、実は歴史がある一定の法則に基づいて目的をもって展開しているという……。この思想は、後に世界は共産主義社会という目的をもっていると解釈されるなど、現代社会に大きな影響を与えている。

世界史に初めて法則性を与えた書

歴史は予測不可能な出来事のつながりに思えます。しかし、ヘーゲルは歴史の流れにある一定の法則があると考えました。現代の一部の物理学者は、世界がホログラム的な仕組みをもっていると考えています。ヘーゲルはその考え方を先取りするかのように、世界が一つのプログラミングされたパッケージであり、それが少しずつ時間に沿って展開されていく現象が歴史なのだというようなことを説いたのです。この宇宙の原理を、ヘーゲルは「絶対精神」と呼んでいます。歴史とは、この絶対精神が自己の本質を実現していく過程（自己展開）にほかならないというのです。

「哲学が提供する唯一の思想は、理性が世界を支配するということ、したがって世界史に

ホログラム的
宇宙は「広大で複雑なホログラム」であり、現実は仮想空間であるという説（もちろん、それほど支持はされていない理論ではある）。まだまだ仮説で、研究段

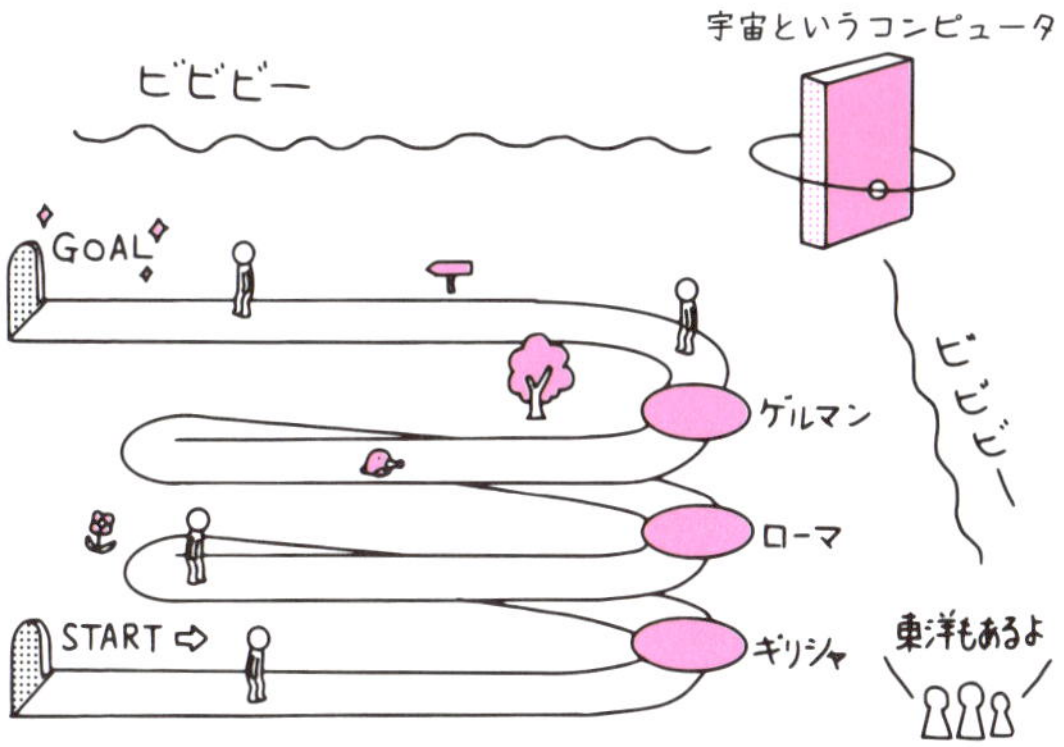
宇宙というコンピュータ
ビビビー
ビビビー
GOAL
ゲルマン
ローマ
START
ギリシャ
東洋もあるよ

歴史は法則にのっとって進んでいく。歴史はプログラミングが展開していくようなもの。だから目的としてのゴールに進んでいく

おいてもまた一切は理性的に行われて来たという、単純な理性の思想である」（同書）

「絶対的な究極目的であるとともに、またそれ自身その究極目的の実現でもあり、それ自身が究極目的をその内面から……世界史の中で……自然界、並びに精神界の現象の中に実現するところのものでもある」（同書）

　つまり、宇宙の情報が、そのロジックに従って、刻々とゲームのように小出しにされていくということです。そしてまた、その根本原理は無制約の（制限を受けない）存在なので、「自由」と表現されます。

　世界史の目的とは理性的自由が時間的に歴史として、次第に実現されていく過程ということになるのです（自由の実現が目的ということ）。

　世界史を概観してみますと、民衆の自由が実現されていくことがわかります。これは偶

階である。

絶対精神
宇宙の原理（神）。みずから自然の中に自然をもその契機として含んでいる高次の精神。汎神論の体系の中心である。絶対精神は世界の背後で沈黙しているわけではなく、この世界に弁証法的に自己展開していく。

然ではなく、ちゃんと法則にのっとった動きをしているということなのです。

世界史は弁証法というルールで展開する

歴史とは「自由の意識における進歩」であり、これをヘーゲルは段階的にまとめています。

①王のみが自由な古代の段階。②共和国において一部の人々が自由になる段階。③ゲルマン諸国において人間の自由が実現していく段階。ゲルマン諸国における自由の自覚とは、ヘーゲルの生きていたリアルタイムの時代です。この自由の原理によって、国家の組織をつくりあげていくこと、それが歴史の到達すべき目標です。

さらに、この世界の公式・ルールともいうべきものが「弁証法」です。弁証法とは、認識と存在の根本原理なので、すべての存在は弁証法から漏れることなく、この法則に従って展開します。すなわち、すべてのものは「即自」「対自」「即自かつ対自」という3つの段階をへて弁証法的に展開していきます。

弁証法は、次の三段階の公式になっています（認識の弁証法の例）。

①ある対象を規定して、固定化し固執する段階（例：植物がその全体を表現している）

②その規定されたものが一面的であったとわかる段階（例：植物が養分・水を必要とするなど新しいことがわかる）。

③対立する2つの規定の総合によって、対象の理解が促進される段階（例：それがそれ

自由の意識における進歩
①東洋の古代国家においては、人間は自分が自由であるということを知らず、専制君主のみが自由であった。②ギリシア・ローマの共和国においてはじめて自由の意識が生じたが、若干の人々が自由であることを知っていたにすぎなかった。③ゲルマン諸国においては、人間そのものが自由であるということの自覚が生じてきた。

でない存在とともにあるという、全体が理解される）。

歴史は、①ある安定した段階で、②矛盾が生じ、③次の時代に入る（例：絶対王政・革命・民主国家など）という三段階で展開されます。

また、ヘーゲルによると歴史の発展段階をになっている代表的な偉人も、歴史の目標を実現するための手段（道具）として登場します。ナポレオンのような英雄は、いわばあやつり人形にすぎず、一定の役割がすめば没落するとされました。今では、歴史の法則性という考え方は古いように思われていますが、もしかしたらそれもアリかもしれません。

人生で役に立つこと

世界史を摂理による目的論的過程と解することによって、歴史全体が一定の目標に向かう必然的な歩みであることがわかる。この観点は歴史を抽象化してとらえることができるので、まだまだ役に立つ考え方だ。

(CC-BY-SA FreeArt1)

ゲオルグ・フリードリヒ・ヘーゲル（1770～1831年）

18世紀後半から19世紀にかけてのドイツの哲学者。弁証法に基づいて、論理学、法学、道徳学、宗教学、歴史学、哲学など科学を含めたあらゆる諸学問を壮大な体系として確立した。

弁証法
ヘーゲルは弁証法に基づいて、論理学、法学、道徳学、宗教学、歴史学、哲学など科学を含めたあらゆる諸学問を壮大な体系として確立した。

人生・苦悩編

第3章

悩める人生について考えることができる本

【本の難易度】★★★☆☆

『死に至る病』

ゼーレン・キルケゴール 著（1849年）

この本が書かれた背景

現代人の悩みを先取りしたキルケゴール。大衆の中で平均化して個性をなくす人々やゴシップ話で盛り上がる人々。現代社会のありふれた姿をいちはやく解明した哲学者・神学者だ。歴史上、「絶望」についてこれ以上詳しく説明した本はないというまさに「絶望」のバイブルだ。

「絶望」ってどんな病気なの？

本書は非常に難解な文章から始まります。「人間は精神である。だが、精神とはなにか。精神とは自己である」。いきなりこれですから意味がわかりません。

ここでいう「自己」とは今生きている私自身のことです。だから、本当の自分であろうとする自分から目をそらしている場合が「絶望」のはじまりです。自分をごまかしている感じでしょうか。

また、キルケゴールによると、誰でも「絶望」に陥るとされます。というのは、人間は一生、自分自身とつきあっていく存在だからです。他人ではなく自分に対しての関係がうまくいかずに、自暴自棄になったり、投げやりになったときなどに「絶望」が生じるので

『死に至る病』 最初の計画では、2部からなり、第1部は「死に至る病」、第2部は「根本治療」という組み合わせの予定だった。だが、キルケゴールは、第1部だけを先に刊行している。第2部は後に、『キリスト教の修練』とし

絶望という「死に至る病」は、誰でもかかる病気だ。
でも、その体験があるからこそ、ステップアップできるのだ

す。キルケゴールは、この絶望こそが、人間にとってもっとも恐るべき「死に至る病」であるといいました。「絶望」するから「死ぬ」という意味ではありません。

「絶望」とは死にたいけれども死ぬこともできずに生きていく状態のことです。肉体の死をも越えた苦悩が「絶望」です。

つまり、生きながら死んでいるようなゾンビ状態のことを「死に至る病」と呼んでいるのです。本書は、この「絶望」に絞り込んだ一冊になっています。この世に「絶望」についてこれ以上詳しい本は存在しないのかもしれません。

キルケゴールは絶望の種類分けをします（絶望の諸形態）。①無限性の絶望、②有限性の絶望、③可能性の絶望、④必然性の絶望です。

て出版された。

絶望
現実の自己が本来の自己に関わるときの齟齬《そご》が絶望である。自己は自己自身に関わりつつ、その関係として他者が存在する。絶対の他者は神であり、神にとっての自己という関係の中で「絶望」が生じるのである。

絶望の諸形態
自己の有限性を忘れて観念論や神秘主義でごまかす絶望（無限性の絶望）、自己を平均化して、集団の一部となる絶望（有

絶望からの救済はどうやってなされる？

さらに絶望には諸段階があるとされます。それは自分が絶望であることを知らないことから始まります。「自分が絶望であることを知らないでいる絶望」はもっともレベルの低い絶望とされます。テンションの高いときが実はもっとも危ない状態です。動物が絶望しないのと同じく何も考えていない状態なので、いつかは必ず絶望を自覚するようになるのですが、そのときは遅いかもしれません。絶望予備軍のようなものです。

次の段階は「自分が絶望であることを自覚している絶望」ですが、これは次の2つの段階に分かれます。それは「弱さの絶望」と「強さの絶望」です。「弱さの絶望」は快楽や幸運に見放された自分に絶望して現実逃避する状態と自分の弱さにムカついているという2つのあり方です。

「強さの絶望」は自我の絶対性をもつ傲慢な態度です。世の中が理解してくれないのは、自分のレベルが高いからだと主張しながら頑固に屁理屈をとなえて生きる絶望状態です。人の意見を聞かず、内側に閉じこもって、どうどうめぐりをしています。だれも指摘してくれないので悲しい絶望ですね（まあ、みんなそうですが……）。

さらに、「罪としての絶望」へと進む場合があります。この段階では神の観念をもちながら、絶望したままでいるという罪の状態です。最後の希望にも背を向けていますので、「死に至る病」の極限状態になっているとされます。

限性の絶望）、現実を逃れてロマン的な世界で自己を喪失する絶望（可能性の絶望）、現実しかみないで運命論者・決定論者となる絶望（必然性の絶望）などがある。

知らないでいる絶望

これは絶望の乗り越えにとって本来の自己をとりもどすという観点からすると大きく外れた生き方である。これでは自己生成の運動が生じない。

こうしてキルケゴールは、絶望についての詳細な分析を加えるのですが、結論としては、やっぱり人間は絶望する方がよいということです。というのは、人間は動物以上であり、自己意識をもつからこそ絶望しうるわけです。意識が増す（自己をみつめる）ことでいろんな挫折を感じ、「このままではいけない！」という焦燥感が強まってくるものです。

このとき、別な人間になろうと決意をしなかったり、絶望して自分を憎悪しつつも、みじめな自分自身でありつづけようとする態度はよくありません。だから、絶望を人生の成長として捉えることが大切なのです。

人生で役に立つこと

「絶望」は人間だけがかかる病気である。それは人間が動物以上の存在である証拠なのだ。あとは、それに対して、目を背けずに、自分がいかに主体的に関わっていくかが重要だ。

（CC-BY-SA Alvaro Marques Hijazo）

ゼーレン・キルケゴール（1813〜1855年）

デンマークの哲学者、宗教思想家。コペンハーゲンに生まれる。次々と家族の不幸にあい、「大地震」と呼ばれる体験をする。レギーネ・オルセンとの婚約をあえて破棄するなど内面的な苦悩を体験しつつ、偽名で多くの著作を残した。

『キリスト教の修練』

キルケゴールによると、絶望を克服する方法は、真のキリスト者となることであるとされる。『キリスト教の修練』は、信仰者の謙虚な態度を説き、ルターに続く第二の宗教改革宣言の書とも呼ばれる。これは、『死に至る病』における絶望の解決の道を示す。だが、キリスト教になじみのない日本では、理解しがたい内容となっている。

【本の難易度】★★☆☆☆

『ツァラトゥストラはこう言った』

フリードリヒ・ニーチェ 著（1885年）

この本が書かれた背景

この世界における究極の存在は「神」だった。ところがその神はとっくの昔に死んでいた。人類は今まで存在しないことを信じていたのだ。神が存在しないということは、世界の最高価値が存在しないということ。では、人はなんのために生きているのだろう？

「神は死んだ」とはすべてが無価値化したという意味

この書は、ニーチェの分身ツァラトゥストラが、「神の死」「ニヒリズム」「超人」などの思想を伝えるストーリー形式になっています。神とは、キリスト教の神を意味していると同時に、あらゆる彼岸《ひがん》的（神・イデア）な諸価値と理想の全体を意味しています。

ツァラトゥストラが「神が死んだ」と人々に伝えるということは、今までのすべての最高の諸価値、すなわち真、善、美がその力を失って、現実と理想という図式が崩壊することを意味します（真実がどこかにあるという神話が崩壊するということ）。

そうなると最高の価値根拠と目指すべきものがないわけですから、私たちの「なぜ生きているのか？」「何に向かって生きているのか？」という人生最大の問題についての答え

『ツァラトゥストラはこう言った』ニーチェが40歳の頃執筆した4部からなる書。箴言《しんげん》（アフォリズム）の形で述べられており、哲学書、また文学作品としても読める。第1部ではニーチェの分身のツァラトゥストラが10年間の孤

「神の死」とは最高の価値が存在していないということ。
「なんのために？」という問いの答えが欠けている状態だ

がなくなってしまうのです。

「なぜ、世界と人間は存在するのか？　それらはいかなる意味や価値をもつのか？」というような形而上学的な疑問のすべてが無意味となります（これをニヒリズムといいます）。

ストーリーの最初では、ツァラトゥストラが、「神の死」を告げて、人々に無意味な現実と向き合うように示唆しますが、なかなか受け入れてもらえません。また、「隣人愛」はキリスト教の価値観でしたが、これは偽りの態度であり、隣人に対する愛ではなく、未来に出現する超人への「遠人愛」について説きます。これも人々はわかってくれません。

実際に、当時はニーチェの哲学を、世間の人は誰も理解してくれませんでした。

失望したツァラトゥストラは山にもどったり下ったりと、「神の死」という事実を布教するために様々な努力をするのです。

独な山中生活から人間の世界に降りてきて「神の死」を教える。「ニヒリズム」「超人」そして「キリスト教批判など」重要な思想が展開される。第2部では、「至福の島々」での活動。第3部では「永遠回帰」の思想を述べる。第4部では「神の死」に苦しむ「高《こう》人《じん》」との出会い、クライマックスで「運命愛」による人生の肯定を叫ぶ。

ツァラトゥストラ　古代ペルシアの拝火教の祖といわれるゾロアスターの

近未来に出現する超人とはなんだろう？

最高の価値を失った人間に、ツァラトゥストラは、ニヒリズムの最も極端な形式とされる「永遠回帰」を説きます。本書の第４部で、ツァラトゥストラは「超人」を教えるべく、「永遠回帰」と「運命愛」の思想を広めようとするのです。この世界には、「神の創造」による始まりもなければ、「最後の審判」という終わりもありません。キリスト教では、神の国を目指して過去から未来への直線的な世界観がありました。しかし、神が死んだニヒリズムの世界では、生が意味も目標ももたず、創造と破壊を無限に繰り返す円環状の世界となります。映画『ニーチェの馬』（タル・ベーラ監督、ハンガリー映画、２０１１年）では、この無意味な世界観を独特な映像美で表現しています。

「君は今生き、またこれまで生きてきたこの生を、もう一度、いな数限りなくくり返し生きねばならず、そこには何の新しいこともなく、すべての苦悩も快楽も思想もため息も、君の生のすべてが最大もらさず再来し、いっさいは同じ系列と順序に従う」（同書）

意味もなく同じことの繰り返しという「永遠回帰」の世界においては、未来への希望もなく、いっさいが空しくなります。「永遠回帰」はニヒリズムの最高形態です。

でも、ツァラトゥストラは、意味のない世界から逃げることをせず、ありのままに世界を肯定するべきであることを説きます。

何度も繰り返される無意味な人生を「これが生だったのか、それではもう一度！」（同

別称。ゾロアスター教の思想を説いたものではない。ゾロアスターは善悪二元論なので、道徳について説いているということ、誠実さが関連しているとされる。

ニヒリズム
ニヒリズムは、はじめて到来するのではない。ニーチェによると、感性界（現象界）と英知界（イデア界）とを分けるプラトン主義、および此岸と彼岸とを分ける「民衆向きのプラトン主義」であるキリスト教は、最初から、す

書）と受け入れるのです。そういう態度をニーチェは「運命愛」と呼び、そのように生きうる人を「超人」と呼んだのです。
「その人は、いつかはわれわれのもとに来るであろう。世を救う人は、大地に目標を与える人は「超人」と呼ばれる」（同書）。
　神なき時代に、超人は世界に新たな価値を与える存在となります。現代の私たちは近未来に出現する「超人」を期待して、その「肥やし」となって（自己を没落させて）生きるのです。

でにニヒリズムの産物だったという。なぜなら、現実否定の思想だからだ。

人生で役に立つこと

苦しいことがあったら「これを無限回繰り返せるだろうか？」と自分に問うてみよう。たいていは「とんでもない！」と思うが、そこを頑張って、「これが人生だったのか、よしもう一度」と肯定する習慣をつけるとよいだろう。

（CC-BY-SA Xabier）

フリードリヒ・ニーチェ（1844～1900年）
ドイツの哲学者、古典文献学者。バーゼル大学古典文献学教授となり、辞職した後は在野で多くの著作を残す。アフォリズムで散文的表現をし、到来するニヒリズムを予言した。持病と孤独から発狂し、廃人となった。

【本の難易度】★☆☆☆☆

『プラグマティズム』

ウィリアム・ジェイムズ 著（1907年）

この本が書かれた背景

哲学は、人間がいてもいなくても変わらない「絶対的な真実」を追い求めてきた。でも、これを180度ひっくり返して、「結果の有用性」から真理について考えた。そんな哲学がアメリカのプラグマティズム。結果がよければすべてよし？

実際的に効果を生むことが「正しい」？

ジェイムズの著書『プラグマティズム』では、従来の哲学と方向性を逆転した独特の主張がなされています。近代までの哲学は、どこかに真理がすでに存在していて、人間がそれを正しくつかみ取るという図式が主流でした。ところがジェイムズによると人間は「気質」によって、思想を選び取ってしまうというのです。本書では、人間の諸特性を「柔らかい心の人」と「硬い心の人」として二段階で書き表されています。

「世界は一であるか多であるか？」「宿命的なものであるか自由なものであるか？」「世界は物質的か精神的か？」など対立する思想がありましたが、このような論争を根こそぎ解決するのがプラグマティズムの哲学です。

柔らかい心の人
合理論的・主知主義的・観念論的・楽観論的、宗教的・自由意志論的・一元論的・独断的とされる。

それぞれの信念は実在性をもつ…
できる！
できる！
できる！
できない
できない
信念をもって行動するのとしないのとでは、
結果に大きな差が出る。
ポジティブに活動しよう！

ジェイムズは、「観念または理論の意味を結果によって決定する」という方法を用います。重要なことは観念や理論の本質ではありません。むしろ「結果」こそが本質とされます。

そうなると、対立する見解も実際的には、どっちも同じものだということになります。「酵母によってパンをふくらませるときに妖精がふくらませている、いやエルフがふくらませていると主張しあっている」（同書）のと同じレベルの話なのです。過去の哲学上の問題もこのような架空の内容だったというのです。

よって、真なる観念・理論とは、私たちが自分のものとして受け入れ、有効と認め、確認し、検証できることでなければなりません。常にあらゆる学説は「実際的な効果」から考え直され、変更されることになります。

硬い心の人
経験論的・感覚論的・唯物論的・悲観論的・非宗教的・宿命論的・多元論的・懐疑的とされる。

チャールズ・サンダース・パース
プラグマティズムの創始者。パースは述べている。「思考のはたらきは、疑念（doubt）という刺激によって生じ、信念（belief）が得られたとき停止する」。したがって信念をかためることが思考の唯一の機能である。ジェイムズは、パースのプラグマティズムを独

正しいことは「ひとそれぞれ」

プラグマティズムの哲学は、何かを主張するのではなく、世界の謎を解くためのツール的な哲学ということになります。もともとパースが、結果から観念を明晰にするというプラグマティズムを創始したのですが、ジェイムズはこれをポジティブ哲学までに高め上げました。

私たちが、何かの意味を決定する場合、個人の好みや満足感などでその判断は変わってきますので、ジェイムズのプラグマティズムは多元論的になります。つまり、正しいことは「ひとそれぞれ」という相対主義になるのです（それも、それぞれの正しさが、かなり強い相対主義です）。

たとえば、ある宗教を信じて結果的に効果があれば、その宗教は真理ということになります。逆に効果がなければやめればよいのです。それも、その人が神を信じている場合、単に信じているだけ（勘違いのようなもの）というわけではなく、本当に神が実在することになるのです。もちろん、神を信じなければそれは本当に存在しません（多元論的）。

「真理が尊ばれるのは、それが有用な手段であるからにほかならない……真理は善の一種である」（同書）

「もし神学上の諸観念が具体的生命にとって価値を有することが事実において明らかであるならば、それらの観念は、そのかぎりにおいて善である」（同書）

自に解釈し、心理的な働きも実際的効果に含めた。ジェイムズは観念が実際の問題の解決を可能にするという結果を重視した。それゆえ、「真理」とは実際に有益をもたらすということ、「有用性」（現実的価値）をもつことであると考えられた。

真理
ジェイムズは、単純に真理と有用性を同一視したのではない。問題解決という経験上の役割をはたすという意味での有用性を強調している。つまり、実験・検証

ジェイムズによると、真理であったり虚偽であったりするのは、事実に関する命題であって事実そのものではないからです。私たちは、頭のなかにある命題しか理解できません。外部に存在する「それそのもの」（実体）を知ることはできません。

ジェイムズの哲学は、現代における「信念を強くもつと現実化する」というビジネス的な思想にも影響を与えているでしょう。ジェイムズも行動する前に、「必ずうまくいく」という信念をもつべきだと説いています。大いに活用しましょう。

人生で役に立つこと

あることが正しいか間違っているかは、「実際的に効果があるか」という結果から判断するとよい。それそのものの正しさはさておいて、効果があればそれは真理である。自信をもって行動しよう！

（CC-BY-SA Materialscientist）

ウィリアム・ジェイムズ（1842〜1910年）

ハーバード大学医学部卒業。ハーバード大学生理学講師、心理学助教授。アメリカで最初の実験心理学研究室を創設した。多元論的経験論者。著作に『根本経験論』などがあり、宗教心理についての著作に『信ずる意志』などがある。

が重要であるということだ。実験・検証を経た「真理」は「価値を示す名称」であるとされている。

宗教的信念

その人に満足を与え、その人の人生に有益なものである宗教的信念は「真理」である。科学も宗教も最終的には信念がもとになっているので、両者は矛盾していない。しかし、真理は結果によるので、両者とも途中で変更される場合もある。

【本の難易度】★★★★☆

『哲学』

この本が書かれた背景

哲学にも認識論・存在論・言語論などいろいろ種類があるが、ヤスパースの『哲学』はまさに、「生きていくこと」と密接に結びついた哲学らしい哲学だ。特に哲学と精神医学がタッグを組んでいるので、人の苦悩についての特効薬となっている。

カール・ヤスパース 著（1932年）

限界状況にぶつかって真の自己を見出す

『哲学』というかなりシンプルなタイトルです。これはヤスパースの「実存哲学」のことなので、科目としての「哲学」ではありません（哲学の全体を知るには、「哲学史」か「哲学概論」の本がおすすめです）。

ヤスパースによると、私たちは科学的知識が絶対に正しいと信じていますが、そこを反省しなければなりません。科学は、公理と仮説によってなりたっているために、公理から一歩奥に踏み込んだ根拠を示すことはできません（「なんで、世界はあるのか？」など）。また、科学はそれ自身の内部で完結した体系をつくろうとします（だから、自分の人生全体を説明することはできない）。

実存哲学
実存には様々な定義があるが、ただ存在している物ではなく「今生きている私」のことをいう。ヤスパースは、主観と客観という分け方を批判している。私たちは世界を客観と捉

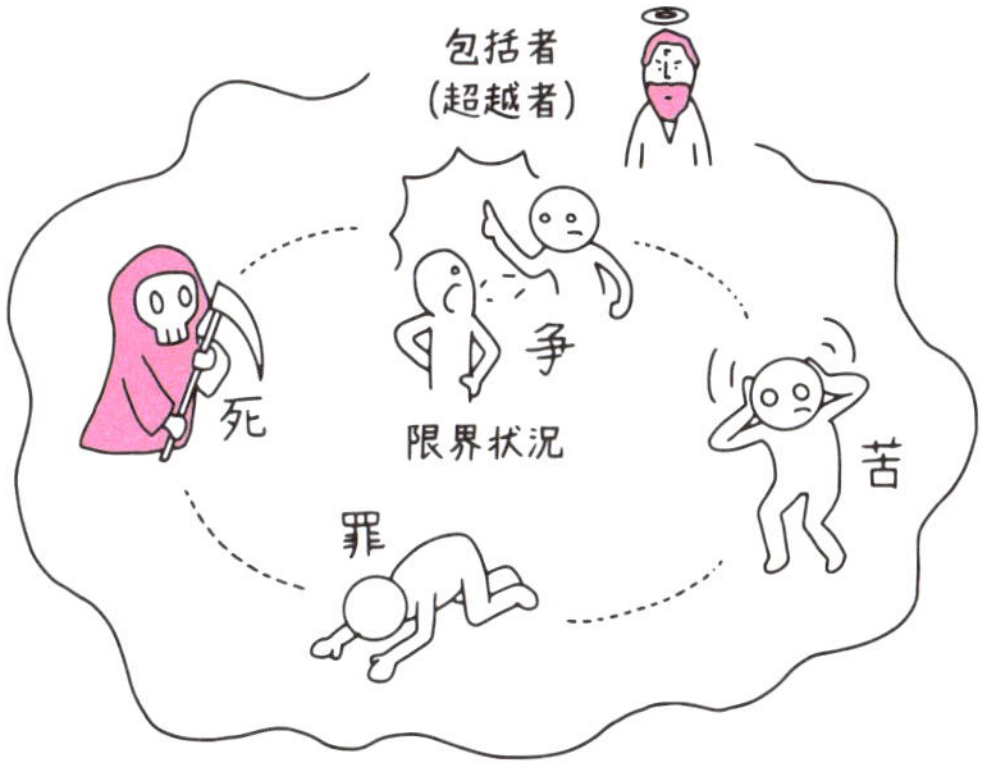

人間には超えることのできない「限界状況」がある。
これにぶつかることで、自分の有限性を自覚し、無限なる存在を知る

これに対して哲学は科学よりも一歩踏み込んだところを知りたいという欲求から成り立ちます。よって、科学的知識において、哲学的知識を成り立たせることができるのです。

ヤスパースは実存主義の立場をとります。彼の説く「実存」とは決して客観にならないような私の全体であり、ここではキルケゴール（88ページ参照）の「他人と取り替えのきかない私」という視点が強調されます。

ヤスパースは、実存がだんだんとアップグレードしていく段階を示し、特に実存が自分自身を呼びさます要因として、「交わり」と「限界状況」を説きます。

実存はいつも一定の歴史的状況におかれているという「限界状況」を自覚することで自己の目覚めに達するのです。

「限界状況」とは身近な人の「死」や自分自身の「死」、また「苦悩」、「争い」、「罪責《さいせき》」と

えているから、真実がわからない。世界は客観ではなく、そこに現れることはない「包括者」である。そこに「私」がいるのだ。「実存は可能的なものであるがゆえに、選択と決断を通して、みずからの存在に向かって進むか、それともその存在から無のうちに退くかのいずれかである」（『哲学』実存解明）。

一定の歴史的状況 ヤスパースは、紀元前500年前後の数百年にわたって展開された時代を「枢軸時代」と

などの人間が回避できない状況です。

人との交わりこそが実存のあり方

ヤスパースによると、この「限界状況」の内において、実存は存在の全体としての「包《ほう》括者《かっしゃ》」へと超越します。「包括者」とは理性によって「私たち・意識一般・精神」、あるいは「世界・超越者」と理解されます。理性は、それぞれに「包括者」に適する形で世界を照らしますが、順に乗り越えて「超越者」（神）へと到達していくのです。

神を知るということは、別に特定の宗教を意味しているわけではありません。要するに理性の限界性を知れば、人生はそのような言葉にできない領域に照らされるわけです。だから、歴史的に神が出現してきたと考えられるでしょう。

実存はこの「超越者」をどうやって知ることができるのでしょうか。ヤスパースによると、「超越者」の言葉は暗号として現れます。

それは実存に「直接的な言葉」「神話や啓示」、また「実存相互の伝達の言葉」、さらには、「哲学的伝達の言葉」の形で表現されます。この声は暗号ですから具体的にどのようなものかは説明されていません。

「形而上学を通じて私たちは超越者としての包括者の声を聞く」（同書）。

要するに哲学をすることもまた、私たちには見えないし聞こえない何かと対話する方法なのです。

呼んでいる。中国、インド、西洋においてそれぞれの限界状況に直面して、人々は自己を高めていった。

私たちは挫折の中で徐々に自己を高めていき、最終的に誰でもこの声を聞くことができるとされています。

また、ヤスパースが強調するのは、「実存的交わり」です。私たちは、様々な状況の中で、人との交りをもつことによって、互いを理解しながら自己のあり方を確認していきます。この相互承認はどうしても他人と私のぶつかり合いとなりがちですが、ヤスパースは、これを「愛しながらの闘い」と表現しています。闘争の中に連帯があり、闘いつつも実存相互のきずなの深さを知ることができるのです。

人生で役に立つこと

人間にはどうしても乗り越えられない壁がある。しかし、そのときこそがチャンス！自分をより高いところにもちあげてくれるメッセージかもしれません。目の前のマグカップや隣にいる人にも何かの意味が……？

（CC-BY-SA Materialscientist）

カール・ヤスパース（1883〜1969年）

ドイツの哲学者、精神科医者。実存主義哲学。有神論的実存主義を展開。著作に『精神病理学総論』（1913年）、『哲学』（1932年）。現代哲学・精神病理学に大きな影響を与えた。

実存的交わり

私たちは他の人との精神的な交わり（実存的交わり）の中で初めて本来的な自己を達成する。というのは、「他者が他者自体であることを意識しなければ、私は私自体となることはできない」し、「他者が自由でなければ、私は自由であることはできない。つまり、お互いの承認によって私たちは本来の私に立ち返ることができる。「実存とは客観にならず、思惟し行為する根源」である。

【本の難易度】★★★★★

『全体性と無限』

エマニュエル・レヴィナス 著（1961年）

この本が書かれた背景

他者（他人）とはいったいなんだろう。他者の存在は私にとってはまったく捉えられない。私の中から私は出られないし、他者も入ってこられない。でも、今までの全体的な世界観を一度リセットして、現象学を応用すると驚くべき他者論が出現した。

他者がいるからこそ私がいる？

これまた、この本の難解さは筆舌につくしがたいところがあります。テーマは「他者」と「顔」です。「顔？」という段階で挫折すること請け合い。一口で表現すれば、「他者については絶対にわからない」「自分は他者によってつくられている」「他者に限りなく奉仕せよ」ということです。

「他人のことがわからないなんてあたりまえじゃないか。でも、なんとなく気持ちは伝わる」と誰でも思うのですが、現象学的には「他者は絶対的で超越的」な存在なのです。

ユダヤ人哲学者のレヴィナスは、ナチスの捕虜収容所に捕らえられていて、家族はほぼ全員殺され、自分は生きのびたという経験をしました。だから、「他者」や「殺人」につ

現象学
レヴィナスはフッサール、マルチン・ハイデガーらに師事して、現象学などの研究を行った。現象学については78ページ参照。

他者
哲学用語での「他者」は他人のこと

他者に対面しないときに人は他者を殺すのだ
仲間に入れてニャン
犬はだめワン？
汝殺すなかれ・・・・
自分に絶対に同化されえない「他者」を理解するのは難しい。
理解するのは自分の内側に取り込むことだから、すでに「暴力」なのだ

いての考え方がとてつもなく深いのです。

なにしろ、強制収容所から帰還しても、すべては失われていたわけで、それでも世界は「存在」しているわけです。自分にとって何もない世界が「存在」しているというのは、そもそも「存在」そのものが無意味で恐ろしいことです。よってレヴィナスは、キリスト教的なオールインワンで世界を説明する方法を批判します。オールインワン、つまり「全体性」の中に人間は「ある」だけではないと考えます。

難しいキーワードは「存在」（イリヤ(ilya)）です。「イリヤ（ilya)」は私も他人もない状態（匿名性）で、とにかく「ただ存在する」というあり方です。闇のような「存在」が先にあり、そこに「私」が湧き出てくる感じです。

だから、人は「私が存在している」という

だが、他人というとニュアンスが広がりすぎるので、このように表現する。私たちは、ふだん「私」と「他者」ということを考える場合、二人の人形が向き合っているような構図を思い浮かべる。しかし、それは高い所から見下ろした視点（神の視点）である。実際は、「私」が「他者」を見る視点は、映画のように目の前に広がっていて、自分は見えないはずだ。現象学の視点に立つと、たとえば、車を運転しているときの、ハンドルと自分の手、

よりも「私は存在してしまった」「なんで私が存在しているんだ」という恐怖を感じるのです。

「顔」は「汝殺すことなかれ」と訴えてくる

「イリヤ（il ya）」から出現する「私」は、「絶対的に孤独」です。そんな孤独な「私」が「他者」と出会います。「他者」は「私」とは絶対的に交わることのない存在ですので「他者」の意識に入り込むことはできません。

たとえば友人が「このラーメンは美味しい」とか「腹が痛い」とか言っても、その友人の内面的な経験を直接的に理解できるわけではなく、「私」の内部にその現象（自分だけのシアターのようなもの）が生じているだけです。つまり、「他者」はまったく理解不能（超越的）な存在なのです。

そこで、登場するレヴィナスの用語が「顔」です。レヴィナスによると、他者と直面するということは、「顔」と直面するということです。このあたりは、大変に難解ですが、やっぱり他者と直面するとき、いきなり「手」「足」「腹」とかではないでしょう。人はまず「顔」と直面して、その背後に超越的な他者の存在を感じます。「他者」は世界の中にいないのですが（世界を超えているところにいるから＝超越的だから）、「顔」を通じて「他者」を知ることになります。

「顔」は「他者」の現れなので、何かを訴えかけてきており、「他者」が「私」をつくっ

フロントガラスに広がる視界などの状況になる。双眼鏡で覗いている感じでもある。現象学の視点からすれば、「他者」はまったく隔てられた超越的な存在である（全然伝わってこないということ。何も共有もできていない）。なぜなら、「私」は「他者」に乗り移ることはできないからだ。乗り移ったらもう他者ではなくそれは自分だから。

ているとされます。「顔」に対面すると、「他者」がわかるのです。レヴィナスによると『顔』とは、私に『無限』の責任を課す他者」です。

さらに、「他者の存在そのものが倫理」です。「他者」は自分の思うようにならない存在ですが、これが勢い余って殺人へと発展します。殺すと「他者」は「他」ではなくなります。これが殺人です。「顔」は「汝殺すことなかれ」というメッセージを持っています。よって、他者の無限の応答への責任を果たすことが倫理なのです。他者がいるから私がいる以上、「顔」に対面したらひたすら相手に何かを与え続けるしかありません。

人生で役に立つこと

「私」は存在しているが、暗闇の中になげだされているような存在だ。そこに光が当てられるのは、他者の存在が「顔」として現れるから。他者があるから私もある。他者に限りない奉仕をしよう。

(CC-BY-SA Bracha L. Ettinger)

エマニュエル・レヴィナス(1906~1995年)

フランスの哲学者。リトアニア(元ソ連領)出身のユダヤ人。1931年にフランスに帰化。ドイツでの抑留生活にて、義母は行方不明、父や兄弟など在リトアニアの彼の親族たちはナチスに殺される。現象学を応用して、独自の他者関係の倫理学を説いた。

殺人

他者は他者であるが、その他者の自存を否定することは暴力となる。他者を自己に所有することもまた暴力だ。「私」は倫理的であろうとして他者を了解しようとするが、レヴィナスは「了解することがもうすでに暴力」であるという。他者は絶対的に私に同化されない。だから、他者が他者であることをやめることでそれは解消される。他者の否定は殺人である。だから、言葉・言説による「顔」への対面によって殺人を避けることができる。

【本の難易度】★★★★★

『存在と時間』

マルチン・ハイデガー 著（1927年）

この本が書かれた背景

ニーチェの「神の死」宣言によって、よりどころを失った人類に残された最後の砦は「存在（ある）」だった。神という最高の価値観が失われたとしても、少なくとも何かが「存在」していることだけは間違いない。だから「存在」について考えれば、人生の秘密がわかるかもしれない。

世界が「ある」ことに驚こう！

ハイデガーの主著『存在と時間』は「ある（ザイン）」ということはどういうことなのかを現象学的分析を通じて究明した大著です。「コップがある」「ペンがある」などの「ある」を説明せよと改めて問われるとよくわかりません。「ある」は「ある」に決まっているからです。でもハイデガーはこの「ある」についてぎっしり説明しています（それも第1部第2編だけで。残りは未完）。

ハイデガーは存在者と存在を区別します（存在論的差異）。コップについて言えば、「コップ」（存在者）と「コップが存在する」（存在）することとは違います。存在している「コップ」「ノート」「鉛筆」などは存在者です。これらは手に取ったりできますが、すべてに共

存在者
存在についての哲学であり、古くギリシア時代のアリストテレスの存在論に遡る。存在そのものを思索する（23ページ参照）。

存在論的差異
存在者と存在は別

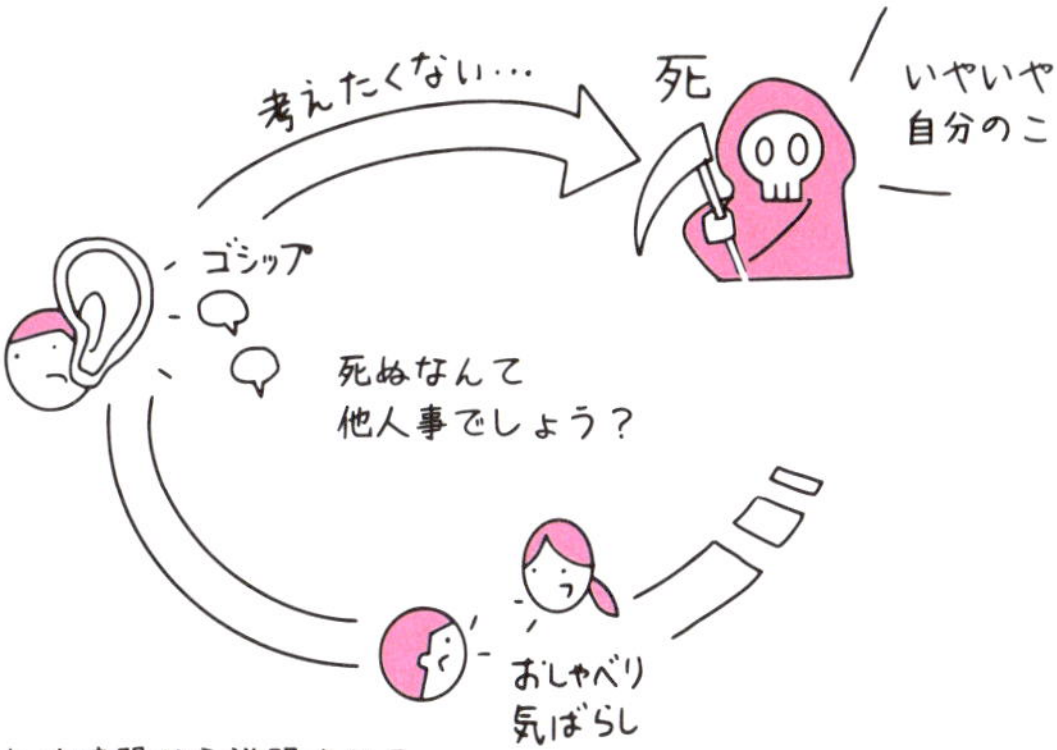

存在とは時間から説明される。
時間の最後には自分だけが引き受けなければならない「死」がある。
オープニングとエンディングはセットなのだ。

通していることは「存在していること」です。「存在」それ自体は見えません。だから「存在者」（コップなど）の中に、「存在」そのものを探し求めても無駄だというわけです。

では、存在者を存在たらしめている存在の作用のもとはなんなのでしょうか。

この著によると、「それは人間（現存在）だ」というのです。別に人間が妄想で外部の世界を作り出しているという話ではありません。いっさいの存在者を存在させる「存在そのもの」についての考察をしたのでした。

「あるなぁ！」とリアルに感じている存在が人間（現存在）なのですから、その人間を分析すれば、存在の謎が解けるのではないかとハイデガーは考えたのです。

人間は自己の存在と人間以外の存在者の存在について理解を持つ唯一の存在者だからです。

だということ。存在者とは人間に限らず、コップとか靴とか、存在しているものそれぞれである。しかし、存在はすべての存在者の土台となるもの。存在者は見たりとったりできるが、存在はどこを探しても見つからない。でも、存在は存在している。わからないときは、存在を考えながら散歩でもすれば突然にわかるはずだ。

現存在
存在について気にかけている存在者、つまり人間のこと。

「ある」は時間によってじわじわとわかる

現存在はどのようなあり方をしているのでしょう。まず、私たちは存在しようと決意したわけでもないのにいつの間にかこの世のただ中に投げ出されています（被投性）。そのあり方は、石が箱の中に入っているように、自分が世界に入っているのとは違います。

現存在を取り巻く世界は、自分の気遣いから広がっている現存在とは切り離すことのできない世界です。世界全体がパッケージになっているので、人間だけをぶつんとして取り出すことはできません。このように、自分が常に一定の世界の内にあること、そしてこれを既成の事実として見出すよりほかない人間のあり方は「世界内存在」と呼ばれます。

ところで、私たちの日常を取り巻いている環境世界にまず現れる物は道具です。道具は「〇〇のために」というように互いに指示し合って一つの連関をなしています（道具連関）。こうした道具連関を成り立たせているものは現存在がそのつど自分自身の可能性を気にかけているからです（気遣い）。明日は雨が降りそうだ。傘を用意しておこう。なんで傘を用意するのか。濡れないように。そして、明日も一日この傘をさしながら存在していられますように。つまり、明日も無事でありたいとの自分の存在の可能性を気遣っているからこそ、道具の意味があるわけです（有意味性）。

気遣いは他人を気遣うということにつながります。気遣うと自分がなくなって他人が基準となり、ゴシップのネタなどを好奇心のなすがままに追いかけつつ、それについて友達

被投性
人間は、自分が選んだり、造ったりしたわけでもない世界にいやおうなく投げ込まれてしまっている存在である。

世界内存在
主観と客観という二元的な視点から脱して、すでに世界内に既成事実として存在しているという世界の捉え方。

ダスマン（ひと）
日常的な現存在は、世間話、好奇

とひたすらおしゃべりをしたりします。そのとき、人間は自分自身として生きているのではなく、自分が世間的なレベルにあわせて生きています（「ダスマン（ひと）」）。
なぜ人はそんなことをするのかというと、本書によれば「死」から目を背けたいからだとされます。人生のラストが「死」ですから、存在が時間から説明されることになりました。「人は最後は死ぬもんだ」というような他人事の立場ではなく「死への存在」であることを直視して自分の死を受け入れる立場は「先駆的覚悟性」と呼ばれています。だから、存在の意味は「時間性」ということになるのでした。

人生で役に立つこと

主観と客観という古い図式を取り去って、そこに開かれている世界をありのままに受け入れると「ある」ことの不思議が時間の中でリアルにわかってくる。「ある」ことに焦点をあてて生きてみよう。

マルチン・ハイデガー（1889～1976年）

南西ドイツの一寒村に生まれる。1909年、フライブルク大学入学。38歳で『存在と時間』を発表し、学会の絶賛をあびる。フライブルク大学総長に就任し、一時ナチスに入党した。戦後は教壇から追放され、晩年は山荘で執筆活動をした。

心の中に頽落《たいらく》していることが解明されている。

死
先駆的覚悟性は、現存在の最も固有な存在可能性（死）にかかわるあり方である。このことができるのは、現存在が将来の可能性にかかわり、それに到達することができるからだ。この現象は「到来」と呼ばれる。将来の可能性は、将来の可能性であると同時に、人間が生まれたときから持っている可能性だ。だから「死」もすでに「ある」のだ（既在）。

【本の難易度】★★★★☆

『存在と無』

ジャン＝ポール・サルトル 著（1943年）

この本が書かれた背景

ドイツ占領化のパリ、それもカフェで書き上げられた本書は、「意識」の問題を人間の「存在」の問題としてとらえた。第二次世界大戦により、すべてが崩れ去った雰囲気の中で、新たな視点を示す。人間は無であるからこそ「未来を選ぶことができる」という。

意識が「無」ってどういうこと？

『存在と無』、この表題の意味は、「物と意識」ということです。石ころなどの事物は、何も意識せずに、ただそれ自体においてあるだけの存在です（即自存在《そくじそんざい》）。それに対して人間は、「対自存在《たいじそんざい》」です。人間は「意識」とともにある存在であり、また、自分自身を対象化してしまう存在でもあります（自分で自分を見つめてしまう……）。

そうなると、人間は石ころのように気楽に存在するわけにはいきません。絶えず見る側と見られるものとして、意識に「裂け目」をつくりだすのです。意識としての人間は、世界の中の裂け目、世界の中の無です。というのは、「私が何かを意識するということは、それを私ではないものとして、同時に私をそれではないものとして意識している」（同書）

無化
人間は「世界へと関わる」というあり方をしている。それは「人間が世界ではない」というあり方だ。人間が世界に関わるということは、「自分（意識）が物ではない」ことを生み出し、ここに「無」の亀裂が生

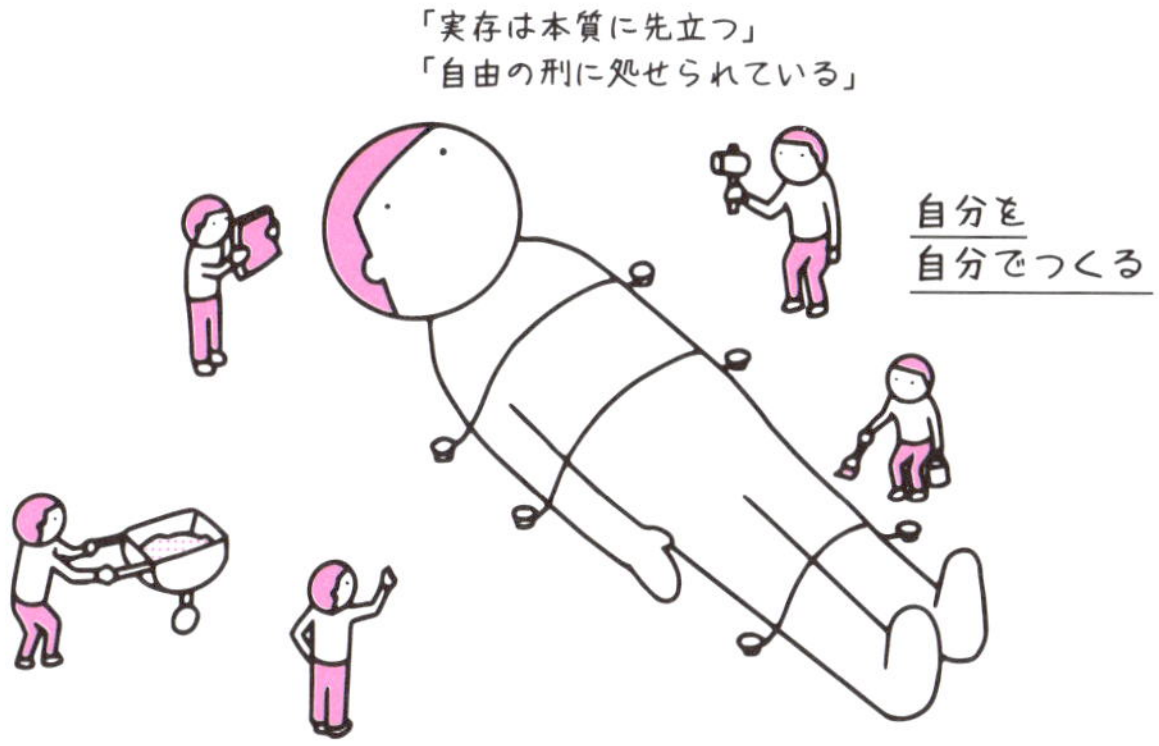
「実存は本質に先立つ」
「自由の刑に処せられている」
自分を
自分でつくる

人間はまず世界に投げ出され、それから、何者かになっていく。
自由に自分をつくっていくから、何にでもなれるがその分、不安も大きい

からです。

「これはこれではない」が続きますので、意識は無をつくりだします（無化）。

また、人間が自分のうちに「裂け目」を含んでいる存在だとすると、「常に過去の自分から脱出し、新しい自分になっていく存在である」といえます。人間は、過去と現在とを乗り越え、未来に向かって自分を投げかけているのです（投企《とうき》）。人間は過去の自分から脱出し、新しい自分になっていく存在ですから、「世界への関わり方」を自ら選択し、自分自身をつくっていく存在であるといえます（脱自的存在）。

サルトルは、これを「自由」と呼びました。物は「自由」をもちませんが、人間は自らをつくりあげていく「自由」をもちます。ただ、自由であることをやめることはできず、「人間は自由の刑に処せられている」（『実存主義

じる。

裂け目
物（即自存在）はあるがままにあり続ける存在である。物は「それであるものであり、それでないものではない」と表現される。これに対し人間（対自存在）は「それであるところのものでなく、それでないものである」と表現される。過去の自分に裂け目をつくり、新しい自分になっていく存在を意味している。

脱自的存在
サルトルは、人間が、過去としての

はヒューマニズムである』）とされます。

自由であるから不安を感じる

人間が自由であるということは、同一の自分が維持されていないということです（対自存在なので、常に変わっていく存在であるということ）。だから、全部を背負っていかなければなりません。自分で自分の未来を選択していくので「不安」を感じます。

そこで、人間は日常の中で「自由と不安」から目をそらしながら生きようとします（自己欺瞞）。自己欺瞞に陥っている人間は、実は石ころのような即自存在になりたがっているのです（ああ、消えてしまいたい！　みたいな感じ）。

また、サルトルによると人間が規則に従うのは不安を隠しているためです。規則とは、実は、自分で意味づけをしているから制約の力をもっています。もし、規則を成り立たせているのは自分であるという本当のことを自覚すると不安が生じてしまいます（自分が責任を引き受けなければならない気分になるから）。そこで、人間は規則が外側に実在していて、自分が縛られていると思い込むことで安心をするのです（倫理的不安）。

さらに、サルトルは、哲学のテーマとして重要な他者問題についても語っています。他者に「まなざし」を向けられたとき、私は「まなざし」を向けてくる他者が対自存在であると感じます（他者も自由な意識をもった存在であると感じるということ）。

「地獄とは他人のことだ」（『出口なし』）

自己、現在としての自己であることを否定する。人間は、これからの未来へと自己を投げ出していく「脱自的」な存在だとした。

自由
サルトルによると、人間は、「自由ではない自由」をもつことはできない。「対自存在」は、自由である限り、選択によって自分自身をつくり上げてゆく。よって、自己のあり方に責任があるとされる。「対自存在」は世界に投げ出されているという偶然性の事実を積極

だから私は、他者の視線にさらされて、思わず身が硬くなります。他者によってまなざされると、私は自由を失い、物としての「即自存在」になり変わってしまいます。自分が対象化されて物になってしまうからなのです（対他存在）。だから、「こっちも意識があるんだぜ」とまなざしを向け返さなければならないそうです。

人間関係は、このように絶えず相互に「まなざし」を向け合う、自由な主体の「相剋」の状態です。これらの状況に対して、サルトルは、『実存主義はヒューマニズムである』『弁証法的理性批判Ⅰ』などでその実践法を展開しています。

人生で役に立つこと

人間は常に新しい自己へと向かっていく存在だ。自分で自分を作り上げていく存在なので、それは「無」であり「自由」である。自由でなくなることはできないという宿命のもとで前に進むしかない。

ジャン＝ポール・サルトル（1905～1980年）

フランスの哲学者。無神論的実存主義の代表的思想家。作家。フランスではじめて現象学を方法とする哲学を確立。『存在と無』をはじめとする哲学書の他に、『嘔吐』（小説）等を著す。1960年の『弁証法的理性批判Ｉ』で、実存主義とマルクス主義の総合を企てた。

的に引き受けて、投企によって世界に意味を与える。

まなざし
「対自存在」の自由が他の自由に向けられるとき、それが必然的に他者を客体化してしまう。対他関係は相剋的な関係とされる。

【本の難易度】★☆☆☆☆

『パンセ』

ブレーズ・パスカル 著（1670年）

この本が書かれた背景

物理学者・数学者のパスカルは、「パスカルの原理」などを発見した理系の人。かつ神学者で哲学者という文系を手がける彼が自分の考えをメモっておいたものが『パンセ』だ。「クレオパトラの鼻……」の名言で知られる本書は、何を語っているのだろう。

『パンセ』はキリスト教の本だった

『パンセ』とは「思想」、または、「書き残された文章」という意味です。今から350年ほど前、フランスの科学者にして数学者、哲学者にして宗教思想家のパスカルは『キリスト教弁証法』という本を書くために、思いついたことをメモに書きつけていました。一口でこの本のジャンルを表現することは難しいとされています。

一般に、人生論やモラリスト文学とされますが、特にキリスト教への深い信仰が綴られています。だから、最初の方は読みやすいのですが、後半になるにつれてキリスト教の思想が中心になって難解な印象を受けるようになります。でも、断章なので、パラパラとめくって好きなところを読むだけで心に響くフレーズをみつけることができるでしょう。

『パンセ』
パスカルの死後に書類の中から草稿が発見された。『宗教及び他の若干の主題に関するパスカル氏の断想』という表題で刊行された。一定の思想や体系を述べた書ではないの

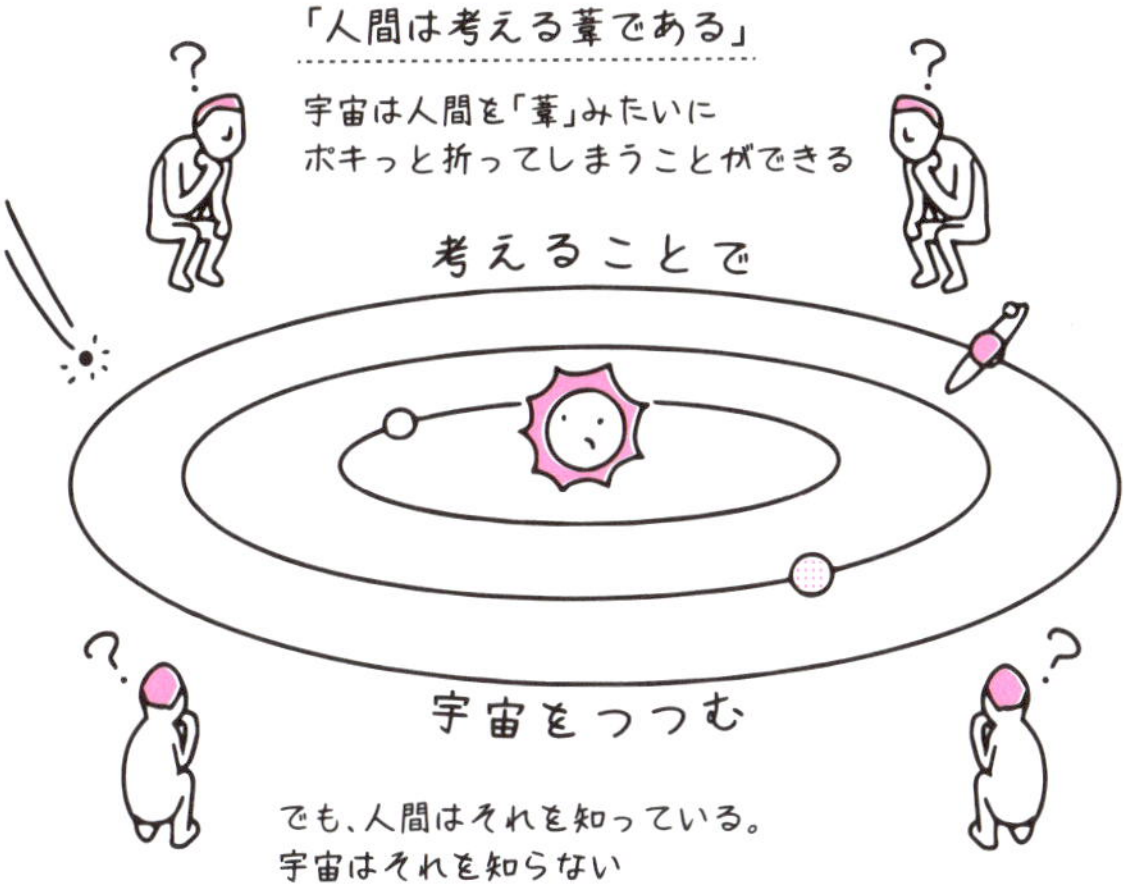

『パンセ』では、基本的な内容として、人間の不安定な状態について語られています。

人間は2つの無限の中間におかれているとされます。2つの無限とはマクロとミクロの世界のようなものです。

パスカルによると、人間は広大な自然と比べて、その「片隅をさ迷う」無にも等しい存在です。

一方、一匹のダニと比べた場合は、人間の身体は「巨大なもの」「一つの世界の全体」ということができます。

よって、人間は無限に対しては「無」ですし、「無」に対しては「全体」ということになります。これをパスカルは、「人間は無と全体の中間者である」と記しています。無限と無の2つの深淵に支えられた不安定な存在であるということです。

で、様々な読み方ができる。

中間者
人間は偉大さと悲惨さ、無限と虚無の間に挟まれており、その中間を揺れ動く存在である。自分の悲惨さを知らないことは高慢を生み出し、神を知ることができないと説かれている。

人生の様々な悩みの処方箋

人間は「考える葦」であり、自分が小さく悲惨であることを知っている点において偉大です。一方、人間は悲惨であると同時に偉大であるということは「宇宙の栄光であって宇宙のクズ」であると表現されたりもします。

「小さな人間を殺すには、全宇宙が武装する必要はなく、一吹きの風、一滴の水で充分である」。けれども、「人間は自分を殺すものより高貴である」。

また、『パンセ』では、パスカルの人間観察が面白く綴られています。人間はひどく思い上がった存在であり、「全世界の人から知られるようになりたい……それでいながら、自分の周囲の5、6人の人から尊敬を集めれば、それで喜び、満足してしまう存在なのだ」など手厳しく論じられます。

「人は精神が豊かになるに連れて自分の周りに独創的な人間がより多くいることに気がつく」「その人が……嘘をついているはずがないと断定することはできない……この世には、嘘をつくという目的のためだけに嘘をつく人も存在する」（同書）

「気に入らないからこそ、その理由が見つかるのだ」などなどハッとさせられる断章が多いのも魅力です。

基本的に人間は暇になると悩みが多くなり、「部屋でじっとしていられない存在」とされます。「自分が優位を占めたいという虚栄心のかたまり」ですが、一方では「自分の惨

考える葦
人間は無限の宇宙の中で、孤独で無力な自分の悲惨な存在について考えるところに偉大さを持つ。思考によって無限の宇宙を包み込むのである。

人間観察
パスカルはしばしば、人間の高慢や好奇心についてするどい指摘を行う。「好奇心は虚栄にすぎない。たいていの場合、人が知ろうとするのは、それを話すためでしかない」など。

めさに悩んでいる」のです。
そこで、人間は「気ばらし」をせざるを得ないのですが、パスカルによると、「気ばらし」は、「自己自身を考えることから心をそらす」ことなので、これこそが「人間の最大の悲惨」と説かれています。「仕事もなく、気ばらしもなく、集中することもなしでいるほど堪えがたいことはない」「社交や賭け事の気ばらしを求めるのも、自分の家に喜んでとどまっていられないというだけのことからである」など、人って今も昔も変わらないのだな（それもフランス人だし）と納得できる一冊です。

人生で役に立つこと

人間は無限大と無限小の間で揺れ動く中間者であって、いつも自分の立場に思い悩む。悩んだときは、気ばらしでごまかすことのないように自分を見つめるべき。

（CC-BY-SA Janmad）

ブーレーズ・パスカル（1623～1662年）

フランスの数学者、物理学者、哲学者。早熟の天才でその才能は多方面に及ぶ。幼少時から数学と自然科学に才能を発揮し16歳で『円錐曲線試論』を発表、計算機の考案製作、「パスカルの原理」の発見、確率論の創始など、多くの科学的業績を残した。

『幸福論』

【本の難易度】★☆☆☆☆

アラン 著（1925年）

この本が書かれた背景

これぞまさにポジティブ思考の元祖。幸福になるための心構えや気分の変え方が満載されている本書を読めば、幸福になれることは間違いない。ただそれには多少の修行が必要かも？

どうしたら幸福になれるのか？

一般に、三大幸福論と呼ばれる幸福についての本があります。ヒルティの『幸福論』（1891年）、アランの『幸福論』（1925年）、ラッセルの『幸福論』（1930年）です。

ここではアランの『幸福論』をご紹介します。

アラン（本名：エミール＝オーギュスト・シャルティエ）はパリの学校で教鞭をとるかたわら、プロポ（哲学断章）と呼ばれる、短い断章から織りなされる文章を書きました。

この本の全体を一言でまとめるなら、「幸福になろうとしないと幸福にはなれない。そしてそれは心と体の使い方で決まる」ということです。

アランによると、「気分というものはいつも悪いもの」なのです。これといって不幸な

カール・ヒルティ
スイスの法学者。『眠られぬ夜のために』の著書がある。

ラッセル
イギリスの哲学者、論理学者、数学者。ラッセルの幸福論では、気持

なんで幸福に
なれないのだろう？
人は幸福になろうと
努力しなければ幸福になれない
とりあえず言ってみる
機嫌が
いいよー！
人間はそのままだと
ネガティブになるようにできている。
幸福になろうとがんばることで、
幸福になれるのだ

出来事に出会っているわけでもないのに、不幸な気分の人がいます。それは、人間が本来、自然にまかせていると不幸になってしまう存在であるからなのです。

だから、幸福になるには「幸福になるぞ！」という意志をもって自分をコントロールする必要があります。幸福になるにもけっこうな努力が必要なのです。

ただ、アランの『幸福論』には、感情や情念に振り回されないようにする様々なノウハウが豊富です。この書に書かれていることを実践するだけで、本当に効果が出るわけです。

「自分でお天気や嵐を作り出すのだ。まず自分の中に」（同書）

心が嵐になるときは、自分自身が天候を変化させています。また、ぐちを言ってはいけないそうです。これは難しいですね。

ちを自分に向けるのではなく外側に向けることが説かれている。自分のことばかり考えていると不幸になってしまう。熱中できるような勉強や仕事、趣味などに意識を向けていれば幸せになれる。

ぐちを言ってはいけない

実際は、「自分の不幸を決して人に話してはいけない」と記されている。

すぐに「機嫌がいい法」をつかってみよう

また、アランが強調するのは、不機嫌さの原因が、精神的なものよりも、それが身体の変調によるものが多いということです。アランは、肉体を支配し鍛えることによって、心を統御することの大切さを説いています。その意味では、昨今の筋トレブームなどは的を射ているのかもしれません。

「誰かがいら立ったり不機嫌であったりするのは、往々にして、その人があまりにも長い間立ちどおしていたことから生じる」のであり、そのときには「その人に椅子を差し出してあげよ」とアランは言います。

他のプロポには、「いやな人間に会ったなら、まず笑顔を見せてあげることが必要」と記されています。優しさ、親切、快活さや、お辞儀したり微笑したりすることが大切。また、「自分自身と喧嘩をしない」ようにしましょう。私たちは自分の決断や行動についてあれこれ考えますが、それは自分と争っていることになります。独り相撲のようなものですから、これも確かに無駄な労力です。

さらに、アランは「上機嫌」を生活の義務の第一位にもってきます。これは、いわゆるポジティブ・シンキングの元祖のようなものです。何かが起こったら、その悪い面に焦点を当てるのではなく、良い面に焦点を当てるのです。

「微笑すること、親切な言葉、善い感謝の言葉をいうこと、冷淡な馬鹿者に対しても親切

身体の変調
幸福であったり不幸であったりする理由は私たちの身体的な原因によることが多いとされる。だから、健康であることをこころがけ、心を平静に保つように努力すれば、たいていの物憂さは消えていくという。

にすること」などを実行すれば、上機嫌の波は自分の周囲に広がります。だれでも雨が降っていると不機嫌になります。「雨か、嫌だなぁ」と考えるのではなく、あえて「なんていい湿り具合だ」と言ってみることで気分を変えます。

現在の自己啓発ではアファーメーション（自己宣言）が強調されます。人は必ず声に出す出さないにかかわらずセルフ・トーク（自分自身への語りかけ）をしています。ですから、つねに自分の言葉に意識をむけて、ポジティブな言葉を使っているかどうかを確認するのです。「幸福になる努力」をする生活をこころがけましょう。

人生で役に立つこと

なんにも努力しないで、「幸福になりたいなぁ……」と言っていても幸福にはなれない。今日から幸福になろうと決意して、生活の中に幸福になるためのノウハウをどんどん取り入れていこう。

（CC-BY-SA Opencooper）

アラン（1868〜1951年）
フランスの哲学者、評論家。フランスのノルマンディー地方出身。高校の哲学教師となり、後にアランの名で哲学コラムを綴る。亡くなるまで執筆活動を行う。「現代のソクラテス」とも呼ばれた。

幸福になる努力
アランによると、「人間はもらった楽しみに退屈し、自力で獲得した楽しみの方をはるかに好む」。そして、「なによりも人間は行動し征服することを好む」とされる。嫌なことを我慢するのではなく進んで行う、これが、心地よさの基礎である。アランは、「少しは生きる苦労があった方がいいし、あまり平坦な道は歩まない方がよい」と説いている。

政治・社会編

第4章

現代の政治思想と
その起源がわかる本

【本の難易度】★☆☆☆☆

『これからの「正義」の話をしよう』

マイケル・サンデル 著（2009年）

この本が書かれた背景

1980年代からロールズの『正義論』を中心に自由についての議論が行われていた。リーマン・ショック以降、貧富の格差問題などにより、さらに多くの人が政治哲学に注目するようになる。この政治哲学の議論を大別すると、リベラリズムとコミュニタリアニズムとなる。サンデルはロールズを批判して、後者のコミュニタリアニズムをとった。

今を生き延びるための哲学

本書は、有名な哲学者ら、すなわちアリストテレス、ベンサム、ミル、ルソー、カントなどの思想内容を説明しているので、哲学史入門という意味でも役に立ちます。しかし、単なる哲学史ではなくそれを通じて、今を生きる私たちの様々な問題を例にあげて、哲学がとても身近な学問であることが説明されています。

たとえば、「2004年にフロリダをハリケーン・チャーリーが襲った。それに便乗しガソリンスタンドでは一袋が通常2ドルの氷が10ドルで売られ、修理業者は屋根から2、3本の木を取り除くのに2万5千ドルを請求、宿屋の主人は宿泊料を4倍に引き上げた」というケースが引き合いに出されます。

ベンサム
イギリスの哲学者。功利主義を提唱した（150ページ参照）。

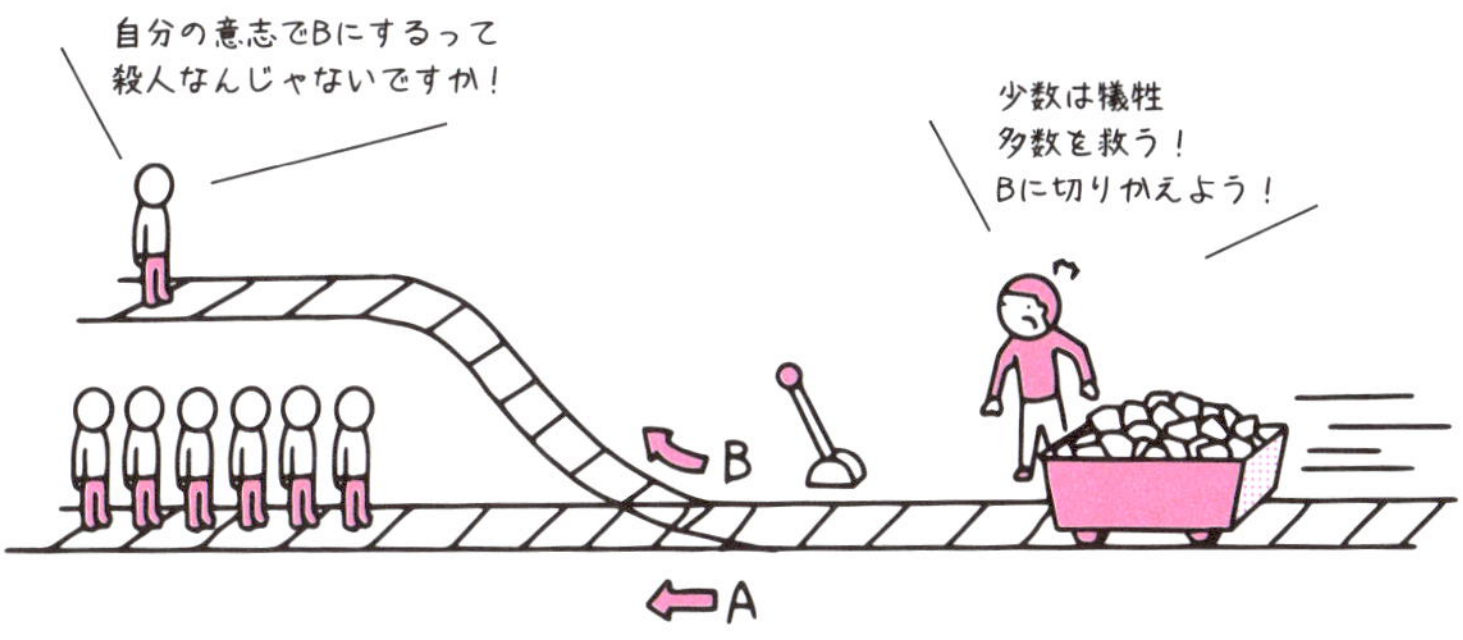

功利主義では、１人を犠牲にして５人を助ける。
義務論では、何もしてはいけない。どっちが正しいの？

本来、自由主義経済では需要が増えれば価格は急騰することになっているので、便乗値上げは自然なことなのかもしれません。しかし、便乗値上げをした業者に対する人々の怒りは、サンデルによると「不正義」への怒りだといいます。

イギリスの功利主義者ベンサムは、「最大多数の最大幸福」を主張しました。また、リバタリアン（自由至上主義者）は、稼いだお金は本人のものなのだから、人からとやかく言われる筋合いはないと考えます。ロールズは『正義論』において、恵まれない人が最も有利であるような条件のもとでの自由競争を認めました（160ページ参照）。

サンデルは、これらリベラリズムの思想を批判します。「配分」よりも「美徳」について考えなければならないというのです。

リバタリアン
リバタリアニズム（libertarianism）を主張する思想家をリバタリアンという。個人的な自由、経済的な自由を徹底的に認める。他者の身体的物的財産を侵害しなければ、各人の行動はすべて自由であるとする。ビル・ゲイツのような金持ちから税金を取り、彼らが努力によって正当に得た報酬を社会に勝手に分配することは、権利の侵害であるとする。貧困者への救済は国家の強制ではなく富者がボランティア的に行うべきだ

今まさにアリストテレス目的論の復活のとき！

よく考えてみると、人間は単に金が儲かって豊かになれば幸せというわけではありません。サンデルは、社会は「美徳を養う」こと、つまり私たちがよりよい人間になるためにあると主張します。これは、２４００年前のギリシアの哲学者アリストテレス（28ページ参照）の考え方を、サンデルが受け継いでいるからです。

アリストテレスはものごとに「目的（テロス）」があると考えました。サンデルは、コミュニタリアンの立場から、共同体メンバーが共有する「共通善」(common good)としてとらえる必要があると考えました。

たとえば、これは『ハーバード白熱教室』でも取り上げられた例ですが、「最高の笛はどのような人間が使うべきか？」という問いがなされます。普通は「最高の笛であっても誰もが平等にそれを使うべきだ」との平等主義的な答えをしてしまいそうです。また、「最高の笛は上手な奏者が使うことで多くの人を楽しませることができる」と答えると「最大の効用」を生み出すという功利主義の答えになります。

サンデルの答えは、アリストテレスの「目的論」に基づくので以下のようになります。「最高の笛は最上の笛吹きが手にする」。すなわち、笛の形相論的な目的論（22ページ参照）からすれば、笛は最高の奏者が吹き、その「美徳を実現するという目的」のために存在しているからです。現代の資本主義に生きる私たちにとっては奇妙な説に思えるこの

と主張される。

無知のヴェール
ロールズの説明で導かれた自我は、社会的な共同体から切り離された自我である。サンデルは、そのような自我は、正義を判定することはできないと主張した。

「目的論」によりサンデルは様々な角度からロールズのリベラリズムや「無知のヴェール」概念を批判します。人間の自我のあり方を理解するには、その個人がどのような家族や地域共同体の中に置かれているのかがわからなければ、考えることができません。また、正義の選択を行う自我は、生の正しい目的と、道徳をしっかりと会得していなければならないのです。

サンデルらコミュニタリアンの考え方は、ますます政治哲学へ多くの人々の心をひきつけました。アメリカ社会で哲学の重要性が再確認されたのです。

人生で役に立つこと

人間は自由だという考え方は、多くの人が賛同するが、単に自由なだけではいけない。その中に、「美徳」という道徳的観点を導入するべきである。アリストテレスの目的論的自然観はまだ生きているのだ！

（from：https://www.youtube.com/watch?v=klrLih-SujU）

マイケル・サンデル（1953年～）

ハーバード大学教授。アメリカの哲学者、政治哲学者、倫理学者。コミュニタリアニズム（共同体主義）を主張し、「共通善」を提唱。『ハーバード白熱教室』で日本でも著名。

ロールズ批判

人々は家族や地域共同体からいったん切り離されたところで、秩序ある社会を構想する手続きに入った。しかし、サンデルによればそもそも人間の自我のあり方を理解するには、その個人がどのような家族や地域共同体の中に置かれているのかがわからなければ自我も決定づけられない。サンデルはロールズの正義論の構想において手続き上で前提とされる自我を「負荷なき自我」（the unencumbered self）と呼んだ。

【本の難易度】★★☆☆☆

『リヴァイアサン』

トマス・ホッブズ 著（1651年）

この本が書かれた背景

人間は、自分の命を守るためならたとえ相手を殺したっていい権利をもっているという。ところがこれを使ってしまうと、逆に自分の命が危うくなるから自己矛盾が起こる。こうした状況をどうやって打開し、平和な世界を作り上げていくか。それを必死に考えた末に生まれたのが本書である。

国家とは巨大な人工的人間である

書名のリヴァイアサンとは、旧約聖書ヨブ記41章に記されている海の怪獣の名前です。聖書には「地上には、彼と並ぶ力はなく、彼は何者をも恐れぬように作られた。彼は、すべての高ぶる者どもを軽蔑し、あらゆる高慢の子たちの野獣の王である」（33〜34節）とあります。ホッブズは国家という巨大な創造物を、この架空の怪獣で表現したのでした。

本書の前半部分では、機械論的世界観を根底において、人間についての様々な説明がなされます。さらに、ホッブズは、国家を「人工的人間」であると主張しました。たとえば、国家の主権は生命と運動を与える魂に対応します。

為政者たちやその他の司法、行政に携わる役人たちは、体の関節。賞罰は神経であり、

機械論的世界観
デカルト（58ページ参照）は、物体は直線運動し、それに抵抗がない限

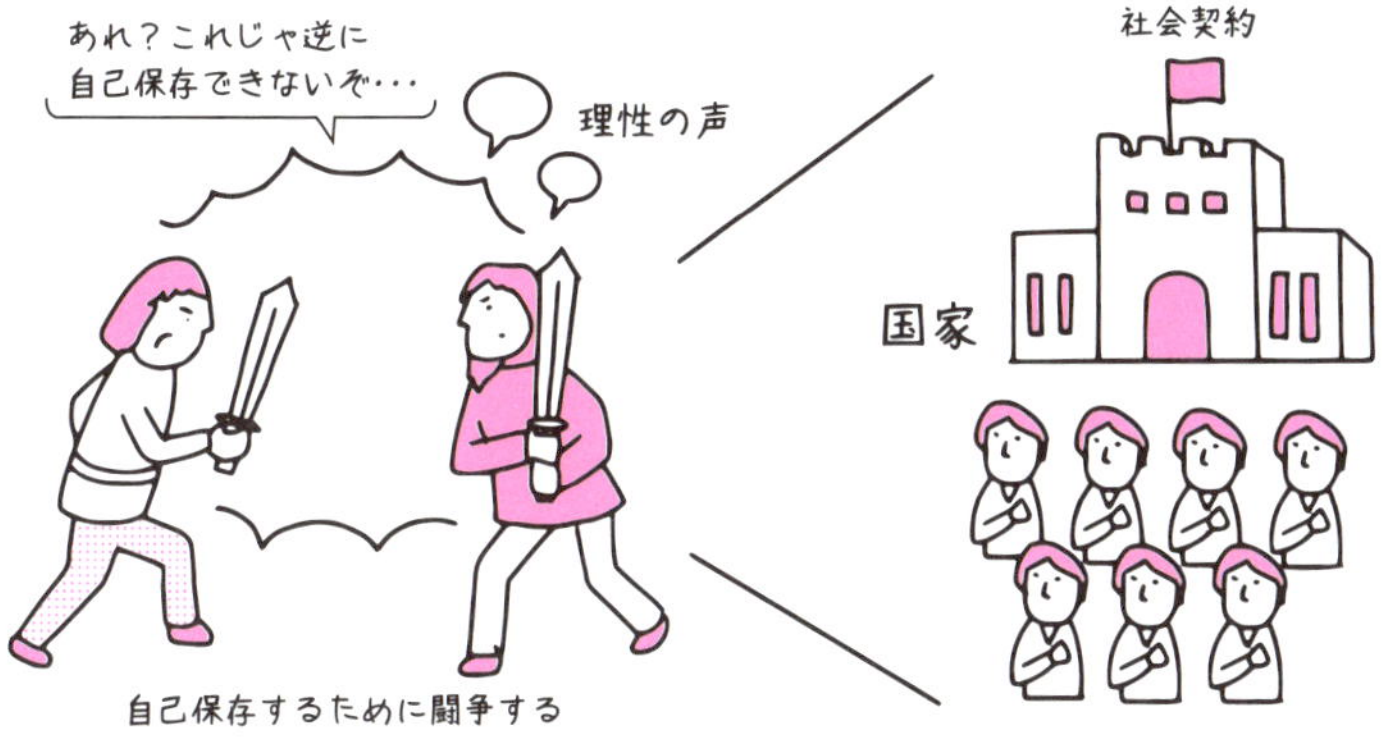

自然状態の「万人の万人に対する闘争」を克服するために、
自然権を放棄して社会契約をする。それに基づいた主権によって国家が成立した

個々人の富と財産は力です。

顧問官は記憶で、公平と法は人間の理性と意志であり、和合は健康、騒擾《そうじょう》は病気、内乱は死です。

この人工的人間の本性を説明するために、第一にその素材でありまた創造者でもある人間とはいかなる存在なのか、第二にいかにして、またどのような契約によって国家が作られるかが本書では考察されます。

さらに、主権者の諸権利および正当な権力もしくは権威とは何か、それを維持し解体するものは何かが説かれます。

第三に、キリスト教的国家とは何か、第四に暗黒の王国とは何かなど、様々な政治理論が展開されています。

万人の万人に対する戦い

ホッブズによるとあらゆるものは物体とそ

り動き続けるという慣性の法則を唱えた。また、粒子の運動による力学的な法則が支配する客観的世界観を提唱した。後にスピノザがこれを引き継ぐ。ホッブズもこの立場から人間機械論を唱えた。

の運動という見地から考察されます。ですから人間も同じく物体としてとらえられるのです。人間は自動機械のようなものだと説かれ、人間の知覚、感情、行動も機械的に説明されます。ホッブズによると、外物の運動が感覚器官に圧力を加え、生理的に脳に伝えられ、記憶の成立により、判断や推理の作用も生じます。

また、生活力を増大する傾向にあるときには快の感情が生じ、逆の場合には不快の感情が生じます。このように人間は、心身の諸能力について生まれつき平等です。

さらに、人間の本性を分析していくと、そこから「自己保存」の原理が導き出されます。人間の「自己保存」とは、生命の尊重が最優先されるということです。

この能力の平等から、人間が目標達成をしようという希望をもつと、相互不信が生じ、相互不信からさらに戦争が生じていきます。

すると「人間は人間に対して狼」であるため、万人の万人に対する戦いの状態が出現します。これがホッブズの説く「自然状態」であると考えられます。

この状態においては、何事も不正ではないし、正邪の観念は存在する余地もありません。また、人々は孤立していますから社会を形成していません。「自然状態」においては、自然権が認められます。自然権とは、自己保存のために暴力を用いるなどの権利です。

しかし、これだと、自然権を用いるあまり自己保存のために闘争が生じてしまうわけですから、人々は死の恐怖を感じます。

好きで自然権を行使しているわけではないからです。自分の命を守ろうとするとかえっ

自動機械
この世界に実在するものは物体のみであり、すべての事象は物体とその機械的、必然的運動とする。人間という自動機械の運動の源は心臓であり、これによって血液の循環、脈拍、呼吸、消化、栄養、排泄などの生命活動がなされているという。

自然状態
社会契約説の根拠としての状態。原始状態（原初状態）ともいう。ロールズはこれを無知のヴェールに応用した（159

て死の恐怖に脅かされるようでは、自然権の矛盾です。

そこで、理性によって、それぞれの自然権をおさえていこうという「自然法」が導き出されます。各自の自然権を一つの共通権力に譲り渡し、それを制限する協約を結ぶわけです。

ここに国家といわれる「リヴァイアサン」が創造されると説きました。ホッブズは絶対主権をとなえているとともに、近代的で民主主義的な国家理論であるとも考えられています。

人生で役に立つこと

人間の本性には、自己保存の本能がある。また、自然状態では自己保存のための自然権がある。私たちは理性をもっているから、そんな闘争から抜け出して平和でいられる。政治哲学の土台として知っておくと役に立つ。

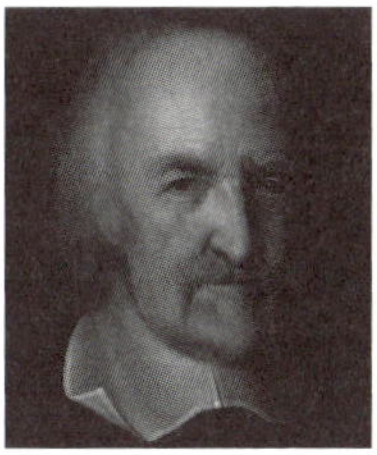
（CC-BY-SA FranksValli）

トマス・ホッブズ（1588～1679年）
イギリスの哲学者、政治思想家。オックスフォード大学卒業。1651年に『リヴァイアサン』を著す。唯物論による人間の説明により、そこから国家成立までの社会契約説を説いて近代的な政治理論を基礎づけた。

ページ参照）。

ホッブズの自然状態では、人間は自然権をもつ自由・平等・独立な存在であるとされる。

自然状態を考えることで、社会の成り立ちを考え直すことができる。自然状態をどのようなものと考えるかは、ホッブズ、ロック、ルソー（154ページ参照）などそれぞれ異なっている。ロックは「理性的な状態」と考えている。

『君主論』

ニッコロ・マキャベリ 著（1532年）

【本の難易度】★★☆☆☆

この本が書かれた背景

フランスもドイツもスペインもイタリア侵攻の好機をうかがっていた。イタリアを強くしなければ！ そう考えたマキャベリは、イタリアの存続と発展を図るために、『君主論』を著した。しかし、その中では自国を敵から守るために、政治家はいい人を演じていてはいけないという過激発言がなされていた……。

君主は非倫理的なことをどうどうとやれ

「悪魔の書」とも呼ばれ、カトリック教会の禁書目録に掲載されていたというヤバい本。それがマキャベリの『君主論』です。なぜなら、一般に、倫理的な理想にそって政治を行うというのが常識ですが、なんと本書では、「政治家は現実をしっかりみて、非倫理的なことをどうどうとやれ」と書かれているように解釈できるからです。ナポレオンもヒトラーもこの本をこっそり読んでいたという噂があります。現在でも「マキャベリズム」という言葉が残っていますが、これもあまり聞こえがよくありません。

なぜ、マキャベリはそんな本を書いたのでしょうか。マキャベリは、ルネサンス期のイタリアの政治思想家であり、フィレンツェで政府のアドバイザーとしてけっこう高い地位

マキャベリズム
「目的のためには手段を選ばない権謀術数としての思想」をマキャベリズムという。しかし、実際のマキャベリの『君主論』はそのような単純な内容ではなく、読む側の立場によって、様々な解釈がなされるとさ

リーダーが倫理的なことにこだわりすぎると、
政治の現実的な把握ができなくて国が滅びる。すべてを善行でつらぬくのは無理なのだ

にいたのですが、仕事を干されて暇をしていたので、これを書いたと伝えられています。フィレンツェの権力者メディチ家に献上した本なのでリクルート的な意味をもっていたとされ、本人も『君主論』が歴史に爆発的な影響を与えるとは、夢にも思っていなかったのでしょう。

当時イタリアは多くの都市国家に分裂し勢力争いに明け暮れていました。ところが、ヨーロッパの諸国は絶対王政のもとに、強力な統一国家を形成します。

フランス、ドイツ、スペインらは、イタリア侵略の好機を狙っていました。そこで、マキャベリは、イタリア市民の中から、今までにないような主権者の出現を望んだのです。

テンションが上がりすぎたのか、政治を宗教や道徳から切り離して、ありのままの政治の冷酷な原理を徹底的に追求したのでした。

れる。マキャベリは愛国者であり熱烈な共和主義者とも考えられている。

政治を宗教や道徳から切り離す

特にマキャベリは、宗教が国家に介入することを否定している。宗教は個人的なレベルに留めておくべきであり、支配者の有能さは、宗教ではなく、国家を維持するのに必要な「力」であると主張している。すべての国にとって重要な土台となるのは、よい法律とよい武力であるとも説かれている。

よい指導者はかえって国を滅ぼす？

君主は、民衆を味方にしなければなりませんが、「善を遂行するから優れた君主である」とは言えません。君主はまた内外の敵から自己と国家を守るために、力を伴なう知恵を必要とします。

だから、君主がきびしい現状を無視してよい人を装っていると、身の破滅を招くと考えられます。マキャベリは、プラトンの説いた理想的な「国家」を否定しました。

今までの共和国や君主国の理想は、プラトンの哲人政治の影響を受け、イデア論（22ページ参照）が基本にありました。だから、理想国家においては、君主がよい人であることが常識だったのです。

マキャベリは、君主は悪徳によらなければ地位を保ちがたいときには、汚名を着ることを恐れずに、悪い人になるべきだと説きました。

つまり、わざと「良からぬ人間にもなれる術」を使うわけです（本当の悪人という意味ではありません）。

君主たるものは残虐の悪名に心を惑わされることなく、領民たちが忠実に従うようにするべきです。君主が慈悲深すぎて、あまりに領民たちをあまやかし、国家が混乱してしまうようなことがあれば、結局は領民たちが苦しむことになります。「民衆というものは、頭をなでるか、消してしまうか、そのどちらかにしなければならない」そうです。これも

プラトンの国家
プラトンは世界を二世界（イデア界と現象界）に分けた。プラトンの弟子のアリストテレスは、「人間は本性的にポリス的動物である」として、人間はよりよく生きるために、自然共同体を組織する本性をもっているとする。ここには、根底に性善説的な考え方があるが、マキャベリ

民衆を思ってのことでしょう。よって、君主は心を鬼にして、過激な断固たる行動をとる必要があるわけです。君主は臣下に、「愛されるよりも恐れられる」必要があります。マキャベリの思想は、有名な以下のフレーズに集約されています。

「君主は狐の狡智《こうち》（ずるがしこさ）とライオンの勇猛さをもって国家を統治するべきである」。聡明な君主は、平和なときにじっくりと戦いを想定して有事に備えることが最も大事です。君主の役割は、国を守り維持することであり、中途半端な戦いは、結局は国が滅びてしまうので、徹底的に戦わなければならないと説かれています。

人生で役に立つこと

聞こえのよいことばかりを言って、人望を集める人間は多いが、本当のリーダーは、自分が悪者になって全体を守る。たまにはワルになって、思い切った行動をとるのもよいかもしれない。

（CC-BY-SA Thomas Gun）

ニッコロ・マキャベリ（1469〜1527年）

ルネサンス期のイタリアの政治思想家。フィレンツェ共和国の外交官である。理想主義がもてはやされたルネサンス期に、あえて現実的な政治論を展開した。美徳であっても国の破滅に通じることがあり、逆に悪徳であっても国の安全と繁栄がもたらされると考えた。

は、道徳的真理を切り離し、現実世界での実践的な方法を求めた。

【本の難易度】★★★★☆

『啓蒙《けいもう》の弁証法』

ホルクハイマー＆アドルノ 著（1948年）

※『啓蒙の弁証法——哲学的断想』（岩波文庫）

この本が書かれた背景

「啓蒙の弁証法」というのは、当初のよかったものが、悪いものに逆転してしまったと主張する著。20世紀に入り、理性は文化産業による人間の支配と操作の手段に転落してしまった。私たちの時代は、実に神話時代と同じ程度の野蛮さをもっているという話だが……。

理性的に考えることは危険？

この本は、「啓蒙」「弁証法」などの用語が連発され、さらには、ギリシア神話の話やナチスの話やらに飛ぶので、かなり難解です。

「啓蒙」とは、「神話の世界から抜け出して、理性的な世界理解をすすめていく」ことです。科学の恩恵を受けている私たちの生活も「啓蒙」の結果です。ところが、アドルノらフランクフルト学派の思想家は、私たちがそれを制御できなくなっていると批判しました。人間が自分たちのために作り上げた合理的な社会は、人間による制御を遥かに超えて巨大化しているというのです。

古代から神話というのは、心に安心感を与えるために作られました。たとえば、嵐や地

ギリシア神話
『啓蒙の弁証法』では、ホメロスの『オデュッセイア』にまで遡って啓蒙の歴史を批判している。理性は、人間自身を支配し管理するという危機的な状況をもたらし、自然と人間を規格化した。そして、技術的に操作

人間は、外部の自然を支配するために、
内面の自然をおさえすぎて自分で自分をコントロールできなくなった。
非合理から開放するための理性は、暴力的になる。

震などの自然災害は、神様の怒りによるものだからそれを鎮めればよいと考えれば、ホッとできます。

「人間が恐怖から免れていると思えるのは、もはや未知のいかなるものも存在しないと思う時である。これが非神話化ないし啓蒙を進む道を規定している」(同書)

これは現代にも言えることで、自然を科学的に説明してもらうと、わかった気分になれるから安心するのです。

17世紀の自然の数学化に対して、さらに、それを広く人文科学、社会観に適用したのが、18世紀の啓蒙主義でした。

ところが、アドルノらによると、人間が人間を機械のように考えた結果、その野蛮性・獣性を解放することになりました。それがあらわれたのが二度の世界大戦だとされます(啓蒙が野蛮化してしまったということ)。

する合理的な理性と化した。ナチスのような新しい野蛮がなぜ生じたのかが説明されている。

フランクフルト学派

フランクフルト学派は、戦後のドイツの思想界をリードしたグループ。フランクフルト学派の人々は、ユダヤ系の知識人が多かったので、そのターゲットはナチスに向かった。さらに批判は、アメリカの資本主義など現代社会にまで広がった。1951年、フランクフルト社会研究所が

啓蒙を目指すとかえってダメになる？

なぜ、理性的な啓蒙がこのような悲惨な結果をもたらすのでしょうか。アドルノらによると「啓蒙は、およそいかなる体系にも劣らず全体的だから」とされます。

啓蒙は公式のようなもので「あらかじめ決定されている」からよくないことを引き起こしうるのです。あらかじめ決定されるというのは、数学の方程式に代入されるもの、物理学の数学による世界理解などです。すべては、そうしなければならないというルールが決まっているわけです。これは「啓蒙の絶対性」と呼ばれます。

「思考は物象化されて、自発的に動きを続ける自動的過程になり、その過程自身がつくり出した機械を手本にして努力するために、ついには機械が、その自動的過程にとって代わりうるようになる」（同書）。

つまり、産業が発展したので、目的を効率的に実現する手段のみを追求するようになります。アドルノとホルクハイマーらは、様々な論文で理性の働きを「道具的理性」と説明しています。「道具的理性」は、人間自身も道具的な存在として扱います。だから、ナチスのユダヤ人虐殺（ホロコースト）に代表される野蛮が生まれたのでした。

人類の歴史は、野蛮な状態から理性の力で解放されようとして、「野蛮」から「啓蒙」そして、また「野蛮」という弁証法が起こります。

「なぜに人類は、真に人間的な状態に踏み入っていく代わりに、一種の新しい野蛮状態へ

ドイツで再建された。

ヘーゲルの弁証法
ヘーゲルは否定の体系と歴史における全体性を、絶対者に仕立て上げることによって自ら神話化してしまったと批判されている。

否定弁証法
アドルノの主著『否定弁証法』では、ナチズムの反省から、戦後のドイツでも有力だったハイデガー学派に対しても批判がなされている。人はなぜ「本来（固有）の自分」といったことを求め

と落ち込んでいくのか」（同書）

「文明化＝啓蒙」は神話から合理的な世界理解へと進むはずなのに、啓蒙が再び野蛮な神話へと転落してしまいます。アドルノがヘーゲルから受け継いだ「否定弁証法」の中心概念が「限定された否定」です。「それは違うのではないか？」と単に否定する「形式的否定」では結局何もわかりません。

それに対して、「限定された否定」はそういう否定の悪無限におちいることなく、矛盾の克服をつうじて肯定へ転換する可能性をもっています。

人生で役に立つこと

不合理から合理へ、神話から文明へと進んでいたつもりが、野蛮な世界をつくってしまった。この知識があれば、再び野蛮な状態が生まれないような未来について対策を取ることができるかもしれない。

テオドール・アドルノ（1903〜1969年）
ドイツの哲学者、社会学者。フランクフルト学派の思想家。

マックス・ホルクハイマー（1895〜1973年）
ナチス・ドイツを逃れてアメリカに亡命。1947年にアムステルダムで『啓蒙の弁証法』を出版した。著書に『道具的理性批判へ向けて』。

るのか。また、全体的であることを欲するのか。これは、人が同一であり続けたいという思考に縛られているからだとされる。同一性によって同一でないものは排除されるので、民族の純粋性が強調される。それがナチスによるユダヤ人のホロコーストにつながったのであると主張された。

【本の難易度】★★☆☆☆

『自由からの逃走』

エーリッヒ・フロム 著（1941年）

この本が書かれた背景

本書は第二次世界大戦のさなか、ヒトラー率いるナチスがヨーロッパ全体を支配しようとしていた時期に書かれた。なぜ大衆がファシズムに傾倒するのか。なぜ自由を求める代わりに自ら自由から逃れる道を探し求めてしまうのか。その心理が明らかにされる。

ファシズムの心理的な条件とは？

フランクフルト学派の思想家フロムによれば、近代人は中世社会の封建的拘束から解放されて、自由を獲得しましたが、孤独感や無力感にさらされることにもなりました。

「たえがたい孤独感と無力感とから個人を逃れさせようとするもの」（同書）

ここでいう自由とは「……への自由」という積極的な意味ではなく、「……からの自由」という消極的な意味です。すなわち、「行為が本能的に決定されることからの自由」ということですから、苦しいことから逃げる自由です。

フロムによると、近代人にとって自由は「二重の意味」をもっています。近代人は伝統的権威から解放されて、自分を自律的な「個人」として自覚するようになりました。

フランクフルト学派　1930年代にドイツのフランクフルトの社会研究所に集まって研究した学者の一群のこと。ホルクハイマーが初代の所長である。その後、彼らはナチスを逃れて外国に亡命

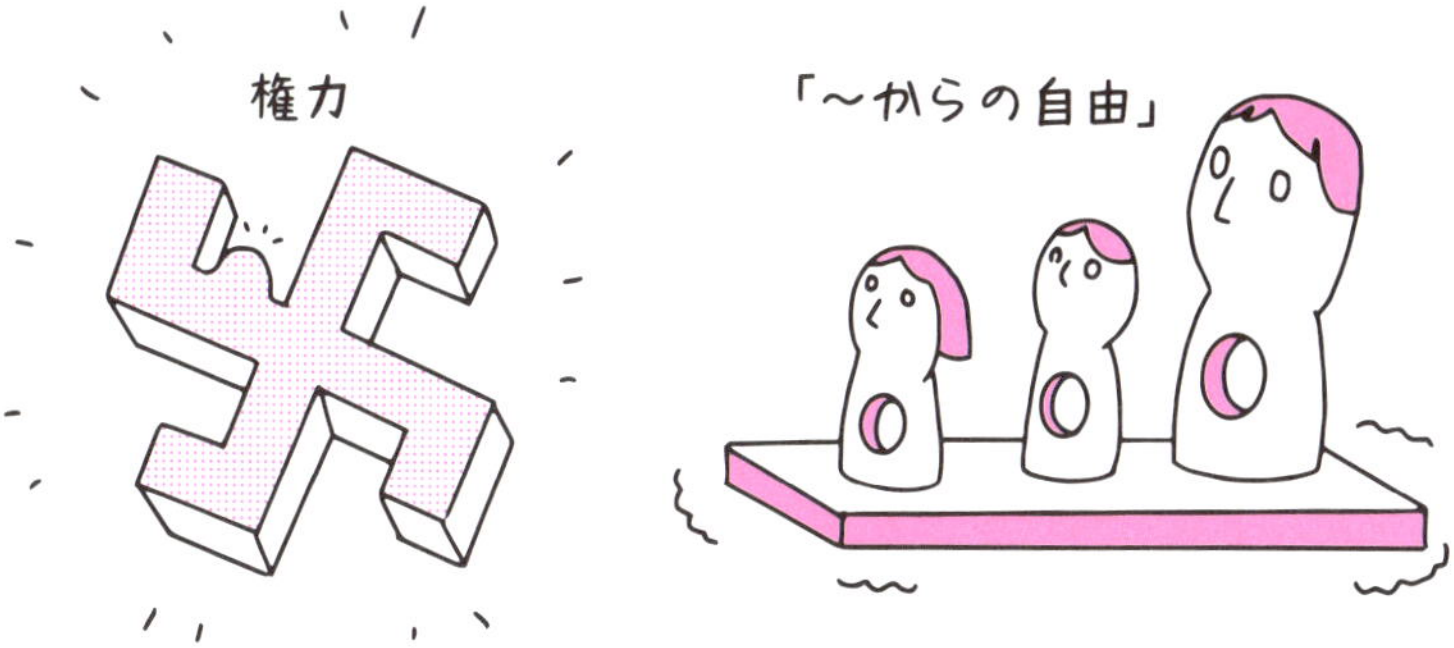

近代社会は，前近代的な社会のしばりから個人を解放した。
でも、個人の知的、感情的，感覚的な諸能力の表現という自由は獲得できない。
不安だから権力にたよってしまう

けれども、他方において、近代人は「個人」であるがゆえに「孤独」となります。これは耐え難いものなので、「自由の重荷から逃れて新しい依存と従属を求める」か、「人間の独自性と個性にもとづいた積極的な自由の実現に進む」かの二者択一を迫られるのです。

大衆社会では経済的情勢は以前よりもはるかに複雑に大規模になるので不安は高まります。

「個人が埋没してしまう巨大な都市、山のように高いビルディング、……（メディアによる）絶え間ない騒音の攻撃、……（どんどん変化する）新聞の大見出し、百人もの少女が、まったく個性をすて、時計のような正確さを見せびらかしながら、なめらかに、しかし非常に力強い機械のように演技するショー……」（同書）

し、戦後に帰国して1951年に社会研究所を再開した。第一世代はホルクハイマー、アドルノ、ベンヤミン、マルクーゼ、フロム。第2世代にハーバマスらがいる。

逃走
この書は逃避のメカニズムを心理学と社会論で分析した。フロムは逃走のパターンを3つに分けている。①宗教…宗教改革による新しい宗教、②権威への服従…ナチス政権、③自動人形…資本主義の常識・世論にまぎれる。

サディズムとマゾヒズム

フロムによると「新しい形式の権威への服従」が孤独からの避難所となる場合がありま
す。その典型がナチス（ファシズム体制）です。

ナチスはヒトラーという現存する指導者に対する「没我的献身」とユダヤ人などの無力者に対する「絶対的支配」を進めました。これは「サディズム的衝動とマゾヒズム的衝動の同時存在」です。

「おびえた個人は…自己をとりのぞくことによって、再び安定感を得ようとする。マゾヒズムはこの目標への一つの方法である。マゾヒズム的努力のさまざまな形は、結局一つのことを狙っている。個人的自己から逃れること、自分自身を失うこと、いいかえれば、自由の重荷から逃れることである。このねらいは、個人が圧倒的に強いと感じる人物や力に服従しようとするマゾヒズム的努力のうちにはっきりとあらわれる」（同書）

つまり、権威に身をゆだねる人はマゾだということです。さらに高度に発達した資本主義諸国に見られる逃避の形式として、大きな「機械の歯車」（自動人形）となってしまった個人は、「匿名の権威」に服従することで、孤独や不安から逃れようとします。世間の常識や世論の言うとおりにするのです。

「これって、今の高齢化とブラック企業の話じゃないの？」とビックリしてしまうフレーズがあります。

権威主義
フランクフルト学派のメンバーが説いた現代人の社会的性格は、「権威主義的パーソナリティー」と呼ばれる。自分の行動を

「失業状態の苦しみは心理的に到底耐えられないものであり、失業の恐れは彼らの全生活を暗くしている。……失業はまた老人をいっそうおびやかすものとなった。多くの仕事では、たとえ未熟でも適応さえできれば、若い人間だけが喜ばれる。というのは、若いものはその特殊な持ち場の要求する小さな歯車に、たやすく作りかえることができるからである」（同書）。

フロムは結論として、「人間のパーソナリティー全体の実現」を目指して自発的に行動する「積極的自由」（……への自由）を持ち、「愛情と創造的な仕事」が必要だとしています。

人生で役に立つこと

孤独だからって、誰かにたよったり世間の常識にとらわれていいなりになったりするマゾ的な行為はやめよう。自分のパーソナリティーをとりもどし、前向きな自由をとりもどしていこう！

エーリヒ・ゼーリヒマン・フロム（1900～1980年）

ドイツの社会心理学者、精神分析学者、哲学者。ユダヤ系。マルクス主義とフロイトの精神分析を結合した。フランクフルト大学の精神分析研究所で講師。ナチス政権化で移住。フランクフルト学派の主要メンバーとアメリカに渡った。

反省することなく、命令と服従の中で生きる。組織の命令で残虐な行為を平気で行う。ナチスのユダヤ人虐殺がそれである。この性格は、もちろん私たち現代人にも通じるものである。

【本の難易度】★★★★☆

『全体主義の起源』

ハンナ・アーレント 著（1951年）

この本が書かれた背景

1963年にニューヨーカー誌に『イェルサレムのアイヒマン―悪の陳腐さについての報告』を発表。ハンナ・アーレントは世界に大論争を巻き起こしたすごい女性！　本書は、「なぜ人間にあのような行為が可能であったのか？」という問題を解明した大著である。

全体主義とはなんだろう？

アドルフ・ヒトラーに率いられた、国家社会主義ドイツ労働者党（ナチス）は、1933年に独裁体制を確立してから、ドイツを全体主義の軍事国家に成長させました。さらに、周辺の国々を侵略し、第二次世界大戦勃発のトリガーとなったのです。それだけではなく、国内のユダヤ人を迫害し、アウシュビッツ絶滅収容所での大量虐殺などを行いました。ユダヤ人の政治学者アーレントは、このような蛮行がなぜ行われたのかを振り返って『全体主義の起源』を著したのです。

19世紀のヨーロッパは文化的な連帯によって結びついた国民国家となっていました（文化を共有している人々の集合体・国民と国家の統一を目指す）。ところが、当時の国民は

全体主義
個体よりも全体を優先する政治思想のこと。国家優先のイデオロギーに思想的統一が行われ、独裁者が指導する。反自由主義・反民主主義・人種差別主義・排

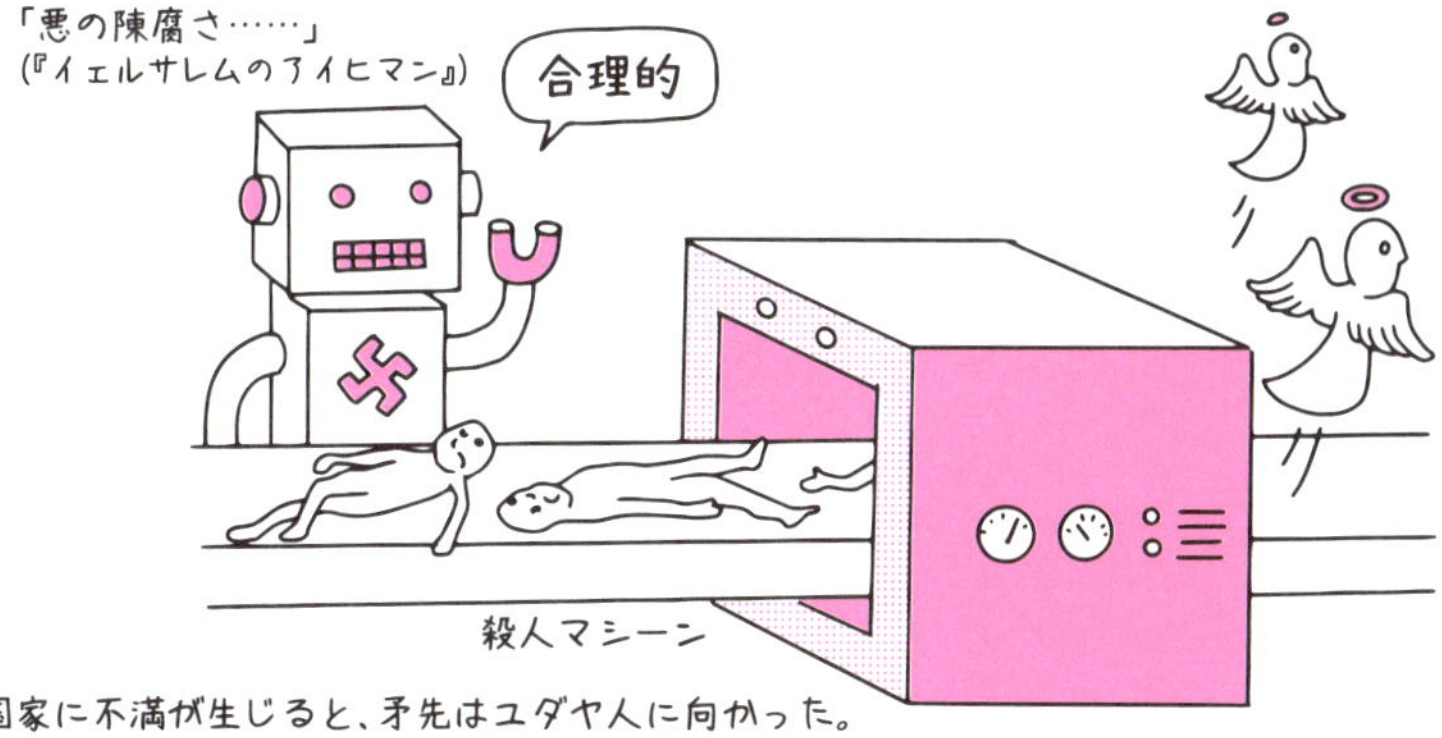

国家に不満が生じると、矛先はユダヤ人に向かった。
人種主義と官僚制の帝国主義から全体主義になり、
個人性を完全に殲滅するシステムができてしまった。

富裕層と貧困層に分かれていましたので、文化的に一つだと主張しても理想通りにはなりません。また、ユダヤ人はユダヤ教で結びついていますので、階級社会から距離を置いた位置にありました。

そんなとき、国家の中で不満が起こると、人々はユダヤ人に八つ当たりするようになります。アーレントによると、特にこれが表面化したのが、**ドレフュス事件**でした。すでに人々はユダヤ人差別の意識を持っていたことがわかります。

さらに資本主義が帝国主義に移行することで、資本の輸出を進める政府が他国支配を推進することになります。

国民国家は領土、人民、国家を歴史的に共有することに基づいていますが、帝国主義の段階では異質な住民を同化し、「同意」を強制するしかありません。

外主義などの政策がとられることも多い。

ドレフュス事件
フランス軍の参謀本部に勤めるユダヤ系将校、アルフレド・ドレフュスがスパイ容疑で逮捕され、有罪判決を受けた事件。ドレフュスがユダヤ人だったことから、最初から必要以上に強い嫌疑をかけられ、非公開審理により全員一致で終身流刑に処せられた。この差別的な扱いをめぐって大論争が起こった。

なぜあのような悪夢が起こってしまったのか

このような状態においては、個人は帰属意識を失ってアトム的にバラバラとなっていきます。どの社会集団にも属していない大衆は孤立して無力感にとらわれ、所属感を与えてくれる空想的な人種主義に惹かれてしまいます。

特に帝国主義的なプロパガンダにより、支配人種と奴隷人種、白色民族と有色民族、高貴な血統と下等な血統という区別が生まれてしまいました。こうなると、特定の領域に定住し、歴史的・文化的な統一体としての自覚をもつ人々による国家、つまり国民国家はドイツ人＝アーリア人という図式になってしまいます。ヒトラーはユダヤ人をドイツ人とは認めず、合法的にユダヤ人排除を進めていきました。全体主義は他国を侵略するだけでなく、政府のプロパガンダで思考コントロールをします。ヒトラーのユダヤ人陰謀論などもそれに当たります。

「運動の擬制的な世界を、日常において実証されるだけではなく日常生活全体を支配し確固たる現実として確立する」（同書）

「この世界には自分自身と自分以外の他のすべてとの間の区別以外にはいかなる区別も存在しない。民族的ナショナリズムは常に、自分の民族は比類無き民族であり、その存在は他の諸民族が同じ権利をもって存在することとは相容れないと主張する」（同書）

「全体主義運動は大衆運動である。それは今日までに現代の大衆が見いだした、彼らにふ

大衆
「大衆」は公的問題に無関心で、すべての国、すべての時代に存在し、高度の文明国でも住民の多数を占めている。政治的に中立であり投票に参加しないし、政党に加入することもない。

さわしいと思われる唯一の組織形態だ。この点で既に、全体主義運動はすべての政党と異なっている」（同書）

大衆は普段は政治に無関心ですが、景気が悪くなったり社会が不安定になったりすると急に不平をとなえて、政権に希望を求めます。そのとき、「ユダヤ人陰謀論」のようなフィクションを多くの人が信じてしまうわけです。アーレントは『イェルサレムのアイヒマン』を発表しましたが、ユダヤ勢力からも批判を浴びます。それほど、客観的に社会分析をする学者でした。

人生で役に立つこと

自分の頭で考えて判断するという力がなくなると、権力者の扇動するフィクションにだまされてしまう。政治哲学関連の本をたくさん読んで、世界と自分との関わりを理解しつつ視野をひろめていこう。

（CC-BY-SA Michael Goodyear）

ハンナ・アーレント（1906〜1975年）
ナチスの迫害を逃れてアメリカに亡命した政治哲学者。ユダヤ人。全体主義を生み出す大衆社会の分析で活躍。アイヒマンの裁判を傍聴。伝記映画に『ハンナ・アーレント』（2012年）がある。

『イェルサレムのアイヒマン』
ハンナ・アーレントが、アドルフ・アイヒマンの裁判記録を雑誌に連載。アドルフ・アイヒマンは、ナチス政権下のドイツの親衛隊将校で、数百万の人々の強制収容所への移送指揮を行った。アーレントが、公開裁判を傍聴し、アイヒマンの死刑が執行されるまでを記録した。

【本の難易度】★☆☆☆☆

『道徳および立法の諸原理序論』

ジェレミー・ベンサム 著（1789年）

この本が書かれた背景

「最大多数の最大幸福」とはよく聞く言葉だ。しかし、ここには、経済史を変えてしまうほどのすごい意味が隠されていた。資本主義社会に大きな影響を与え続けている功利主義。そして、猫が大切にされているのはどうして？

快楽を最大化せよという新しい哲学

イギリスで起こった産業革命は、裕福な資本家階級を生み出しました。この時期にベンサムは功利主義を提唱し、個人の利益や幸福の追求を積極的に認める理論を展開したのでした。「最大多数の最大幸福」はよく聞くフレーズでしょう。

昔は、「善」「悪」といえば、その動機で決まることでした。どちらかというと「善→がんばる、苦しい」「悪→ゆったり、楽ちん」というイメージがありました。「快楽を求めている」なんていうと悪いやつのように思えるわけです。どれだけ頑張ったかでその道徳的価値が決まるので、株で他人が大儲けしたりすると「自分はこんなに頑張っているのになぜ！　もっとお前も苦しめ」というような発想につながるかもしれません。

最大多数の最大幸福

イタリアのベッカリーアの『犯罪と刑罰』（1767年）やベンサム自身が述べているように、J・プリー

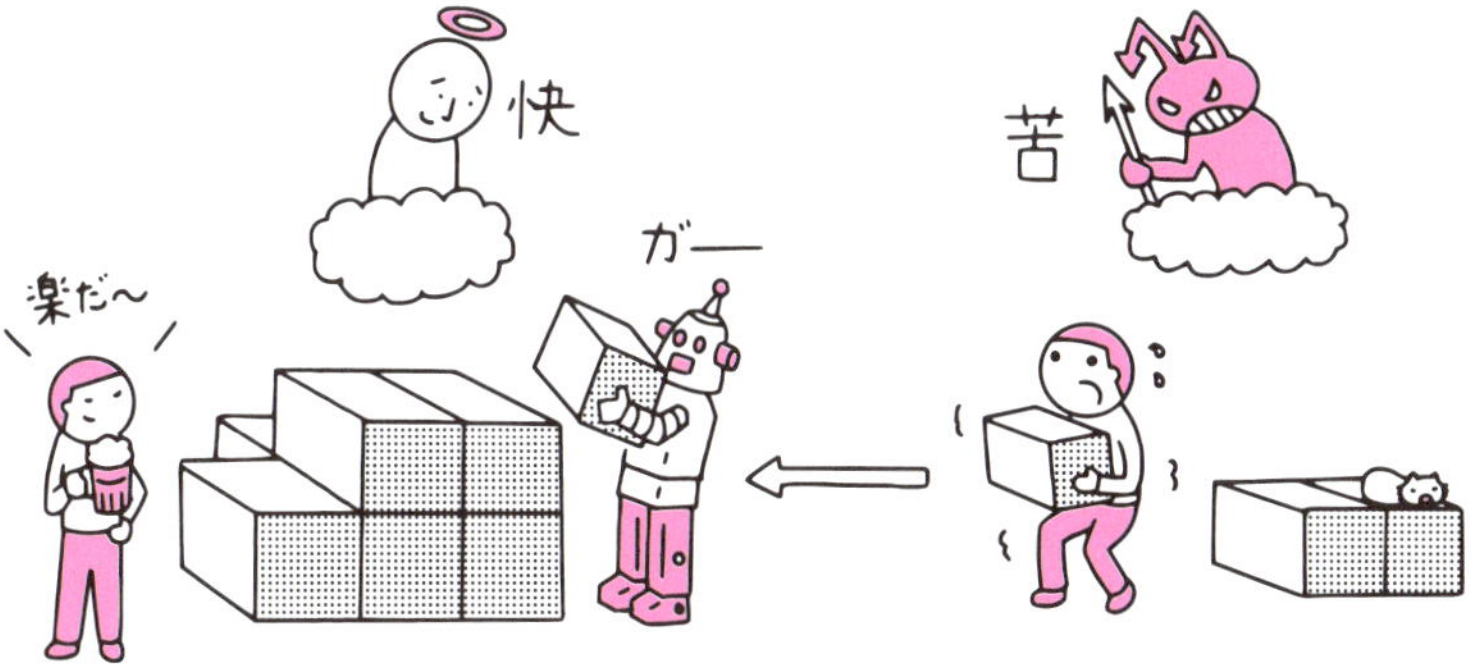

「正しい行動」(善)とは、「効用」を最大化すること。
正しい行為や政策とは「最大多数個人の最大幸福」をもたらすものだ

一般的に哲学では、動機的な善悪が重要で、結果はおまけのようなものだったのです。

ところが、ベンサムは、快楽（幸福）が増大するかどうかを道徳的善の基準としたのでした。今では当たり前かもしれませんが、これは思想的には新しいものでした。

「自然は人類を苦痛と快楽という、二人の主観者の支配のもとにおいてきた。われわれが何をしなければならないかということを指示し、またわれわれが何をするであろうかということを決定するのは、ただ苦痛と快楽だけである」（同書）

「苦（pain）」と「快（pleasure）」が人生を決定するのですから、功利主義が目指したのは厳格な道徳などではありません。

社会における個人の自由を最大限に認め、快楽を脅かすことだけを規制するのです。

ストリの『統治の第一原理と政治的、市民的、宗教的理性の本性について』（1768年）の中にある言葉である。社会の善は、その構成員の善（快楽）の総計なので、もっとも善が多くの人に行き渡るような政策をするべきであるとされる。

動物の幸福も大切なのだ！

快苦こそ人間のいっさいの言動と思考を支配するものですから、人間がなにをなすべきかを指示し、また人間が何をなすかを決定するのは、「苦（pain）」と「快（pleasure）」の2つの基準だけです。この考えを善悪の基準に適用すれば、快を増す行為が善であり、苦を増す行為が悪となります（功利の原理）。

もちろん、個人の快楽が過剰に重要視されるのは、社会がよくなることにつながらないので、ベンサムは万人の快楽を平等とするように考えました。そして個人の幸福の総和が社会全体の幸福だとし、「最大多数の最大幸福」（the greatest happiness of the greatest number）であるという新しい道徳原理を唱えたのです。できるだけ多くの人々の効用を高め、より少ない苦痛に抑えるということが道徳的に善なのです（法律の基準ともなります）。

ベンサムは、キリスト教や理性的哲学による禁欲主義（77ページ参照）は間違っていると考えました。禁欲を貫徹するのは不可能ですし、そもそも禁欲そのものが善であるわけでもないからです。

また、単なる感情で善悪を判断するのも誤りであると指摘しています。何かを判断するには、外的な理由を根拠とするべきであるのに、単に感情という主観的判断はあてにならないというのです。「道徳感覚」（モラルセンス）や「共通感覚」（コモンセンス）も客観

快楽計算
①強度、②持続性、③確実性、④遠近性、⑤多産性、⑥純粋性、⑦適用範囲の7つのパラメータでこれをさらに緻密化して、社会の快楽度を計算する。それによって、社会全体の幸福度を上げるという考え方である。快楽はその快感の①度合いが強く（強度）、②長く続く（持続性）ことが必要である。また、③その快楽が確実に得られる可能性が高い（確実性）方がよい。また、④すぐに得られる方がよい（遠近性）。

的な根拠がありません。

さらにベンサムは、ある行為の結果が、どれだけの量の快または苦を生むかを知り、その大小を比較する方法を考えました。行為の善悪が、行為そのものの状態によって決まるのではなく、行為から生じる結果がどれだけ多くの快を含んでいるかによって決定する（帰結主義・結果主義）という明確な科学的方法、すなわち「快楽計算」を説きました。

ベンサムは、動物の苦しみを和らげるために、動物愛護法を提唱しました。特に無類の猫好きだったそうです。猫も「最大多数の最大幸福」を受けることができたのです。

⑤一つの快楽が他の別の快楽を引き出す方がよい（多産性）。⑥苦痛が混じらないように快楽量を保つ（純粋性）。⑦広い範囲の人が快楽を得られるようにする（適用範囲）。

人生で役に立つこと

感情的にあれはダメ、これはダメって道徳がうるさすぎ？　むしろ、結果を重視して、快楽の増大を目的とし、モチベーションを高めたほうが、世の中全体がよくなるのでは？

ジェレミー・ベンサム（1748〜1832年）

イギリスの哲学者、経済学者、法学者。功利主義の創始者。資本主義社会に大きな影響を与えた。彼の思想は、インドのイギリス東インド会社にまで及んでいる。パノプティコンでも有名である。

【本の難易度】★☆☆☆☆

『社会契約論』

ジャン＝ジャック・ルソー 著（1762年）

この本が書かれた背景

この本の力でフランス革命が起こって、世の中がひっくり返ってしまった？ 主権は人民にあり、人々の意志によって国家が形成される。そこでは、人民が主人であって、官吏は単なる代理人。一番偉いのは民衆なのである。

フランス革命に影響を与えた書

『社会契約論』は、民主社会の成立を論じたルソーの主著です。公共の利益を求める「一般意志」の指導のもとに、人々が自己をそのあらゆる権利とともに共同体に全面的に譲り渡す社会契約が説かれています。

まずルソーは、「人間は生まれながらに自由であるが、至る所で鉄鎖《てっさ》につながれている」と主張しています。これは人間本来の社会状態ではありません。そこで、ルソーは、本来の社会状態に戻すには、個人の自由を保証する最良の政府をつくるしか道はないと考えました。

それも従来のような主人と奴隷の服従契約に基づいた国家ではなく、自由、平等、独立

フランス革命 1789年から1799年にかけて起こった革命。身分制や領主制（封建制）を崩壊させ法の下の平等・経済的自由・自由な私的所有等の社会を実現した。人民主権・権力の分立・自由権等の人権保障を求めた。

自分たちで決めたことに従っているんです
人民
官吏
(代理人)
人民が各人の合意でつくった意志で、直接民主制により主権が使われるべき。
人民に法を与える立法者が必要だし、人民の意識も高めなければならない

の主体としての人間の合意、つまり自由な社会契約に基づいた国家を形成しなければなりません。

そのような国家においては、「各人はすべての人々と結びつくか、自分自身にしか服従せず、結びつく以前と同様に自由である」とされます。

ルソーもホッブズらと同じように、**自然状態**を仮説的に考えます。ルソーの『人間不平等起源論』では、人間の本性は善良であり、自然状態における人間は「自己保存の欲求」と、「憐れみ」（憐憫《れんびん》）の情をもっていたとされます。

ここには人々の不平等、今のような「格差」はありませんでした。しかし、私有財産が発生してくることにより、貧富の差が生じて不平等な世の中になってしまったのです。だから社会契約が必要なのです。

自然状態

自然状態とは、思考実験的な作業によって結論づけられる仮説である。社会・文明的な要素も取り去り、人為的な能力を削除する。また、正義・所有権・自然権、貪欲・傲慢などの情念も取り除く。ロールズは、この自然状態を用いて、『正義論』を展開した（158ページ参照）。

自分たちで決めたことに従うから自由だ

『社会契約論』の第二編では、「一般意志」について説かれています。新しい自由な国家においては、「人民は主権者」です。

また、国家の主権は全人民の共通の利益を目指す「一般意志」であるとされます。この「一般意志」は譲渡することも分割することもできない絶対的なものなので、政府や法はこれに依存します。

ルソーは、人間が他者とともに社会をつくりながら、かつ、自分自身にしか服従せず、以前と同じように自由であるためにはどうすればよいかを考えたのです。

一般意志は、人民自身の意志ですから、それに服従することは、自分自身に従うことになります。人民は、自然的自由を捨てて、みずからが制定した法に従うことによって、社会の構成員として権利を保証され市民的自由を獲得することになります。

つまり、社会契約によって生まれた共同体国家は、誰もが正しいと判断するような善なる「一般意志」に満たされているわけですから、そこでは、すべての人が自由になれるのです。

第三編・第四編では、政府のあり方や国家のあり方について説かれています。従来、政府が主権と混同され絶対的な権威があるかのように思われていました。しかし、ルソーによれば、政府とは主権者である人民の意志の執行機関にすぎません。

一般意志
公共の利益をめざす普遍的な意志をいう。私的な利益を求める意志は「特殊意志」であり、「特殊意志」の総和は「全体意志」である。「全体意志」は、個々人のバラバラな意志（特殊意志）が集まっただけなので「一般意志」とは異なる。

主権在民
政治上の最終的な決定権としての主権が、人民にあるという民主主義の根本的原理。

執行権の受託者である官吏は、人民の主人ではなくてその事務の代行者です。よって、人民は常に官吏の行動を監視し、その任免を自由に行うべきであるとします。また、一般意志に基づいた政治なので、ルソーは「間接民主制（代議制）」を批判し、「直接民主制」を唱えました。

これらの社会契約論に示されている基本的人権、**主権在民**、自由平等などの思想は、近代市民社会の不可欠な原理となり、フランス革命などに大きな影響を与えました。マルクスの社会主義などにも関係づけられています。

人生で役に立つこと

不平等を強いる社会状態は腐敗している。人間を無垢な自然性へと返すためには、社会状態の改革と、社会意識の改革をしなければならない。それには、政治哲学を学習することが必要だ。

（CC-BY-SA UpdateNerd）

ジャン＝ジャック・ルソー（1712〜1778年）

スイスのジュネーヴ共和国に生まれる。フランスの啓蒙思想家、哲学者、政治哲学者。『百科全書』の音楽の項目を執筆。『人間不平等起源論』『社会契約論』などを刊行して啓蒙活動をする。フランス革命の11年前に死去。

【本の難易度】★★★★★

『正義論』

ジョン・ロールズ 著（1971年）

この本が書かれた背景

「政治哲学って何？」。今まで、ほとんど人気のなかった政治哲学。「政治理論はまだ存在するのか？」と嘆かれていた政治哲学業界を大復活させたのが、1971年に刊行されたロールズの『正義論』だ。自由を認めながら、貧しい人に便益を与えるような理想社会とはどのような社会だろうか。

「無知のヴェール」を被せてみたら？

アメリカの政治哲学者ロールズは、貧富の格差を縮めるために、斬新な思想を提唱しました。従来、貧富の格差を縮めるには社会主義的な富の再分配などの考え方がありました。ロールズの考え方は、単に儲かっている人から貧しい人にお金を回せという考え方ではありません。資本主義経済の中で、自由を認めながらも格差を縮めていくという画期的な方法論が展開されています。彼はロックやルソーの説いた、社会契約説に大きな影響を受けつつ、独自のリベラリズムを展開しました。

『正義論』の重要なポイントは、人々が正義について考え、みんなが一致して正しいと賛同することをピックアップする方法が書かれていることです。

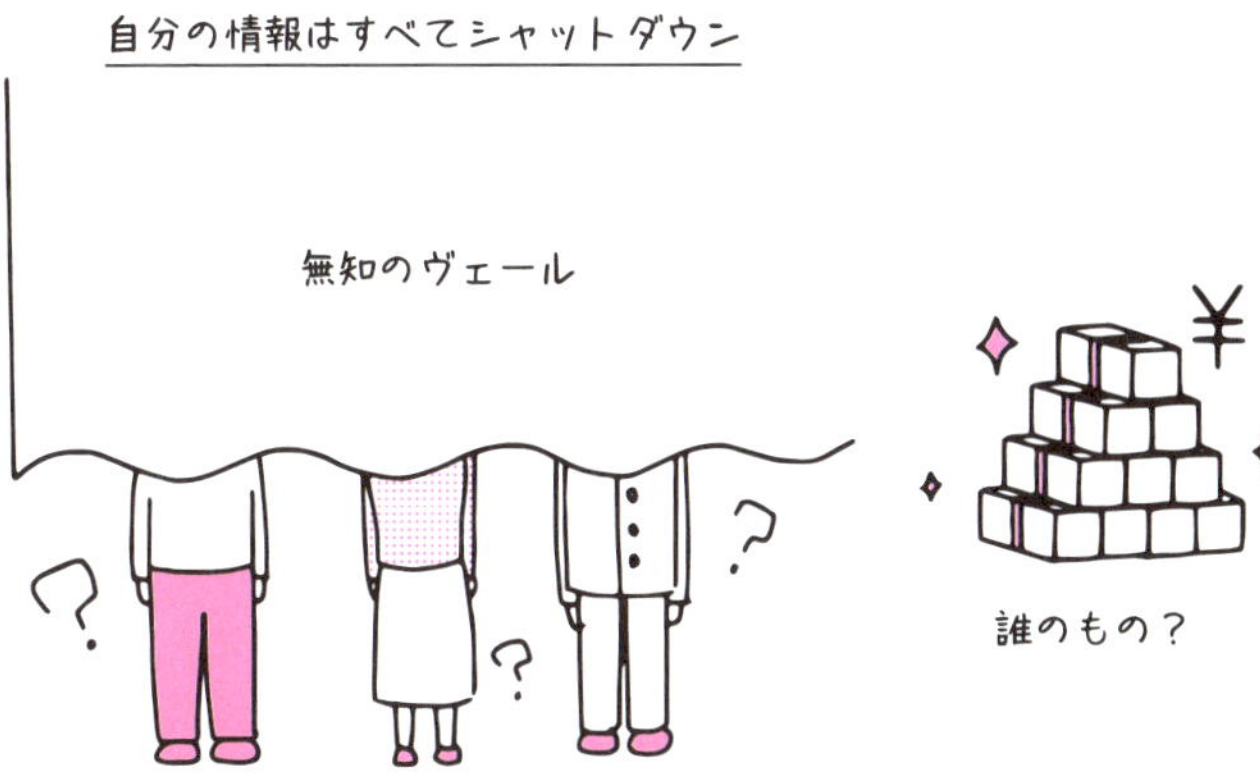

社会の構成員は「無知のヴェール（the weil of ignorance）」で覆われた状況で、正義の原則を選んでみよう。そうすれば、平等であることが正しいと結論する。

私たち個人は様々な立場にあるので、完全に意見の一致をみるのはほぼ不可能です。様々な立場とは、富裕層や貧困層、人種、民族、宗教などの違い、利害関係や社会的地位などを意味しています。

その中で共通の「正義」を見出すために、ロールズはある思考実験を提唱しました。これは「正義の諸原理は、無知のヴェールの背後で選択される」と表現されています。

というのは、金持ちか貧乏か、人種は何か、性差など自分の今の立ち位置がわかっていると、人それぞれの価値観が変わってくるので、これらをすべて架空の「無知のヴェール」で隠した状態を考えてみるのです（**原初状態**、original position）。

これは社会契約説の原初状態を応用したものです。

原初状態

「正義の諸原理は、無知のヴェールの背後で選択される」（同書1971）とされる。ロールズは、すべての人が自分について何も知らない原初状態（original position）から出発するならば、正義の諸原理は、理性に基づく公正な合意あるいは交渉、つまり社会契約の結果として規定されうると考えた。

スタート地点を平等にしてから競争せよ

「無知のヴェール」を被せると、自分がどんな社会的地位にあるのかまったくわからなくなってしまいます。そうなると、誰もが平等主義を選ぶことになるでしょう。なぜなら、ヴェールをはずしてみたところ、もし、ビル・ゲイツのような大金持ちだったらいいのですが、場合によってはホームレスかもしれないからです。

ロールズは自らの正義を「公正としての正義」と呼び、2種類の正義の原理をあげました。第1原理は、「公正な機会均等原理」です。すべての人は平等に、最大限の基本的自由（言論の自由や信教の自由など）をもつべきだという内容です。

第2原理は、「格差原理」というものです。これは、社会・経済的な資源配分に関しての正義のことで、「公正な配分をする」ということです。ロールズは、リベラリズム（自由主義）の立場をとるので、ある程度の格差は認めます。ただしその格差は、社会内の「最も恵まれない人々の最大限の利益となること」が条件となります。

家柄や才能によって結果的に恵まれている人は、偶然的にそのような現状にあるのだから、不遇な人に自分の便益を分配するべきであるという考え方です。

現代社会の問題点は、生まれや条件による偶然的なめぐりあわせによって、一部の人々が優遇されるという傾向があることです。よって社会正義を実現するには、本人の力ではどうすることもできない差別を取り除く必要があります。

第2原理
第2原理は、社会・経済的な資源配分に関して、次の二つが満たされる場合には、一定の不平等を許容しても正義にかなうとする。その条件は、（a）社会・経済的資源の獲得に有利な職業や地位につくことがで

ロールズの正義論では、自由が尊重されているので、地位や富における不平等は認められるのですが、それはスタートの地点において完全に互角な立場で競争した後に生じる不平等に限定されるべきだというのです。

本人の努力による功績に応じて地位が向上するのは理想の社会です。しかし、それには、功績を得られる平等な機会が前提とならなければならないとされます。

ロールズは、正義の2つの原理によって、自由を維持しながら、それぞれ偶然的な境遇で限定されている人々の機会を拡大することを目指したのでした。

人生で役に立つこと

よりよい社会は、個人の自由を尊重するが、その自由はすべての人に公正な機会を与えるという前提が必要だ。たまたま生じた状況を、公平なスタート地点に設定して自由競争する社会について考えてみよう。

ジョン・ロールズ（1921〜2002年）

アメリカの哲学者。功利主義に対して、社会契約説の伝統を応用しつつ、自由と平等の正義についての問題を提起。政治哲学の分野で大きな影響を与える。

きる可能性が、公正な機会の均等という条件のもとで、すべての人に開かれていること（公正な機会均等原理）、（b）不平等の存在が、社会内の最も恵まれない人々の最大限の利益となること（格差原理）。

【本の難易度】★★★☆☆

『戦争論』

カール・フォン・クラウゼヴィッツ 著（1832年）

この本が書かれた背景

戦争とは何なのか。どうして起こるのか。その目的とは？ 戦争についての初めての理論的な分析を行ったクラウゼヴィッツ。ナポレオン戦争で勝ったのも彼の理論分析による功績が大きいとされる。『孫子』の兵法と並ぶ、近代の戦争論は現代にも大きな影響を与えている。

世界の「戦争」常識にびっくり？

従来の戦争に関する書物というものは用兵術や戦争の記録でした。ところが、クラウゼヴィッツは『戦争論』において、初めて「戦争とは何なのか？」という本質論を展開したのでした。プロイセンの将軍であり軍事理論家である本人が著したというのも説得力があります。

一般に、戦争が悪いものと考えるのは当たり前ですが、本書においては「真実・本質」から目を背けてはいけないという徹底した戦略論が展開されます。

まず、戦争は突然に勃発するのではなく、政治の延長線上に生じるということが説かれます。国家戦略と政治と外交は「政治」と表現されています。そして、国家戦略の目的を

政治の延長線上
クラウゼヴィッツは、政治活動は平時・戦時を通じ一貫して行われるのであり、戦争を理解するには、まずそれを生んだ政治の状態を考えなければならないとした。

ホントに、そうだったらいいね…
戦争なんて
起こらないよ
戦争とは拡大された決闘だ。
戦争における暴力の相互作用は
政治的、社会的、経済的、
地理的な要因によって、抑えられる。
戦争は政治に従っているのだから、
「戦争は政治の延長」だ。

達成する手段として政治・外交・軍事をとりあげ、平時は政治・外交を、戦時は軍事であると主張します。

「戦争は他の手段を持ってする政治の継続にすぎない」「政治は目的をきめ、戦争はこれを達成する」（同書）

また、人間活動の中で偶然が作用しますが、「戦争ほど偶然の働く余地の大きいものはない」ので、「予想外のことの現れることが多い」とされます。情報もガセネタであることが多く「虚報は波のごとし」とされます。

クラウゼヴィッツによると戦争の目的は「敵の完全な打倒」です。また、「敵国の国境付近において敵的国土の幾ばくかを略取」します。

この場合「略取した地域をそのまま永久に領有するか、それとも講和の際の有利な引き換え物件とするか」は自由です。

虚報
ウソの情報は波のように高まったり、収まったり、また高まったりするということ。現代でも、超大国は、完全に勝利できるというリサーチを徹底して行ってから戦争に入るとされるが、そのリサーチした情報も絶対ではなく、偶然の要素が介在するから、必ず勝てるとは限らないのである。

世界情勢を知るため「こっそり読むべき」書

「戦争は政治的手段とは異なる手段をもって継続される政治に他ならない」

つまり戦争は政治が行き詰まったら必ず起こるものだという、ホントのこと（?）をどんどん暴露してしまうのが本書の特徴です。

本書には「戦争術の区分」「戦争の論理について」「戦略の諸要素」「奇襲・詭計のやり方」「空間における兵力の集中法」「時間における兵力の集中法」「戦争を構成している究極の要素の分析」など、国家間の戦争に勝つためのノウハウが網羅されており、現代の世界各国の国防組織の必読書になっているのかもしれません。

「二人のあいだで行われる決闘に注目したい、およそ戦争は拡大された決闘にほかならないからである。即ち彼が端的に目的とするところは、相手を完全に打倒しておよそ爾後《じご》の抵抗をまったく不可能ならしめるにある」「戦争の目標は敵の防御を完全に無力ならしめるにある」など、慈悲のかけらもない説明が全体にわたって続きます。

また、戦争には軍人の精神的な士気・モチベーションが大きく影響すると強調されます。

戦争の要因というのは、「即ち現存する資材（戦闘員および戦闘器材を含む）と戦闘員の意志力の強さである」「敵の戦闘力は撃滅せられねばならない、換言すれば我々は敵戦闘力をもはや戦争を継続し得ないほどの状態に追い込まねばならない」とあるように、中途半端な攻撃は許されず、相手が完全にやる気を失うような作戦をとれというのです。

敵の戦闘力の撃滅
単に物理的に敵を殲滅するのではない。「戦争は必ずしも敵を殲滅し尽くすまで続ける必要はない。敵は勝つ見込みがなくなれば降伏する」。ただ現代戦争においては、大量破壊兵器などを隠し持っている場合があるので、油断はできないだろう。クラウゼヴィッツは「各時代には、それぞれの時代に適応した独自の戦争理論がある」と述べている。

また「敵の国土は攻略されねばならない、国土は新たな敵戦闘力の供給源となることがあり得るからである」と根本的な殲滅作戦が記されています。

この『戦争論』の一部に目を通すだけで、現代の国際情勢への見方が変わってくるでしょう。

特にこちらから戦争をするという観点で読むのではなく、「もし敵が日本を攻めてきたら具体的にこうなるのか」という防御の観点から読むと現実を把握しやすくなるかもしれません。

人生で役に立つこと

政治の延長線上に戦争があり、それは決闘の意味である。戦術には様々な理論分析が必要であり、戦闘員の精神的なあり方が大きく影響する。この書は、ビジネスでの心構えとして読んでもなぜかしっくりくる。

（CC-BY-SA 1970gemini）

カール・フォン・クラウゼヴィッツ（1780～1831年）

ナポレオン戦争にプロイセン軍の将校として参加。1806年にプロイセン軍はイエナの戦いなどでフランス軍に敗北。1815年、ワーテルローの戦いでの勝利に影響を与える。戦後は研究と著述に専念した。

国際情勢
本書では、自己保存の意欲と実力のない国を外部の力だけで維持することは難しいと説かれている。また、他国を援助する国も、自国のことほどには真剣に考えない。勝敗を覆す見込みがなければ、同盟国も手を引くと書かれている。

防御
本書によると「防御は攻撃よりも堅固な戦闘方式」であり「防御して反撃しないものは滅びる」と説かれている。

経済・生活編

第5章

仕事と生き方が
よくわかる本

【本の難易度】★★☆☆☆

『国富論』

アダム・スミス 著（1776年）

この本が書かれた背景

イギリス、スペイン各国が植民地を拡大していったが、これを真っ向から否定したアダム・スミス。労働が富を生みだす資本主義社会が発展する根拠を明らかにし、財政政策論や国の教育論などに言及。国家はどうすれば国を富ませることができるのか？

生活を豊かにする方法とは？

アダム・スミスは、重商主義を批判しました。これは16世紀末から18世紀にかけてヨーロッパの国々を支配した経済思想です。

重商主義では、富を代表するものは金銀または「財宝」でした。これは金銀貨幣を最大に重視し、これらの増大を重視する経済政策です。「利潤を獲得すること＝貨幣を増やすこと」なので、商品を安く仕入れて高く売ることで、売買の差額から貨幣が生じます。よって、利殖という点からすると、農業や工業よりも商業のほうが優位に立つと唱えられていました。

これを獲得する唯一の手段は海外貿易しかありません。よって、富の獲得される場所は

重商主義
重商主義の初期の形態は重金主義だった。金銀の蓄積を国力の中心とする思想である。金銀貨幣の蓄積をはかるため、国内の鉱山の開発、海外からの金銀の獲得、またその国外

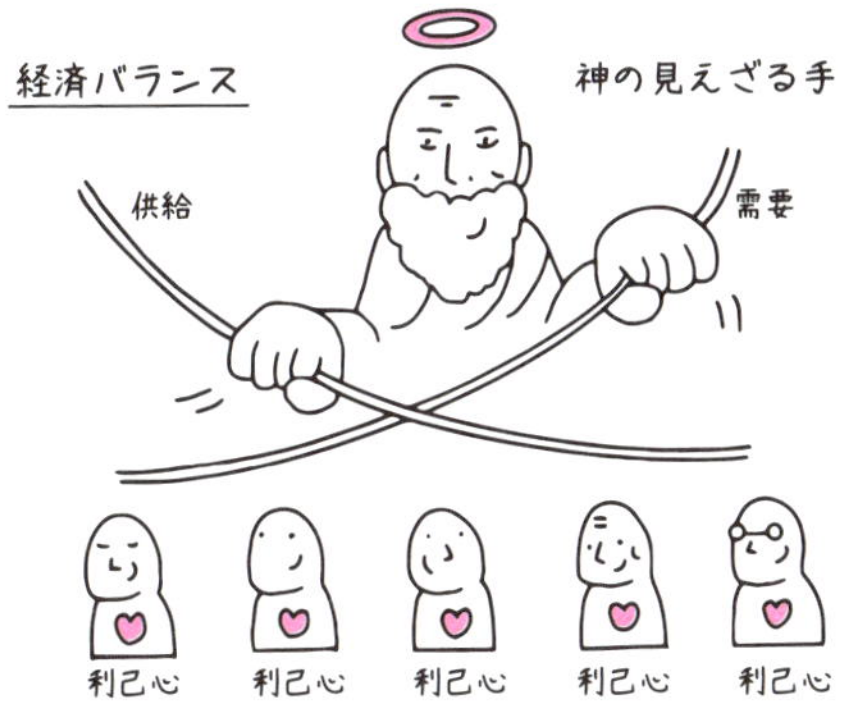

人間が物を交換するときは、他者への愛ではなく、自己保存のための利益に従っている。
この自己愛を自由に使えば、結果的に、市場を通じてみんなの利益が得られるのだ

海外市場ということになります。国家は自国の生産物を海外に輸出し、海外からの輸入をできるだけ抑制し、その貿易差額を金・銀で受け取って貯め込みます。

それには低コスト・低価格で商品を輸出しなければいけないので、労働者の賃金は低く抑えられ、長時間労働になります。

これについて、アダム・スミスは異をとなえます。富は特権階級（金銀を重視する階級）ではなく、諸階層の人々にとっての「生活の必需品と便益品」を増すことであるというのです。つまり、自国の労働により、生産力が高くなればそれだけ富の量は増大することになります。さらに、スミスの『国富論』では、重商主義の批判から、自由放任の思想が展開されます。

流出を抑える政策である。貿易差額主義・貿易保護主義は、国の金銀を積極的に増やすために、商品の輸入額よりも輸出額を増やし、外国貿易の差額を作り出す。イギリスの東インド会社は、重商主義政策によるもの。重商主義政策をとると、他国もまたこの方策をもって対抗し、互いに関税障壁を設けて輸入を抑制するので、外国貿易を阻害する。

オートマチックな経済が理想

スミスの自然神学では、神は人間にいったん「利己心」という本能を与え、後は人間にまかせるという説が主張されています。だから、神は人間を創造した後は自由にやりなさいということで、人間はその本能をどんどん活用すればいいのです。人間はせっかく神からいただいた「利己心」があるのですから、これを十分に発揮することこそが、神の意図にかなうものだというわけです。

「外国産業よりも国内の産業活動を維持するのは、ただ自分自身の安全を思ってのことである。そして、生産物が最大の価値をもつように産業を運営するのは自分自身の利得のためなのである……」(同書)

「だが、こうすることによって、かれは、他の多くの場合と同じく、この場合にも見えざる手に導かれて、みずからは意図してもいなかった目的を促進することになる」(同書)

すなわち、スミスによれば「利己心」という一般的には悪徳と思われるものが、知らず知らずのうちに社会公益の福祉を進めます。神が人間に埋め込んだ「利己心」が自動的に働いているのであって、人間が理性的にごちゃごちゃ考えないほうがよい。むしろ神から与えられた「利己心」を最大に発揮すること、それを怠らないようにすることが大切なのです。

「利己心」を発揮すると、「節約」「勤勉」などの徳が生まれるとされます。特に、健康や

利己心
「自分の利益を追求することによって、社会の利益を増進しようと真に意図する場合よりも、もっと有効に、社会の利益を増進することもしばしばあるのである」(同書)

見えざる手
この考え方は近代経済学でいう「均衡価格」につながる。市場の商品に対する需要と供給は、くいちがっていても価格をシグナルとする市場の自由な競争によっ

財産、社会的地位や名誉について配慮するという自己啓発的な態度が生まれます（「慎慮《しんりょ》」の徳）。市場価格も自由競争によって、つまり商人たちの利潤と人々の需要によって自動的に決定します。このように、個人の利己心が公益に通じていくのは、神の「見えざる手」によるものですが、これが実現するにはある条件が必要です。それは、社会の経済生活が完全に自由競争でなければならないという条件です（近代経済学では完全競争と呼ばれる）。はたしてこれでよいのかは、後に議論のテーマとなっていきました。

て、自動的に均衡価格（スミスは自然価格と呼んでいた）におさまる。

人生で役に立つこと

自由放任の自然的な経済によって国が政策を行っていくことにより、人々の本性に従って労働が富を生み、結果的に国家全体が潤っていく。そう思って働けば、新しい視点が開けるかもしれない。

（CC-BY-SA Gaeanautes）

アダム・スミス（1723～1790年）

イギリスの経済学者。古典派経済学の創始者。スコットランドの生まれ。『諸国民の富（国富論）』をロンドンで完成。本書は経済学の原典となった。

【本の難易度】★☆☆☆☆

『プロテスタンティズムの倫理と資本主義の精神』

マックス・ウェーバー 著（1905年）

この本が書かれた背景

マルクスの理論では、上部構造（イデオロギー）は下部構造（経済的な土台）によって規定されるとされた。しかし、ウェーバーは、プロテスタント倫理がめぐりめぐって、資本主義の経営、生産、労働の特殊な精神的傾向（エートス）に影響したと考えたのだ。

禁欲主義が欲望を求める資本主義を達成?!

ウェーバーは本書の「信仰と社会層分化」の項目で、「近代的企業における資本所有や起業家についてみても、あるいはまた上層の熟練労働者層、とくに技術的あるいは商人的訓練のもとに教育された従業者たちについてみても、彼らがいちじるしくプロテスタント的色彩を帯びているという現象」と説いています。

なにやら、わかりにくい表現ですが、簡単にまとめると、プロテスタントのキリスト教の信仰を持つ人々が、どういうわけか営利活動に優れていてどんどん儲かるという話。

一方、カトリック信徒の場合はそのような傾向がみられないとされます。これはなぜなのでしょうか。ここでウェーバーは一つの「仮説」をたてます。「信仰と営利活動」とい

プロテスタント（Protestant）
宗教改革運動により、カトリック教会から分離したキ

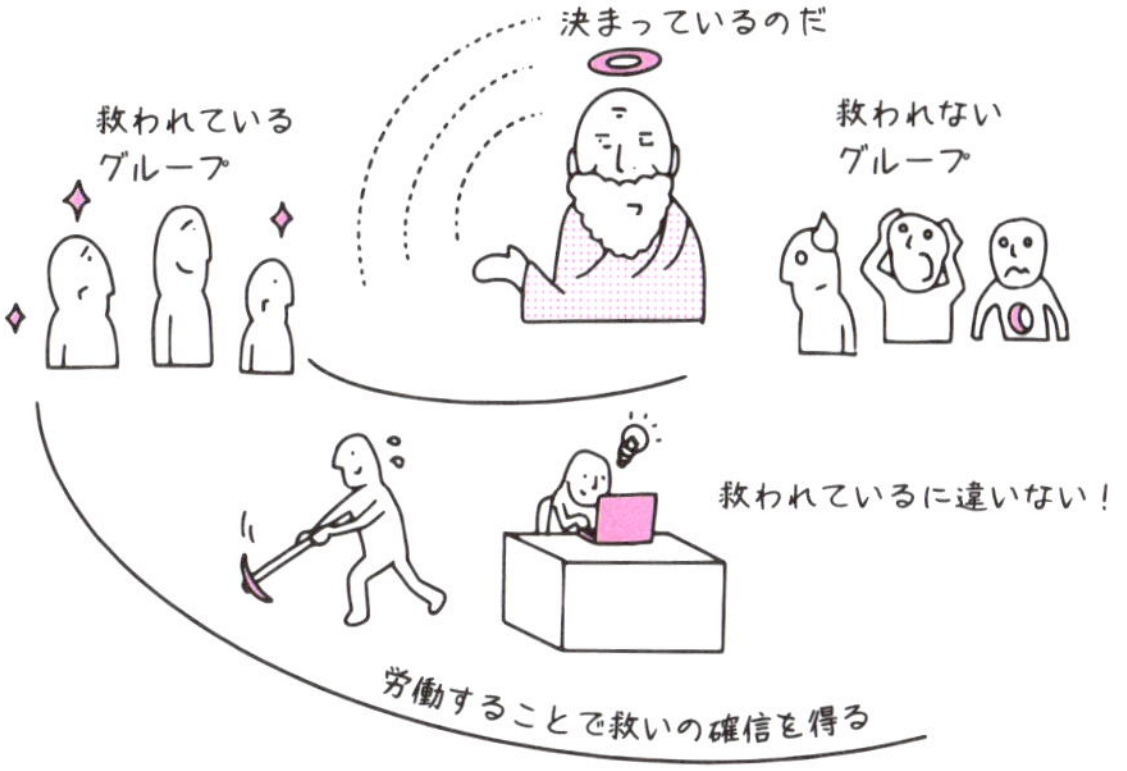

一切の欲望や贅沢や浪費を禁じ、信仰と労働だけに励む。
この世に「神の栄光」をあらわせば、きっと自分は救われている方だと安心できる

うまったく逆のものが、歴史の中で結びついた理由があるのではないかというのです。

この仮説をさらにすすめ、「資本主義の精神」という概念を示します。そこには、「なんと営利的行為が一個の倫理的義務という色彩をもっている」のです（「職業義務の観念」）。「経済的合理主義」と呼ばれるものには2種類あります。「与えられた現実に適応した行動を取る」という場合と、「使命としての職業」と考える場合です。後者は労働が超越者（神）の意志として人間に課せられていると信じる立場から生じる合理性です。

カルヴィニズムなど禁欲的プロテスタンティズムの諸宗派の倫理思想を信奉する者は、職業労働を神から課せられた使命と考えて、これを組織的合理的に行い、規律正しく労働を行います。怠惰、気まぐれ、安逸、享楽、おごりなどの、人間の非合理的衝動や欲

リスト教諸教派のこと。

資本主義の精神 ウェーバーは、資本主義の精神に近い発想をベンジャミン・フランクリンの思想に見出している。「フランクリンの場合には、倫理的な色彩を持つ生活の原則という性格をおびている。本書では資本主義の精神という概念をこのような独自の意味合いで使うことにしようと思う」。

求をきびしく統制するという生活態度（エートス）をもっているというわけです。なぜそうなったのでしょうか。

ド真面目すぎて節約するから資本が蓄積する？

宗教改革を推進したルターは「天職（ベルーフ）」という概念を提唱しました。カトリックでは世俗を離れる修道士の生活が重視されましたが、ルターは世俗的な労働は神に喜ばれると考えました。さらに、カルヴァンは「二重予定説」を唱えました。「神はその栄光を顕さんとして、みずからの決断によりある人々……を永遠の生命に予定し、他の人々を永遠の死滅に予定し給うた」（「ウェストミンスター信仰告白」、同書より）。これは人間の自由意志による善行によって救いがもたらされるのではなく、絶対的な神がすでに誰が救済されるのかを決定しているという説です。

私たちがそんな説明を受けたら「どうせ決まってるならヤケクソだ」というような気分になるかもしれません。しかし、プロテスタントの人々はそうは考えなかったのです。たとえれば、受験の結果が知らされていないような状態ですから、信徒たちは、自分は選ばれているのだろうか、そうではないのかと不安な状態にさらされます。そこで、彼らは、どうしたら自分が選ばれているという確信が得られるだろうかと思案したのでした。

その結果、神意によって与えられた自己の職業を、神が課した「天職《ベルーフ》」とすること、そしてこれがこの世の「神の栄光」を増すことでもあると信じました。

ルター
1517年に『95ヶ条の論題』を教会に掲出。プロテスタントが誕生する宗教改革を進めた人物。

カルヴァン
フランスの宗教改革者・神学者。スイスのジュネーヴで宗教改革を指導した。主著『キリスト教綱要』。

職業において使命を達成し、成功し、さらに節約して禁欲する。これを行ったから救われるのではなく、これを行うことで「自分が救われているという確信が得られる」というわけなのです。人々は「神の道具」になりきって、神から課せられた職業的使命の達成に従事します。起業家の利益追求や効率を上げるための労働者に対する過酷な扱いも、禁欲的合理主義のエートスが現れたものと解釈されます。世俗を否定した宗教による熱狂的な生活態度が、逆に世俗的な利益追求の資本主義を生み出すというすごい説なのです。

節約して禁欲する
プロテスタンティズムにおける禁欲は、日常の職務労働の中において様々な欲求・衝動を断ち切りつつ、自らの仕事に専念するというあり方。俗世間的な関心や欲望を捨てて、隠遁する禁欲とは異なっている。

人生で役に立つこと

禁欲的プロテスタンティズムの「二重予定説」は、神から課せられた「使命」としての職業労働に専心させ、これが経営合理化をもたらした。自分の仕事が天職であるかどうか考えるとよいかもしれない。

（CC-BY-SA C.Löser）

マックス・ウェーバー（1864〜1920年）
ドイツの政治学者、社会学者、経済学者。西欧文明の合理性を追求し、法学、政治学、経済学、社会学、宗教学、歴史学などの分野で優れた業績を残した。

【本の難易度】★☆☆☆☆

『自由論』

ジョン・スチュアート・ミル 著（1859年）

この本が書かれた背景

資本主義社会の進展とともに、今や権威に挑戦する政治的自由の要求で、多数者と個人との対立が問題になってきた。多数者の専制に対して、個人はどこまで自由な行動をとることができるのだろうか。

人間はどこまで自由をもっているのか

自由には様々な意味があります。ここで取り上げられる自由とは「意志の自由」（自分で自分のことを決める自由）ではありません。市民的もしくは社会的な自由のことです。

資本主義社会の進展とともに、今や権威に挑戦する政治的自由より、多数者と個人との対立が問題となってきました。周りに合わせて生きるというあり方は、大衆社会の特徴ですが、本当にそれでいいのでしょうか（空気を読めとか言われるし……）。

「本書の目的は、きわめてシンプルな原理を明示することにある……その原理とは、人間が個人としてであれ集団としてであれ、ほかの人間の行動の自由に干渉するのが正当化されるのは、自衛のためである場合に限られるということである」（同書）

社会的な自由
カントらのあつかう自由は、自分の意志の自由である（72ページ参照）。ミルの自由は、社会の中で「なにがどこまで許されるのか」という自由である。ミルは人間の自由に固有の領域として、人間の生活と行為のう

つまり、ミルによると他人への力の行使が正当化されるには、その行為によって周りに危害が及ぶときだけであるということになります（危害原理）。

また、電車の中で大声で話すというのは、自由な行動かもしれません。しかし、それは他人に不快感を与えているので、慎まなければいけないのです（不快原理）。

でも、電車で化粧をするのはどうでしょう。周りに匂いもパウダーも飛ばず、揺れたときの危険性（黛ペンが刺さる等）がなければ（結果に問題がなければ）、化粧してもよいというのかもしれません。

ミルの思想は質的功利主義ですから、質的な結果を考慮しますが、自由の問題の線引きは難しいようです。

ち、個々にだけ関係する部分をあげる。①思想と良心の自由、②趣味および探求の自由、③団結の自由。また、ミルによれば、強制というのは、相手を幸福にするための手段としては認められない。強制が認められるのは、唯一、他の人の安全を守るのが目的の場合だけである。

多数者と個人
権力の根源である社会の多数者の意志が少数者の利益または幸福を抑圧することがある。そうなると「多数者の暴政」であ

どんなバカなことをしても自由なのだ

ミルの自由論の考え方では、相手にとって良いことだからと考えて何かを相手に強要したり我慢させたりするのは正当ではありません。忠告や説得、催促や懇願などもそうです。「これをやれば立派な人になるから」など、そのようなおせっかいなことは人の自由を制限するものだとされます。

さらにミルは、社会が個人に対して、間接的にしか関与できない活動の領域として「個人の私生活と私的な行為」を取り上げます。なんと、どんなに愚かな行為であっても個人の自由は最大限に認められるというのです。

「いかなる人の行為でも、社会に対して責を負わねばならない唯一の部分は、他人に関係する部分である。単に彼自身にだけ関係する部分においては、彼の独立は絶対的である」(同書)

人間は自分の性格にあった人生を設計する自由をもちますので、本人がどんな結果でも引き受ける覚悟で、自分の好きなことをする自由をもっています。「人から馬鹿だとかアブノーマルだとか間違っているとかいわれても、人に迷惑をかけないかぎり、人から邪魔されずに行動する自由」(同書)をもっているのです。

どんなファッションをしようが、どんな音楽を聴こうが、どんな映画を観ようが、どんな創作活動をしようが、まったく自由でなければなりません。

る。世論という形の権力を排撃しなければ、人は奴隷化してしまう。

彼の独立
ミルは自分にだけ関わる領域が、人間の自由の本来の分野であるとする。①思想と良心の自由、②趣味および探求の自由、③団結の自由の3つである。個性の自由・完全な発達こそが人間の目的なので、これらが

また、「思想と討論の自由」が必要であり、同時にそれを抑圧するのは刑罰によるものであれ世論によるものであれ誤りです。また、自分の意見や行動に対する批判を常に虚心にうけとめ、様々に異なる意見を聞く必要があるとされます。この書の後半では、福祉関係について論じられており、行動の自由、生活の自由が「習慣や伝統」に支配されると個人や社会の進歩が停滞するとされます（自由への不当な干渉）。

最近の日本が妙にぎすぎすしてきて、窮屈で住みにくくなっている理由は、自由を抑え込む多数者がいるからなのかもしれません。

人生で役に立つこと

個人は自由であるが、制限されなければならないのは他の人に迷惑をかけてはならないということだ。自分こそが正しいと考えてもいけないが、人に迷惑がかからないことなら、どんな趣味であってもそれは自由に行ってよい。

（CC-BY-SA Scewing）

ジョン・スチュアート・ミル（1806～1873年）

イギリスの哲学者。社会民主主義・自由主義思想・リバタリアニズムに大きな影響を与えた。ベンサムの量的功利主義を批判し、質的功利主義を説いた。著書に『論理学体系』『経済学原理』『功利主義論』。

尊重されなければならないとされる。

自由への不当な干渉

ミルは2つの原因をあげている。①不当な政治権力、②社会的慣習や道徳律である。②は政治的圧力よりも恐ろしいとミルは考えた。つまり、周りのおしつけがましい道徳などである。

【本の難易度】★★☆☆☆

『人口論』

トマス・ロバート・マルサス 著（1798年）

この本が書かれた背景

人類の歴史で戦争が絶えなかった理由。それは人口と食糧の問題だった。人間に食欲と性欲があるかぎり、人口は増え続けて食糧生産は追いつかない。では、どうすればよいのか。人口増加を抑制すればよいのだが、その方法はやはり戦争しかないのか？

近未来に食糧がなくなる?!

マルサスの『人口論』は、古典とされていますが、その内容の根本的解決は、まだなされていないようです。

というのは、日本は少子高齢化で人口が減るといわれていますが、食料自給率は40％弱ですし、いつ飢饉が発生してもおかしくない状況にあるかもしれません。

マルサスによると、人類の未来についての意見は、人によって大きくわかれます。

「一方の意見によれば、人間はこれからますますスピーディーにこれまで思いも及ばなかった無限の改善にむかって前進するだろう。もう一方の意見によれば、人間は幸せと不幸せの間を永遠に往復するのが世の定めであり、どんなに努力しても念願のゴールはやは

人口
マルサスが『人口論』を書いたとき、一説によると地球人口は8億人といわれる。その後200年で60億人に増えている。

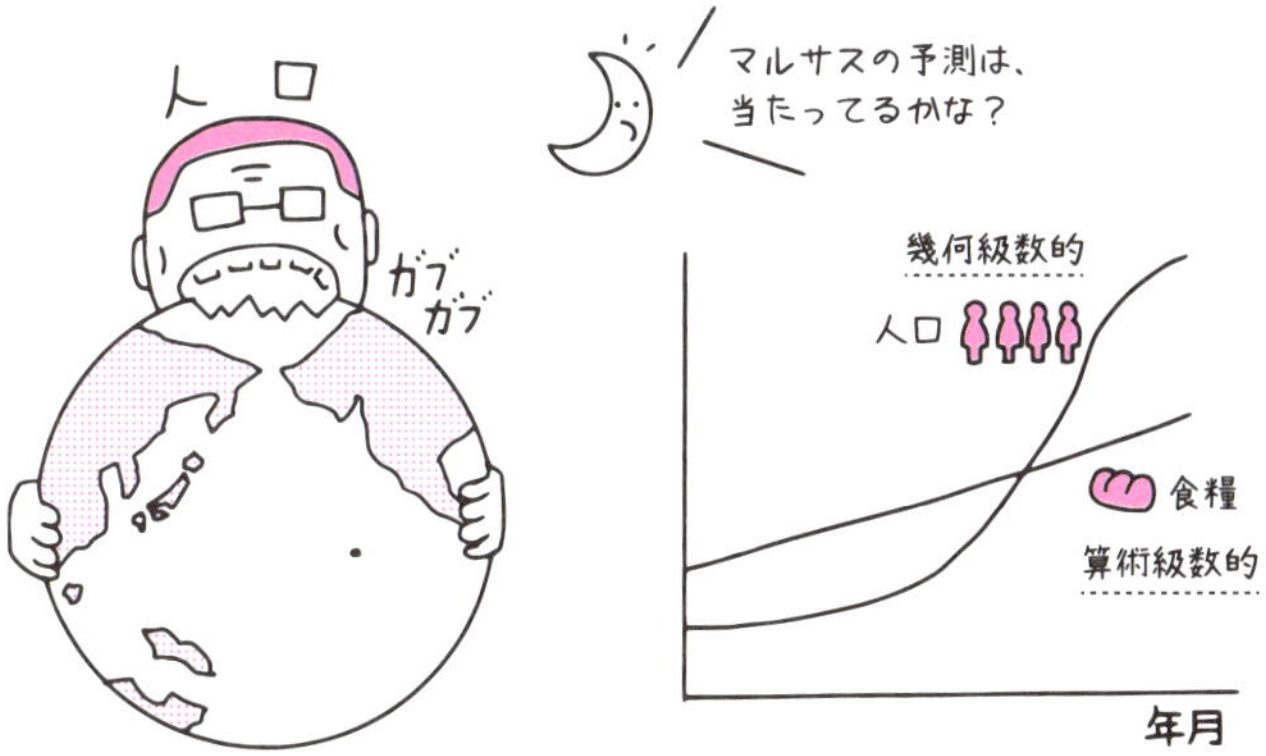

人口が増えると、生活物資が不足して貧困な人は増える。
そういう時に結婚して家族を養うことは難しいから、人口増は停滞する…

り、はるかなたのままだろう」（同書）

マルサスはどちらかというと、後者の悲観的な見方をしているようです。

前提として次の2つがあげられます。「第一に、食料は人間の生存にとって不可欠である。第二に、男女間の性欲は必然であり、ほぼ現象のまま将来も存続する」。

これが正しければ、当然のことですが、人口は増えていき食料は不足して人口を減らすような現象（飢饉、戦争など）が起こるでしょう（これは、地球レベルの話であって、先進国では、草食系男女によって人口が減っているようですが……）。

特に有名なフレーズは「人口は、なんの抑制もなければ、等比級数的に増加する。生活物資は等差級数的にしか増加しない」という部分です。

一方、食糧生産は1・9倍にしか伸びていないとされる。

等比級数的・等差級数的
工業生産物の量は生産性の高い工場が増加すれば、ある程度比例的に上昇する。しかし、土地生産物量は農機具の改良、土地の改良、土地の広さの確保、肥料の散布などの方法があるが、それほど簡単ではないので、増加しないのだ。

食糧問題と人口については対策なし？

マルサスは、農業生産物の増大に寄与しない政策には反対します。さらに穀物の輸入にも反対しているのです（今の日本は大丈夫？）。人間は性欲と食欲の塊なので、人口増と食糧のバランスはつねに崩れることになります。

「財産はなるべく平準化することが長期的には絶対に有利である。所有者の数が多くなれば、当然、労働者の数は少なくなる。つまり、社会の大多数が財産の所有者となり、幸福になる。自分の労働以外に財産をもたない不幸な人間は少数になる」（同書）

しかし、そんな社会をどうやってつくっていけばいいのでしょうか。

「人口の増加力と土地の生産力とのあいだには自然の不均衡があり、そして、やはり自然の大法則により両者は結果的に均衡するよう保たれる」「すべての生き物を支配するこの法則の重圧から、どうすれば人間は逃れられるか、私は知らない」（同書）

マルサスは解決法を知らないそうです。このように、『人口論』は悲観的な内容が続きますので、読むと暗くなるかもしれません。マルサスは、アメリカの例をあげます。アメリカは自由で早婚の抑制も少ない国なので、「人口がわずか25年で2倍になった」のです。この増加率を基準とすれば、「人口は抑制されない場合、25年ごとに2倍になる。つまり、人口は等比級数的に増加するのである」というわけです。

農業生産物が足りないなら牛や豚を大量に飼えばいいではないかと思うのですが、家畜

自然の不均衡
マルサスによると、どんなに平等の幻想をいだいても、どんなに農業の管理を徹底しても、自然の法則の圧力からは一世紀の間ですら免れられない。

牛や豚
マルサスは、牧畜

は農業生産物を食べるのです。
「ご存じのとおり、牧畜の国は農耕の国ほど多くの住民を養えない」（同書）
結局は、人口を抑制するための議論は、マルサス以降に展開することになりますが、いまもって人類は、食糧についての決定的な解決法をもっていません。
しかし、「人口増加により労働者は過剰供給となり、また食料品は過少供給となる」とも考えられています。人口減少の日本で、科学による食糧増産を実現すれば、なんとかなりそうですね。

人生で役に立つこと

食糧問題は深刻である。コンビニで安いチキンや、野菜のパッケージが手に入るのも、農業生産物が根底にある。食べ放題・飲み放題もいいが、食料は生命であるということを確認しつつ生活するとよいだろう。

（CC-BY-SA Scewing）

トマス・ロバート・マルサス（1766〜1834年）
イギリスの経済学者。18歳でケンブリッジ大学ジーザス・カレッジに入学。数学と文学を学ぶ。キリスト教も研究。1798年に匿名で『人口論』を著し、ダーウィンなどにも影響を与えた。

だけでは、食料を維持できないと考えている。「ご存じのとおり、牧畜の国は農耕の国ほど多くの住民を養えない。しかし、遊牧民族のすごい点は、彼らがあらゆるものを連れて一緒に移動できる力をもっていたこと、そして、その力を家畜から得たことである。家畜をたくさんかかえる部族は、すなわち食物を豊富にもつ部族であった。どうしても必要な場合には家畜の親のほうすら食べられた」（同書）

【本の難易度】★★★★★

『資本論』

カール・マルクス 著（1867年）

この本が書かれた背景

マルクスは、「哲学者たちは世界をいろいろに解釈してきたに過ぎない。それを変えることが肝要」（『フォイエルバッハのテーゼ』）と説いた。ソ連の崩壊後、『資本論』はもう古いと思われていたが、最近はどことなく資本主義の矛盾が現れている感じもする……。

資本主義は商品の塊でできている？

18世紀に、イギリスで産業革命が起こり、19世紀にはこれがヨーロッパへと拡大していきました。生産力は急激に上昇しましたが、19世紀の後半になると、資本家と労働者の格差の拡大が目立つようになりました。そこで、マルクスは、資本主義社会を分析することで、これらの問題の解決法を見つけようとしたのです。『資本論』は、資本主義の秘密を次々と暴いていく膨大なページ数の書です。

商品には、それが役立つ価値（使用価値）と交換の値打ち（交換価値）がありますが、交換される物に共通するのは「労働」です。つまり、どれだけの労働が費やされたかでその物の価値が決定します（労働価値説）。さらに、様々な商品が交換されていく中で、金

資本主義の秘密
資本とは生産過程において、価値を増殖する目的で投下される価値総額のこと。企業家はこの貨幣資本で生

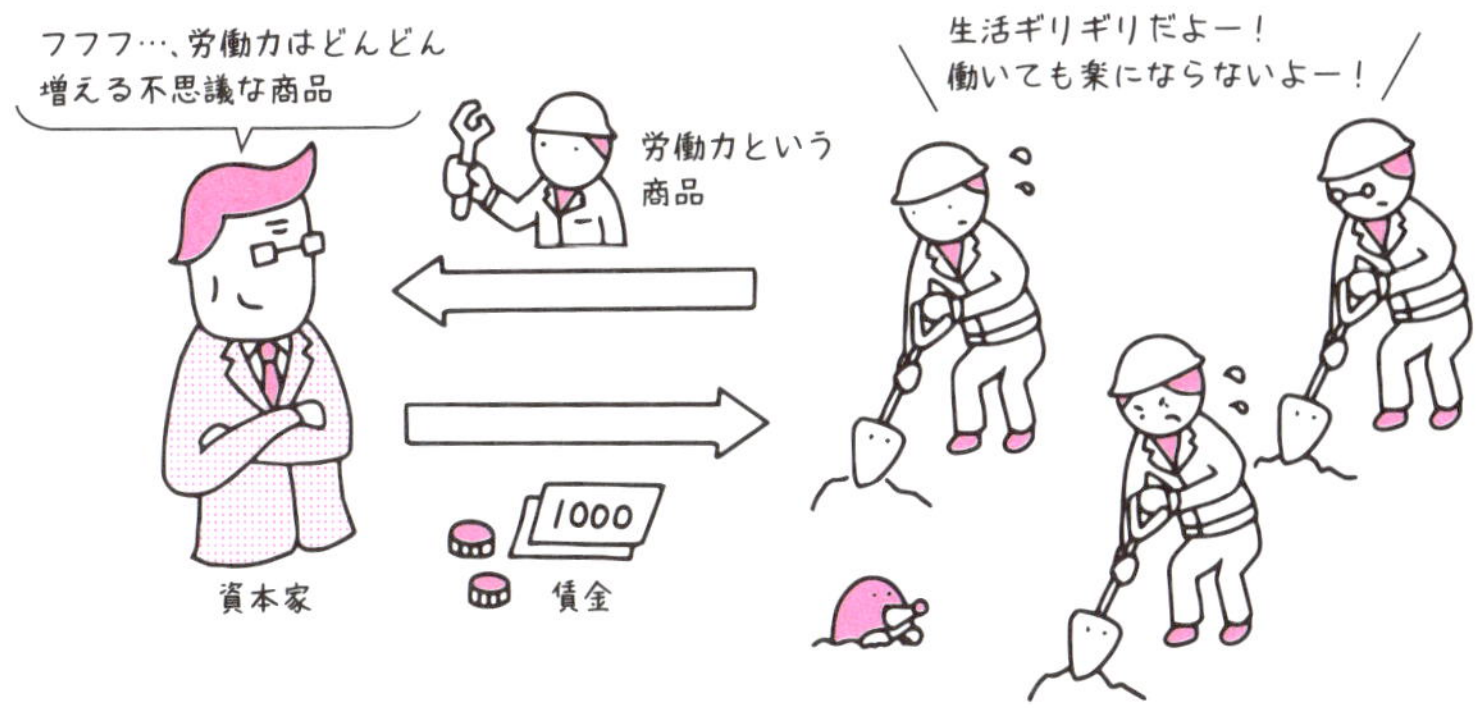

資本家は賃金を超えて労働者が生み出した価値をもらってしまう。いくらがんばっても不払い労働だから、豊かになれない??

（ゴールド）が共通する商品となりました。

これが貨幣です。

ところが、商品は貨幣によって交換されますが、「とにかくお金そのものを増やしたい」と思う人間が現れます。

マルクスによると、労働者の労働力もまた商品（労働力の商品化）であり、労働力と交換されるものが「賃金」ということになります。この賃金は労働者が働けるように最低限の衣食住の費用が支払われます。つまり、私たちの1ヶ月の給料とは、次の1ヶ月を働くために生きつなぐだけの生活費ということになります（だから、働き続けなければならない？）。

労働者が1日生活するのに必要な労働時間は「必要労働時間」と呼ばれますが、これは、労働者が生きていくためのものなので、資本家は儲かりません。そこで、資本家は労働者

産手段、労働力を買う。生産手段は消費されるだけだが、労働者の労働は剰余価値を生む。つまり、こき使われて不払い労働を強いられるということになる。

労働力の商品化
労働者は非常に不利な条件でその労働力を売らされるような状況に追い込まれる。資本主義社会では、労働力の対価として受け取った分を超過して働かされるような強制力が発生するとされる。

を多めに働かせて「剰余価値」を生み出し「搾取」をします。つまり、労働力という商品だけが余計に価値を生み出すという特殊性をもっているから、資本主義が成立するということになります。資本主義社会では、資本家にならないと豊かにはなれないのです。

近未来に資本主義は崩壊して別な社会になる？

このように、資本主義社会においては、「生産手段（土地・工場・機械など）の私有」と「労働者の労働力の商品化」が行われます。生産物は商品となり、かつ、この生産物は資本家に属しています。

人間は、自分自身が他人に承認してもらいたいという意欲のもとに労働するものですが、資本主義社会においては、自分が匿名的な存在として生産物の生産をするだけのむなしい活動となり、労働者は労働から疎外されてしまいます（労働疎外）。

また、人間と人間の社会関係がゆがめられ、物と物との関係となり（物象化）、貨幣そのものが価値をもつかのような錯覚が生じます（物神崇拝）。

マルクスは『資本論』で、「一定の成熟の段階に達すれば、特定の歴史的形態は脱ぎ捨てられ、より高い一形態に席を譲る」と説いています。歴史を深く研究していたマルクスは、資本主義が未来においてどうなっていくのかを予測したのでした。

会社と会社が戦えば、会社が淘汰されていきます。これが世界全体に広がっていけば、資本主義は必然的に崩壊すると考えられています。

物神崇拝
物象化とは、関係の中で成立している事象が、一つの物であるように意識されること。物神崇拝とは、金（ゴールド）が固有な神秘性をもつなど、貨幣や資本が崇拝される。これは、原始宗教のフェティシズムに擬されている。

唯物史観
社会は五段階の発展形態を経ると考えられた。①原始共産制…階級なし。平等な社会。自然経済。②古代奴隷制…生産経

マルクスの著作『経済学批判』の「序言」には、唯物史観が展開されています。
「人間は、その生活の社会的生産において、一定の、必然的な、彼らの意志から独立した関係、すなわち、彼らの物質的生産力の一定の発展段階に対応する生産関係を結ぶ。この生産関係の総体が、その社会の現実の土台をなす経済的構造を構成する。……人間の意識がその存在を規定するのではなく、反対に人間の社会的存在がその意識を規定する」
冷戦終結後、ソ連の崩壊などにより資本主義が勝利したかのように思われていますが、近未来はどうなるか誰にもわからないのかもしれません。

人生で役に立つこと

労働そのものを第一の目的として、個人が楽しんで働きながら、富が豊かに湧き出すような社会が理想。それには、現代の資本主義の弊害も考えながら、自分の経済生活をながめ、過労死しないように注意しよう。

(CC-BY-SA Jacek Halicki)

カール・マルクス（1818〜1883年）
ボン大学とベルリン大学で法学を学び、歴史学・哲学に没頭した。卒業後、『ライン新聞』編集長。苦しむ労働者らに接して、ドイツ社会を批判し、パリやロンドンで亡命生活をしながら活動を行った。映画に『マルクス・エンゲルス』（2017年）がある。

済。富の蓄積により、階級が発生する。奴隷を使役し、奴隷供給の不足から農奴制へ移行する。③封建制…支配階級は農奴より生産物地代を吸い上げる。商品流通が展開し、マニュファクチュアが出現することで資本の蓄積が生じる。④資本主義制…産業資本の自由競争。恐慌による資本の集中。崩壊の過程をたどる。⑤社会主義制…経済の人民管理。計画的に運営。共産主義社会への橋渡しとなる。共産主義段階では、物資が満ち溢れる。

【本の難易度】★★★★☆

『雇用・利子および貨幣の一般理論』

ジョン・メイナード・ケインズ 著（1936年）

この本が書かれた背景

1920年代はアメリカの黄金時代だった。が、その繁栄も1929年10月24日、カリフォルニアの土地投機から鉄道株へと膨らみ続けていたバブルが突然に崩壊。ニューヨーク・ウォール街の株式市場は壊滅的な暴落をみせた。ケインズ理論がそれを救ったと言われている。

働きたいのに失業してしまう理由

なぜ失業者が発生するのか？　古典経済学では大量失業の発生は高すぎる賃金率に原因があると考えられていました。賃金率の下落をおさえようとする動き（労働組合の行動）なども関係があるという説。この説によれば、失業は「自発的失業」ということになります。「自発的失業」とは、働けるのにわざと働かないでいる状態。だから、経済学者は彼らの存在について、「給料がやすくて働く気がしないから働かないんでしょ？」と解釈していたのです。

よって、政府はできるだけ経済に介入せずに（小さな政府）、どんどん自由放任しておけば、そのうち働く者が増えてきて丸く収まると考えられていました。

自発的失業
働く意欲はあるのだが、現在の賃金が低いと不満に思い、みずから失業している状態。実はすべての失業者が、この自発的失

投資が盛んなときは、人々の心が上向きで、お金が「流動」する。
どんどんお金を「流動」させよう！

しかし、1929年の世界恐慌により大量の失業者が発生し、働きたいのに働けないという「非自発的失業者」が大量発生し、古典経済学では説明できない状態が続きました。

そこで、ケインズの「一般理論」の登場です。非自発的失業を解消する力が市場にないとするなら、何らかの刺激を加えなければなりません。つまり、労働者の数が余っているわけですから、労働需要を高める必要があるのです。古典経済学では、完全雇用が前提になっていたのですが、実際はそうではありませんでした。

「われわれの生活している経済社会の顕著な欠陥は完全雇用を提供することができないことと、富および所得の恣意的で不公平な分配である」（同書）

ではどうすればよいのか。その答えは、「景気が悪くなったら、国が仕事をつくればい

業者であると勘違いされていた時代があったのだ。

完全雇用
非自発的失業者が生じない状態。つまり、「働く意志と能力を持つものが雇用されている状態」を言う。ケインズは「供給は自らの需要を作り出す」というセイの法則（作っておけば最後は売れるということ）を否定した。そして、需要こそが産出量と雇用量を決めるという有効需要の原理を示した。

い」という新しい理論だったのです。

仕事をつくって失業者を助けよう！

ケインズのマクロ経済学は、古典経済学の放任主義を批判することで経済学に画期的な転換をもたらしました。失業の原因を「有効需要の不足」であると主張したのです。

労働者の数が余っている理由は、生産物の需要（消費と投資）が足りないということです。そこで、政府による有効需要の創出による不況克服と完全雇用の実現をはかることが説かれます。

ケインズは消費と国民所得との関係を表しました（消費関数）。投資を決めるのは企業者の将来についての期待と、投資のコストとなる利子率によります。

伝統的な経済学では、利子率を現在の消費を繰り延べることの報酬という意味に解釈していました（待忍説《たいにん》＝消費を抑制することへの報酬が利子であるとする説）。

ケインズはこれを否定し、利子率は貨幣に対する需要と供給の関係（流動性）で決まると考えました。利子率は「銀行に預けておいたお金が増えること」、利潤率は「事業に投資して利潤があがること」とすれば、利子率が高いと銀行に貯蓄する人が増え（貯蓄性向が高まる）、利潤率が高いと事業に投資する人が増えると考えられます。

そこで、ケインズによれば、景気が悪くなったときは、あえて利子率を下げてしまえば、自然に人々が新たな事業に投資することで景気がよくなります。

マクロ経済学
ケインズのマクロ経済体系は、産出高、消費、投資、利子率などの相互依存関係として表わされた。ケインズは、投資が増加すれば仕事も増えるので所得も増加するという理論（乗数理論）を唱えた。減税・公共投資などの政策により投資を増大させるように誘導することで、有効需要が増えるという。

有効需要
貨幣的支出に裏づけられた需要をさす。経済活動の水準（国民所得や雇

それには従来の均衡財政を打破して、積極的に国が借金をする（国債発行する）ことで、仕事を増やします。そうすれば国民の所得が上がるので、そのあとに借金を返済すればいいということになります。

こうして、消費を直接的に増やす財政支出政策が最も効果があるという有効需要の理論は、大恐慌に苦しむアメリカを救うことになりました。ケインズの理論は、フランクリン・ローズヴェルト大統領による**ニューディール政策**（1933年）の理論的根拠となっています。

人生で役に立つこと

何もしないでいることより、むしろ何か活動をしたいと欲する「アニマル・スピリット」（ケインズの用語）が重要。これは起業者の心構えに通じる精神だ。お金は流動してこそ意味があるのだからどんどん働こう！

（CC-BY-SA Fleaintheear）

ジョン・メイナード・ケインズ（1883〜1946年）

イギリスの経済学者。イングランドのケンブリッジ出身。マクロ経済学を確立させた。ケインズの出現によって、古典派経済学者とケインズ経済学者との二分が生じた。戦後のブレトン・ウッズ体制にも影響を与えている。

用の水準）を決めるものは、有効需要の大きさによる。

ニューディール政策

アメリカのフランクリン・ローズヴェルト大統領によって実施された世界恐慌克服のための政策の総称。テネシー川流域開発公社などを設立して政府が積極的に経済介入することで失業者を減らし、有効需要を創出した。世界恐慌のあと、第二次世界大戦が起こったためにアメリカの景気がよくなったという説もある。

【本の難易度】★★★★☆

『21世紀の資本』

トマ・ピケティ 著（2013年）

この本が書かれた背景

働いても働いてもすぐにお金がなくなってしまう。貯蓄しようにもその余裕はない。がむしゃらに働いているつもりなのに……。富む者はますます富み、貧しいものはますます貧しくなる。なんでなんだろ？　そのヒミツは、ｒ＞ｇという式にありました。

これからの世界経済はどうなる？

ピケティの『21世紀の資本』は緻密なデータをもとに、世界に広がる経済格差とその対策について説かれた本です。ピケティによると、産業革命以来、欧米はアジアとアフリカに対して、圧倒的に強い経済力を誇ってきました。

けれども、現在では、アジアとアフリカの経済成長が急速に進んでおり、地域間の格差は縮まりつつあるとされます。１８２０年頃は産業革命によって欧米では国民一人あたりの生産性が格段に上がりました。

今となっては、先進国のＧＤＰの成長率のピーク期は終わり、21世紀末にはさらに下がるとされます。これには、人口減少という要因も拍車をかけます。私たちが危惧する日本

経済格差　自由主義経済の理論では、高所得層や大企業が富を増やすと、低所得層にも富が流れて、社会全体が潤うと主張されていた（市場のメカニズムを放任すると、ｒ＝ｇの均衡が起こるという説）。これをピケティは

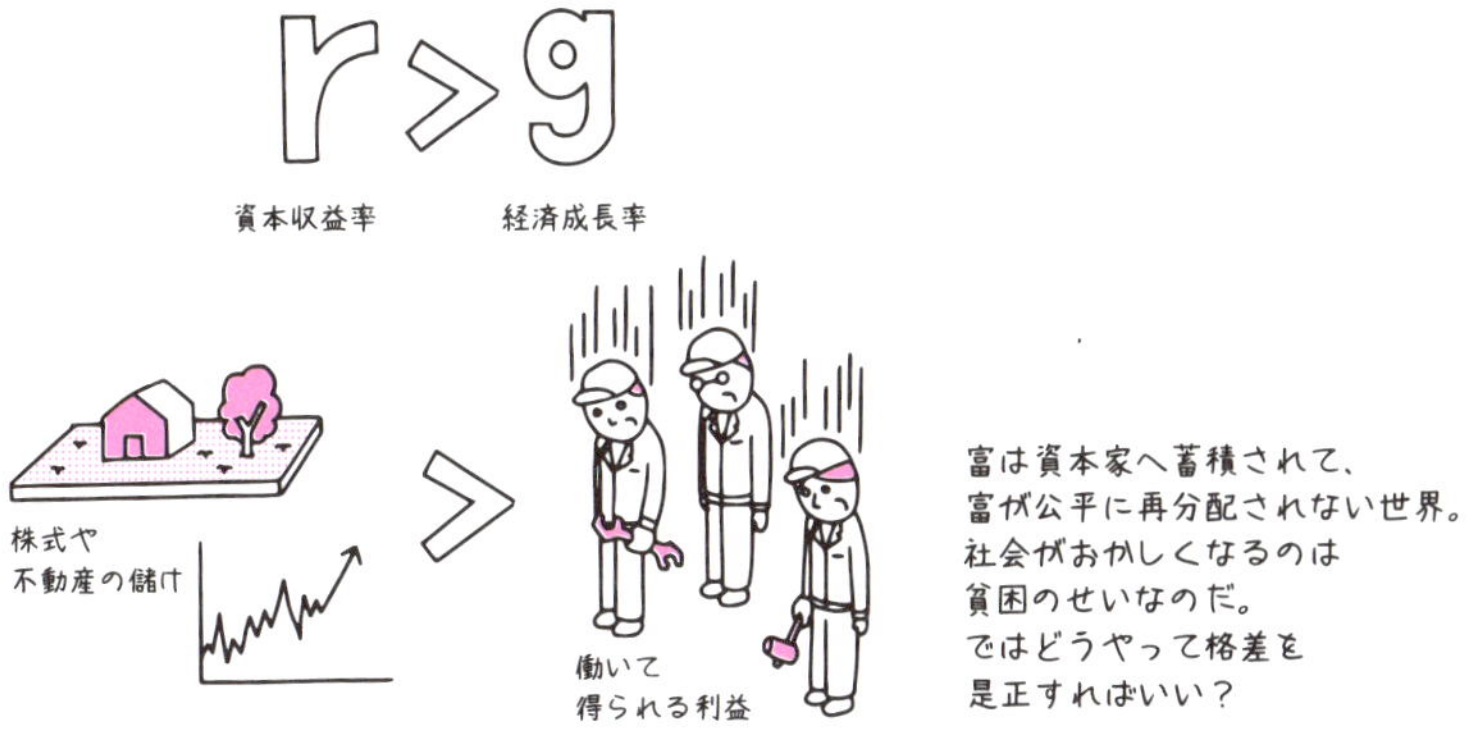
r>g
資本収益率
経済成長率
株式や
不動産の儲け
>
働いて
得られる利益
富は資本家へ蓄積されて、
富が公平に再分配されない世界。
社会がおかしくなるのは
貧困のせいなのだ。
ではどうやって格差を
是正すればいい？

が少子高齢化で国力が弱くなるという事態もこれに関連します。

全体の経済成長が停滞すると、貧しい人々が増えます。１９７５年以降、富裕国では、国民所得に占める資本所得の比率が上昇しているとされます。資本とは不動産や株のことなどで、資本から得る所得が資本所得です。

富裕国であるアメリカ、ドイツ、イギリス、カナダ、日本、フランス、イタリア、オーストラリアの各国の資本所得の推移によると、国民所得に占める資本所得の比率が増加しているのです。

ところで、『21世紀の資本』では、膨大なデータを分析した結果、「資本収益率（r）はつねに経済成長率（g）より大きいという不等式が成り立つ」と主張されます（r＞g）。これはどういう意味なのでしょうか。

否定した。

日本
ピケティ自身は「日本は例外的に格差が少ない」ことを認めている。日本は景気回復を目指すべきであるとも主張している。

r＞g
「根本的な不等式r＞g、つまり私の理論における格差拡大の主要な力は、市場の不完全性とは何ら関係ない……その正反対だ。資本市場が完全になればなるほど、rがgを上回る可能性も高まる」（同書）

高収入でも、土地と株を持ってるヤツにはかなわない？

ピケティによれば、従来、格差問題は、経済成長によって解決すると思われていましたがそうではありません。経済成長を期待して、資本主義を放置すれば、ますます格差が拡大するというのです。

私たちは、会社に就職して給料を得るのが普通です。特に働いているときにまず目指す目標は「高収入」でしょう。働くことによって、収益を増やす。そうすれば、生活は豊かになる。これが従来の考え方でした。

しかし、時代は変わってきたようです。ピケティによると、長期的にみれば、「資本収益率（r）は経済成長率（g）よりも大きい」とされます。

極論すれば、いくら働いて高収入を得ても、土地や株などに投資して不労所得を得るほうが、断然儲かるというわけです（高収入でも消費してしまったらダメ……）。

資本から得られる収益率が経済成長率を上回れば上回るほど、それだけ富は資本家へ蓄積されます（資本を持つ人は、経済が成長するよりも迅速に、自分の資本を増やすことができる！）。

世の中は大雑把に分けると、資産家とその他になります。資本を持っていれば勝ちで、なければ負け（諸説あり）。実際に、富が公平に再分配されないことによって、貧困が社会や経済の不安定を引き起こしているわけです。

資本収益率
資本収益率（r）は資本に占める資本所得の比率のことである。資本収益率rはつねに経済成長率gより大きい（r＞g）という不等式が成り立つ。長期的にみると、資本収益率（r）は経済成長率（g）よりも大きい。

金持ちは様々な金融商品に投資し、有利な資産運用ができます。インフレ対策として、資産を土地、株、貴金属などに分散投資することもできるのです。金持ちはますます金持ちになり、貧乏人はますます貧乏になる。こんな世の中は不公平では?!

では、ピケティは身を粉にして働くことをやめて、不動産投資や株投資をしろといっているのでしょうか。そうではありません。この世界の貧富の格差を是正するために、「累進課税の富裕税」を、世界的に導入し、資産の再分配をすることを提案しているのです。政府が庶民をなんとかサポートしてくれることを期待するしかありません。

人生で役に立つこと

ピケティの格差是正の方法は、累進課税の所得税をより強めよということ。この書の主張の逆張りをして、株や不動産やビットコインなどへの投資を勧めているわけではありません。

(CC-BY-SA Eztheer Tomegiusto 1881)

トマ・ピケティ(1971年〜)

フランスの経済学者。クリシー出身。経済学博士。パリの高等師範学校の出身で、経済的不平等の専門家であり、特に歴史比較の観点からの研究を行っている。パリ経済学校設立の中心人物であり、現在はその教授である。

累進課税

累進所得税は、一生懸命働いた人が報われないという批判がある。だが、公共サービスなどの所得再配分で十分な便益を得ているという考え方もある。ピケティは、さらに不動産、金融資産などすべての資産に毎年、税金を課するという「累進資本課税」を説いている。富裕層が資産を海外に移しても、全世界的にこの税金をかければよいというのだ。

心理・言語編

第6章

人の「心」と「言葉」について考えてみる本

【本の難易度】★☆☆☆☆

『精神分析入門』

ジグムント・フロイト 著（1917年）

この本が書かれた背景

人は本能を素直に満たすことができない。なぜなら、社会のルールにそって生きなければならないから。でも、それが心の病が生じる原因らしい。「ねじ曲がった苦痛を正常な苦痛へともどす」という謙虚な仕事。それが精神分析だ。

日常生活の中から精神の秘密がわかる

『精神分析入門』は、フロイトが、1915年から1917年にかけてウィーン大学で一般向けに講義を行った講義録をまとめた著作です。まさに入門としてわかりやすい内容となっています。

入り口が「錯誤行為」（言い間違いなど）です。たとえば、ある人が「今から開会します」と言うべきところを「今から閉会します」と言い間違えることなどです。この現象を説明するためにフロイトは心理における葛藤のモデルを用いて錯誤の原因を明らかにしようとしました。本人は「開会」したくなかったのですが、そこに葛藤があり、思わず「閉会」と言ってしまったというわけです。

錯誤行為
錯誤行為は、2つの意図の葛藤の表出であると考えられる。何かをしようとする意図が存在するにもかかわ

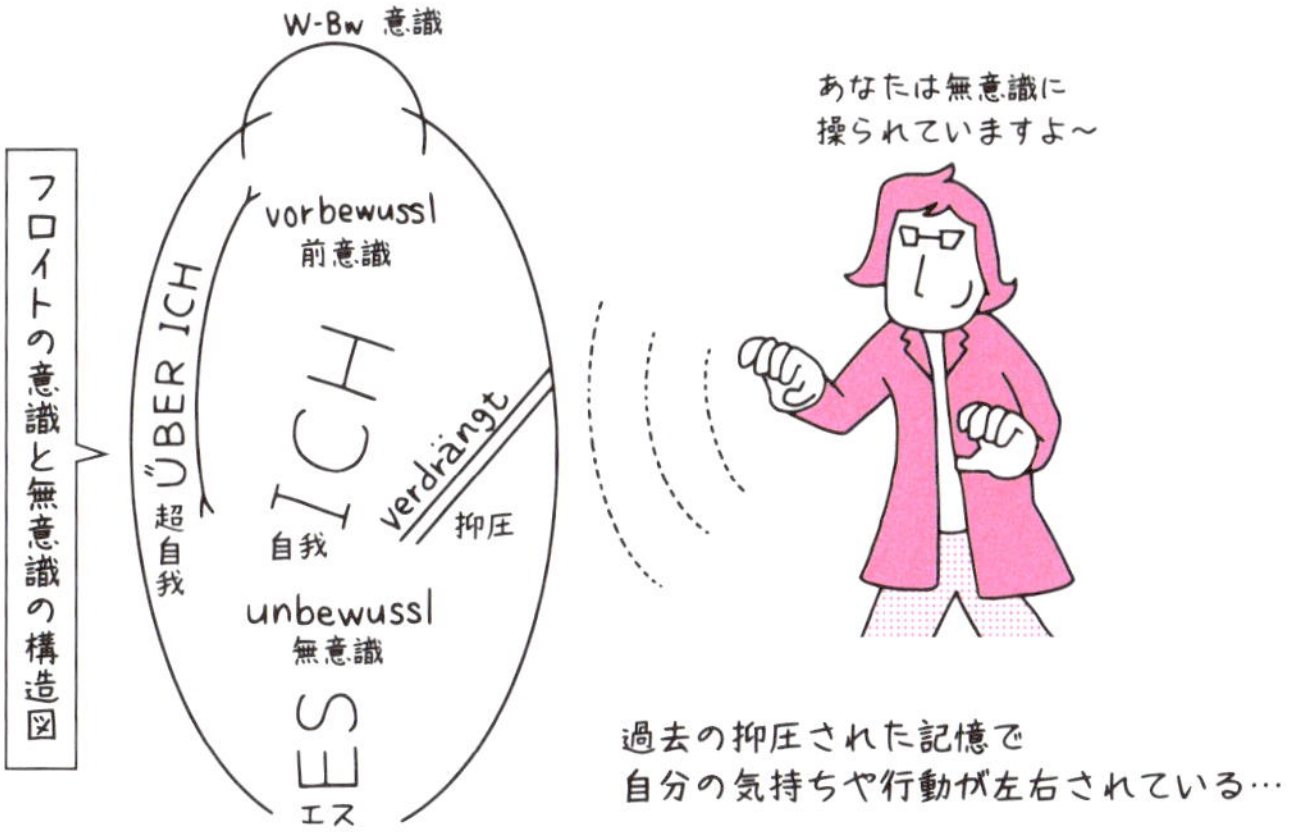

フロイトは続いて夢について分析を行います。夢は様々な刺激から、睡眠を守っているとされます。たとえば、現実の世界で騒音がしても、夢の中での出来事の騒音であれば、目が覚めません。

また、夢のストーリーは目覚めたあとに直されていて（夢の二次加工）、実は本人が目を覚ましてから思い出した夢と、本当に見ていた夢とは違うということ。夢は願望の充足で生じ、子供の夢よりも大人の夢のほうが複雑であることなどが説明されます。

夢は、凝縮・移動・視覚化など変形することが多く、これが夢が象徴的となっている理由です。たとえば、家は「人間の体」、平らな壁の家は「男性」、バルコニーのある家は「女性」、小動物などは「子供や兄弟姉妹」、旅行などは「死」というように、夢に出てくる物がなにかの象徴をもっているというのです。

らず、それを抑圧することで錯誤（間違い）が生じる。このことから意識の奥に無意識があることがわかる。

夢
夢は願望を満たすためのものが、歪曲されて意識上に残る。そこには、無意識的な検閲が入っているからである。

自分の中のもうひとりの自分を知る方法

フロイトは、ノイローゼ患者たちの心には、無意識的抑圧が生じていること、それを解放すればノイローゼ症状が消失することを発見しました。フロイトによると、性的な欲求にまつわる体験が、いびつな形（性的に不愉快な体験など）で阻止された場合、心を守るために、その体験内容が無意識の奥底にしまわれてしまいます（抑圧）。

人間の心は氷山のようなもので、意識の水面上に現れて見えているのは、そのほんの一部分にすぎません。心の大部分は水面下にある無意識の領域に隠されています。

後にフロイトは、心的構造としてのモデルをつくります（何度か内容が変更される）。無意識はエス（イド）の領域と呼ばれ、ここが性的エネルギー（リビドー）の場です。性的エネルギーは幼児期から成長とともに発達していきます。「幼児の性欲」は体全体に拡散していますが、発達段階に応じて特定の部位に集中し、また移動していきます。

5～6歳ごろの男子のリビドーは母親に向かい、母親の愛情を独り占めしようとします。その際に父親をじゃま者であると感じます。しかし、この願望は満たされないので母親への愛情と父親への憎しみは無意識の中へと抑圧されます。

フロイトは、この心理を、父を殺して母を妻としたギリシア神話のエディプス王にちなんで、エディプス・コンプレックスと名づけました。

このように、フロイトによると社会的・道徳的に許されない様々な性的欲求は、無意識

心的構造
初期のフロイトは心の構造を意識・前意識（忘れていても、すぐに意識上にあげられる意識）・無意識に分類していた。後にフロイトは考えを変えて、自我・エス・超自我・エスから成り立っていると考えた。自我（エゴ）は自分が自分であると自覚している心の主体である。超自我は「良心の声」であり「～してはいけない」という禁止を行う。欲求と禁止を調整

の中に抑圧され、抑圧された衝動は複雑な心的な集合（コンプレックス）となり、理由のない不安や強迫症、麻痺などの多様な神経症の原因となります。

無意識下に抑圧された性的エネルギーを意識化し、自覚的に調節できるようになれば、神経症は解消するとされました。「無意識的なものを意識的なものに変えることによって抑圧を解消」し、「症状形成のための条件を除き去る」という地道な作業。それが精神分析です。

病因となる葛藤を、意識上での正常な葛藤に変えることで解決を目指します。

人生で役に立つこと

意識と無意識の科学を理解し、心の葛藤の実像をつかむことが必要だ。その上で、自分が自分の心の主人であることを自覚し、主体的に無意識をコントロールすることでプラス思考を身につけていこう。

ジグムント・フロイト（1856〜1939年）

ウィーンの神経学者。精神分析の創始者。1873年、ウィーン大学医学部に入学。卒業後、ヒステリー研究を行い、無意識の世界を発見し精神分析療法を確立した。1938年、ナチスのウィーン占領でロンドンに亡命。翌年同地で死去。

するのも自我の働きである。

発達段階

口唇期は、幼児の時期で、性欲は口に集中している。肛門期は、2〜4歳のころで、性欲は肛門に集中。男根期は、3〜6歳のころで他の部分に拡散していた性欲が性器に集中する。この時期にエディプス・コンプレックスが起こる。男根期のあとに潜伏期に入り、エディプス・コンプレックスが解消する。思春期になると、性器期に入り、大人の性欲へと発達する。

【本の難易度】★★★★☆

『元型論』

カール・グスタフ・ユング 著（1921年）

この本が書かれた背景

すべての人の心に共通した無意識的な鋳型のようなものがある。なぜかいつの時代もどこの国にも「蛇」や「ドラゴン」の神話が残っているのは不思議なこと。さらに、だんだんと自分の深層意識にもそれがあることがわかってくる……。

すべての人の無意識に共通する無意識とは？

ユングは、フロイトの影響を受けたスイスの精神病学者・心理学者で、独自の深層心理学を確立しました。ユングはフロイトと深い交流関係にありましたが、後に考え方の違いによりフロイトから離れて活動しました。

フロイトは個人的無意識について考察しましたが、ユングは心のさらなる深層に、「集合的無意識」の層が存在すると考えました。「個人的無意識」の下の「集合的無意識」は個人的な経験から生じたのではなく、遺伝的に受け継いできた生得的な心の領域です。

「集合的無意識」は、「元型」を通じて現れます。ユングは、無意識には、個人的経験ばかりでなく、先祖の経験も含まれていると考えました。なぜなら、違った国や文化で育っ

深層心理学
意識に対して無意識の働きが大きな位置を占めると考える心理学。深層心理学の学派は、フロイトが創始した精神分析学派を代表として、ユングの分析心理学派以外にも、アドラーの個人心理学などがある。

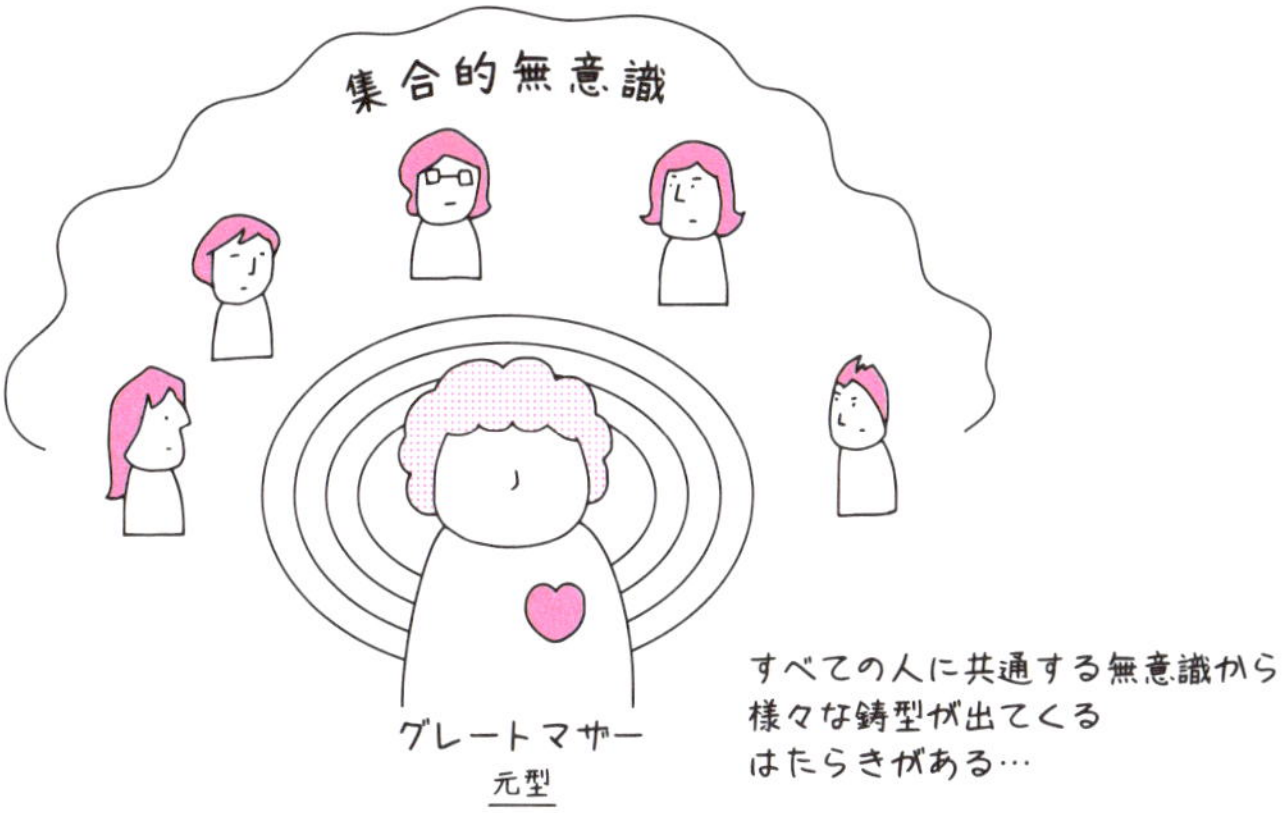
集合的無意識
グレートマザー
元型
すべての人に共通する無意識から
様々な鋳型が出てくる
はたらきがある…

た人間が、同じように蛇の幻覚を見る場合があるからです。

ユングによると、神話は客観的な出来事ではなく、内的な人格からの啓示の象徴です。人間にはすべて、時代や民族や個人的経験を超えた人類共通の「集合的無意識」があり、これが精神活動の基盤をなしているとされます。

ユングは、様々な民族や部族の文化の中に共通した要素が繰り返し登場することを指摘しています。

ユングは、「元型」として、「アニマ」「母親」「影（シャドー）」「子供」「老賢人」「おとぎ話の妖精」などを示しています。

「アニマ」は、女性の姿をとって表れたもので、神話の世界ではセイレーン、人魚、森の精などとして表現されています。

元型
アーキタイプス。すべての人間の心の根底にある普遍的な型（タイプ）のことをいう。時代や民族をこえて人類の神話・昔話・芸術・宗教また、個人の夢にも共通してあらわれる。神話学では「モチーフ」、人類学では「集団象徴」と呼ばれる。

アニマ
ユングは魂のイメージが異性像で表れることに気づき、女性像をアニマ、男性像をアニムスと名づけた。

自己を知ることで自己実現ができる

ユングの心理学では、元型のイメージの意味を解釈できますから、心の治療に新しい道筋が開け、「個性化」の過程へ踏み出すことができます。

「個性化」とは個人が意識と無意識を統合することです。意識と無意識を総合的にとらえることができれば、自分本来の姿にもどることができるわけですから、心が分裂したりコンプレックス（複雑な感情群）に陥ったりすることはありません。自我（ego）を包み込んでいる全体が自己（self）です。自己は集合的無意識にまで広がっていますので、これを探求することで人生が豊かになっていくとされます。

ユングは、第一次大戦中に、スイスに逃れてきた外国人兵士らを収容する施設に、軍医として勤務しました。ユングはこのとき、なぜかノートに円形を描いていました。その円は心理状態によって変化することがわかりました。

ユングは、この円形は自分の中の様々な要素をまとめて一つに統合する全体性を象徴するものだと考えました。これは「自己（セルフ）」の「元型」であるとされます。この円形の絵について、ユングは東洋ではマンダラと呼ばれる瞑想道具と関係があることに気がつきました。さらに彼は患者の治療を通じてマンダラには錯乱した精神状態を治す不思議な力があることを発見しました。これは、マンダラによって、無意識が解放され、抑圧されていた心のエネルギーが解放されていくからです。

自己（セルフ）
元型で表現された無意識を意識と統合することが人間の課題であるとされる（個性化）。自分のあるべき姿がわかってくる。

ユングの書には、マンダラの写真が数多く紹介されています。『心理学と錬金術』の第3章の「マンダラ象徴」では、「シュリー・ヤントラ」を代表として様々なマンダラの図版が紹介されています。世界中に様々なマンダラが存在している不思議さを感じさせます。

夢や様々なヴィジョンなどが、個人の経験や、文化・伝統に基づかないことがあり、それが人類に普遍的な無意識に存在する「元型」によるものだというユングの説。これを知った人は、「自己（セルフ）」をもっと探求したくなることでしょう。

人生で役に立つこと

神話や宗教の象徴的な意味が、心の奥に刷り込まれていることに気づくことで、自分の心の宇宙が広がるだろう。イライラするときは、紙にいろんな形のマンダラを描いてみるとよいかもしれない。

（CC-BY-SA Parpan05）

カール・グスタフ・ユング（1875〜1961年）

スイスの精神科医、心理学者。フロイトに師事し深層心理について研究、分析心理学（ユング心理学）を創始。『元型論』はユングの論文を集めたもの。著書に『変容の象徴』など。

心理学と錬金術

ユングは中国のマンダラと同時に中国の錬金術を知り、そこから西洋の錬金術についての研究を行った。「対立するものの結合」というテーマをその中に見出している。「…特にラマ教において、さらにまたタントラ経典派のヨーガにおいてヤントラとして用いられる儀礼の円ないし魔法の円」（『心理学と錬金術』）。

【本の難易度】★☆☆☆☆

『人生の意味の心理学』

アルフレッド・アドラー 著（1931年）

この本が書かれた背景

人生の悩みのもとは、対人関係にある。けれど、なんでそうなるんだろう？　それは自分のことを考えすぎて、守りたくて引っ込み思案になってしまうからだという。ならば、とりあえず前に進んでみたらいい。まさに「嫌われる勇気」である。

劣等感があるから前に進める！

アドラーはフロイト（198ページ参照）との交流があり、フロイトの「ウィーン精神分析協会」の会長を務めていました。しかし、すべてをリビドー（性的エネルギー）に還元するフロイトの汎性欲説に異を唱えて、彼から離れていきました。

フロイトの精神分析では、過去の経験が原因で、リビドーが心の奥底に滞っているとします。ところがアドラーは、過去の経験が私たちの何かを決定しているのではなく、私たちが過去の経験にどのような意味を与えるかによって自らの生を決定づけていると考えました。この人生に対する意味づけを「ライフ・スタイル」といいます。

また、私たちはいまよりも優れた存在になりたいと思いながら生きています。アドラー

フロイトとの交流
1900年に、フロイトの著書『夢判断』が出版されたが、当時は批判的な意見が多かった。アドラーは新聞社にフロイトを擁護する投書を送った。それを知ったフロイトが自分が主催するセミナーにアドラー

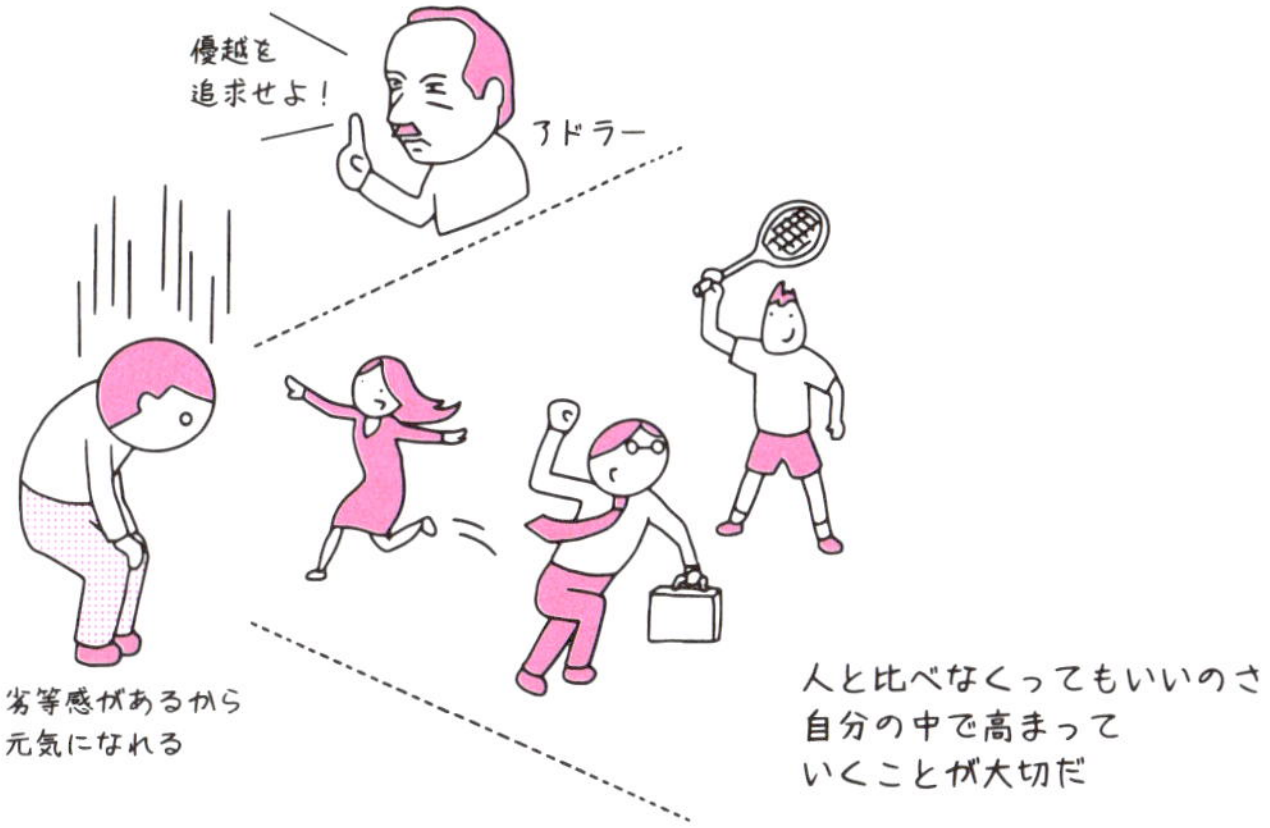
優越を
追求せよ！
アドラー
劣等感があるから
元気になれる
人と比べなくってもいいのさ
自分の中で高まって
いくことが大切だ

はこれを「優越性の追求」と呼びました。人間はもともと無力感をもって生まれて生きています。この世に生を受けた瞬間から一人では生きていけないわけですから、無力なのが当然なのです。でも、人間はここから抜け出してより高い存在になりたいと願います。

「すべての人を動機づけ、われわれがわれわれの文化へなすあらゆる貢献の源泉は、優越性の追求である。人間の生活の全体は、この活動の太い線に沿って、すなわち、下から上へ、マイナスからプラスへ、敗北から勝利へと進行する」（同書）

しかし、「優越性の追求」をしても、人生そうカンタンにはいきません。そこで人は「劣等感」を覚えるわけです。でも、この「劣等感」が重要で、なんと人類のあらゆる進歩のエネルギーとなっているというのです。つまり、フロイトが人間の根源的な力がリビ

を招待し、両者は交流するようになったという。

劣等感
アドラーのいう劣等感とは、自己が他人との比較によって劣っていると感じる劣等感ではなく、自分のもっている理想と、現実の状態との比較において生じる劣等感である。同じく優越性をもちたいという場合も、他人との競争ではなく自分自身の内部での優越性を意味する。ニーチェ（92ページ参照）は、人間には、他者を超えてより高い価値を

ドー、すなわち「性的エネルギー」であるとしたのに対し、アドラーは、人間を動かす根源的なエネルギーが「劣等感」であると考えたのです。

社会になにかの貢献をしている自分とは？

アドラーは、人類の進歩は「劣等感」の克服によるものだと説いています。人間が今ある状態に「劣等感」をもち、それを改善しようとしたからこそ科学が発展したわけです。「劣等感」というとネガティブで無力なイメージがありますが、ここでいう「劣等感」とは、「このままではいけない」とか「よりよいものを目指そう」というポジティブなエネルギーだと言えましょう。

ただ、これの度が過ぎると「劣等コンプレックス」と「優越コンプレックス」が生じてしまいます。「劣等コンプレックス」は「言い訳」としてあらわれます。たとえば、「人前で話すのは苦手です」という場合は、「苦手」と言っておけば、行動しなくていいからです。そう言い訳することで、いろんなことから逃げてしまいます。

逆に「優越コンプレックス」は、「権威づけ」となります。自分が優れているかのように行動したり、手柄を自慢したり、派手に着飾ったりといろいろです。これらのコンプレックスは、なぜ自分はそういう行動をとるのかという「目的」から考えると対処法が明らかになります（例：「言い訳をやめて行動しよう」「ありのままで良いのだ」など）。

また、アドラーは人生の悩みはすべて「対人関係」にあると考えました。なぜなら、誰

生み出したいとする「力への意志」があると考えた。そのような意志に近い。

劣等・優越コンプレックス

「劣等コンプレックス」や「優越コンプレックス」は、自分のことに意識を向けすぎている（他人に認められたいと思いすぎている）ので、他者を尊重しない傾向にある。自分への関心を他者へ

もが他者との関係に入っていくのが怖いと思っているからです。
「対人関係」において優越性を保とうとすると競争になってしまいますので、これは好ましくありません。むしろ、「優越性」を追求しながら、自分も高まり他の人も高めていくというあり方が理想です。アドラーは他者との結びつきを「共同体感覚」と表現しました。
劣等・優越コンプレックスという自分だけの方向から、他者への関心と貢献に視点を切り替えていけば、自分も受け入れられるし、他人も受け入れることができるという幸福な状態を生み出すことができるのです。

人生で役に立つこと

人生についての意味づけ（ライフ・スタイル）を変えれば、悩みから脱出できる。それは、自分のために生きるのではなくて、他人のために貢献していくということ。それが巡り巡って自分の幸福につながる。

（CC-BY-SA Pwlps）

アルフレッド・アドラー（1870〜1937年）
オーストリアの精神科医。フロイト、ユングに並んで、独自の心理療法を確立した心理学者・精神科医。自らの理論を個人心理学と呼ぶ。『嫌われる勇気—自己啓発の源流「アドラー」の教え』は、日本にアドラーブームを巻き起こした。

と向けかえていくことが望ましいあり方だとされる。

共同体感覚
この共同体とは、自分が所属する家族、学校、職場、社会、国家、人類、宇宙というすべてを含んだ意味をもっている。

【本の難易度】★★★★☆

『論理哲学論考』

ルートヴィヒ・ウィトゲンシュタイン 著（1921年）

この本が書かれた背景

哲学の結論はそれぞれバラバラだ。数学や自然科学のように、スッキリした答えがでない。それもそのはず、過去の哲学はその思考ツールとしての言葉を誤って使っていたからだ。言葉の分析をすれば、正しいことがわかる。なぜなら思考＝言語だからだ。

言葉が世界を正確に写し取っている

『論理哲学論考』とは、一言でいうと「過去のすべての哲学を初期化する哲学」です。哲学というのは言葉の学問です。すべて、文として表現されます。古代ギリシアの時代から、様々な哲学者が「言葉＝思考」を展開してきました。しかし、哲学者の説いた説が正しいかどうか以前に、彼らの言葉の使い方を分析して誤りがわかったなら、もう中身は検討しなくていいわけです。問題を消去すれば、問題は消えるというのです。

「問題はその本質において最終的に解決された」（同書）

たとえば、コンビニで肉まんを頼んだのに誤ってチキンが出てきたとしましょう。そのとき、「この肉まんはピザ味か、カレー味か」なんて考えることは無意味です。なぜなら、

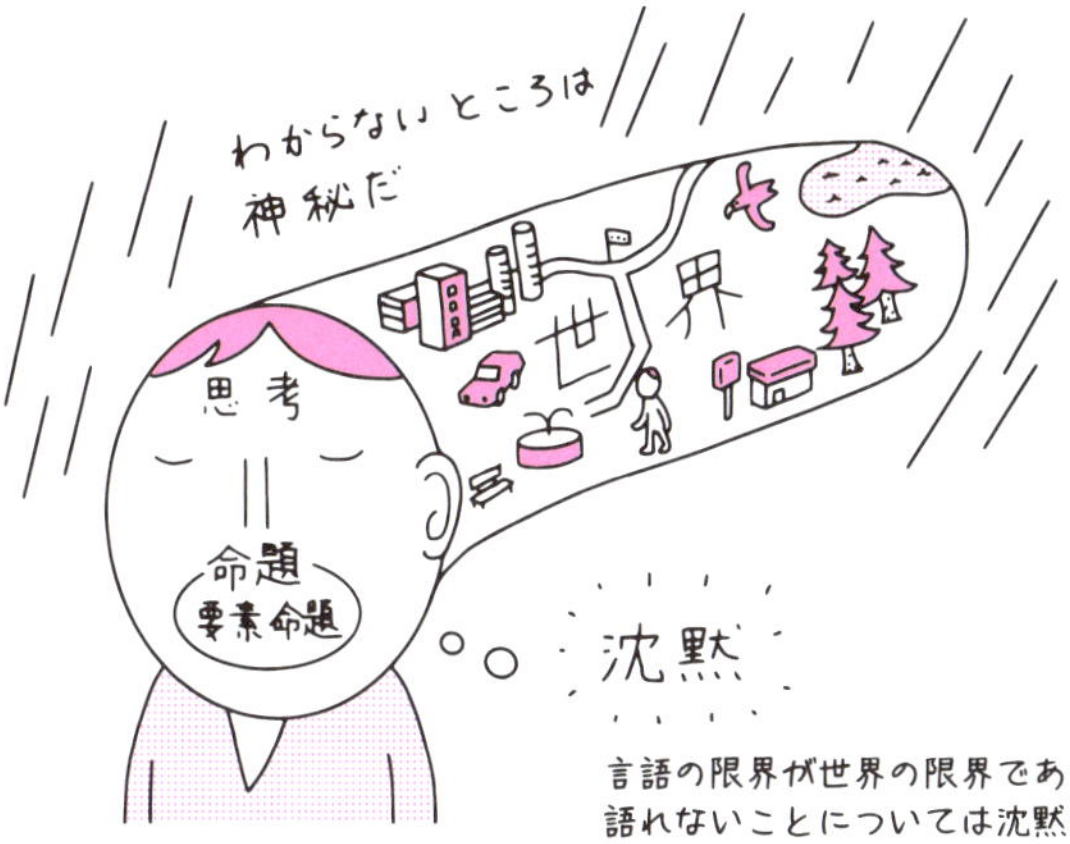
わからないところは
神秘だ
世界
思考
＝
命題
要素命題
沈黙
言語の限界が世界の限界である
語れないことについては沈黙しなければ…

チキンが出されたことで、すでに、前提が間違っているからです。哲学もこれと同じ。

ウィトゲンシュタインによると、様々な哲学の問題は言葉の使い方をミスしているから生じるのであり、言葉を正確に分析すれば謎はすべて解けるのだといいます。

「2・12　絵は現実のモデルである」

「3・001『ある事態を思考することができる』ということは、その事態について、絵を描いてみることができる、ということである」（同書）

言葉が世界を正確に写していて、世界と言語は鏡のように対応している。これを「写像理論」といいます。

言葉と世界が表裏一体なので、言葉の使い方を検討すれば、世界を正しく捉えているかどうかがわかるのです。

写像理論
文とは、何らかの事態の構造を自らの内に写し出す一種の画像（絵）であるという考え方。言語は、現実の諸対象が関わり合っている仕方に合わせて配置される。だから、私たちが言語化しているもの（命題）は、すべて像をもっているのであり、それはこの世界の論理空間の組み合わせをそのまま表していると考えられる。

過去の哲学は、無意味な文だった？

「4　思考とは、有意義な命題のことである」

「4・003　哲学的な主題について書かれてきた命題や問の大部分は、偽ではないが、非意義的である。だから、こういうたぐいの問には、とうてい答えられない。できることは、その非意義性を確認することだけなのだ」（同書）

たとえば、「ウィトゲンシュタインを掛け算する」という文は、いちおう文の形をとっていますが意味がありません（非意義的）。

「5・61　論理が世界を満たしている。世界の境界は論理の境界でもある」（同書）

言語に表現されるものの限界が世界の限界となりますので、語れないことは哲学の世界から排除されてしまうわけです。ウィトゲンシュタインは、哲学の諸問題が解決されなかったことは、語れないことをムリして語っていたからと考えたのです。

もし、ある命題が指し示す対象が存在しなければ、それは無意味ということになります。となると、私たちが常日頃から疑問に感じている「人生の意味」「死後の世界」「神の存在」など近代までの哲学が真剣に取り組んできたあらゆる哲学のテーマは、言語の限界を超えてしまっていたのでした。

「6・521　生の問題の解決を、人は、その問題の消失という形で気づく」（同書）

生の問題は、最初から意味がないので、解決済みということになります。

『論考』の間違い
ウィトゲンシュタインは、『論理哲学論考』で哲学に終止符を打ったと考え、一度、哲学の世界から身を引いた。のちに、『論考』の写像理論を自ら否定する。言語がかならずしも、世界を写し取っていないことを考察し直し、

さらにトドメがこのラストを飾るフレーズです。
「7 語りえぬものについては沈黙しなければならない」（同書）
ここまで言い切ったのに、実はウィトゲンシュタインは、自ら『論考』の間違いを認めたのです。そして、新たに「言語ゲーム」の哲学を展開しました。哲学者が自分の説の間違いを指摘するというのは珍しく、彼の徹底した探究心が伝わってくるようです。
ウィトゲンシュタインによって、言語論的転回と呼ばれる哲学の新しいステージが始まりました。

人生で役に立つこと

言語の限界が世界の限界。言葉が正しく使われているかどうかを調べれば、そこに書かれている内容が正しいかどうかがわかる。言葉の使い方を整理して、厳密な思考をしていこう。

（CC-BY-SA Volsav）

ルートヴィヒ・ウィトゲンシュタイン（1889～1951年）
オーストリア・ウィーン出身の哲学者。バートランド・ラッセルに師事する。イギリス・ケンブリッジ大学教授となる。後の言語哲学、分析哲学に大きな影響を与えた。映画に『ヴィトゲンシュタイン』がある。

「言語ゲーム」の理論を展開する。

言語ゲーム
日常言語の緻密な考察がなされて、言語の具体的な多様性が「言語ゲーム」という概念で提示される。「水！」「あっち！」「わあ！」「助けて！」などの言葉は、決まった対象を名指ししているとは言えない。言語は世界の鏡像として向かい合っているのではなく、日常生活に組み込まれている。言葉の意味は、それが使われる文脈の中で機能するという。

【本の難易度】★★★★☆

『一般言語学講義』

フェルディナン・ド・ソシュール（1916年）

※本にまとめたのは弟子たち

この本が書かれた背景

どうして言葉がそんなに大事なんだろう？ でも周りを眺め回してみると、なんだか言葉ばっかり。なんと自分の思考も言葉。ってことは、この世の中、言葉（記号）しかないのでは？ AIの時代に突入した今こそ、より言葉について考える必要があるのだろう。

構造主義の始まりとしての言語学

ソシュールの言語論は言語学のみならず、思想界に革命的な影響を与えました。ざっくり、ソシュールのどこがすごいのかというと、「言語で世界ができている」ということを見事に説明したからです。

私たちは、普通、目の前にまず物理的対象が実在的に存在し、それに言葉のラベルを貼り付けていると考えています。たとえば、「猫」という実体が先に外界に実在していて、それに「ネコ」という言語のラベルを貼り付けたのだと考えます。

しかし、この世の動物がすべて猫だったら、わざわざ「猫」と言わなくてもいいでしょう。犬がいるから猫がいるという感じで、あらゆる語は他の語との「差異」によって規定

『一般言語学講義』ソシュールが1906年から1911年までジュネーヴ大学において行った「一般言語学」の授業での3回の講義を弟子のシャルル・バイイとアルベール・セシュエが1916年にまとめて刊行した書。ソシュー

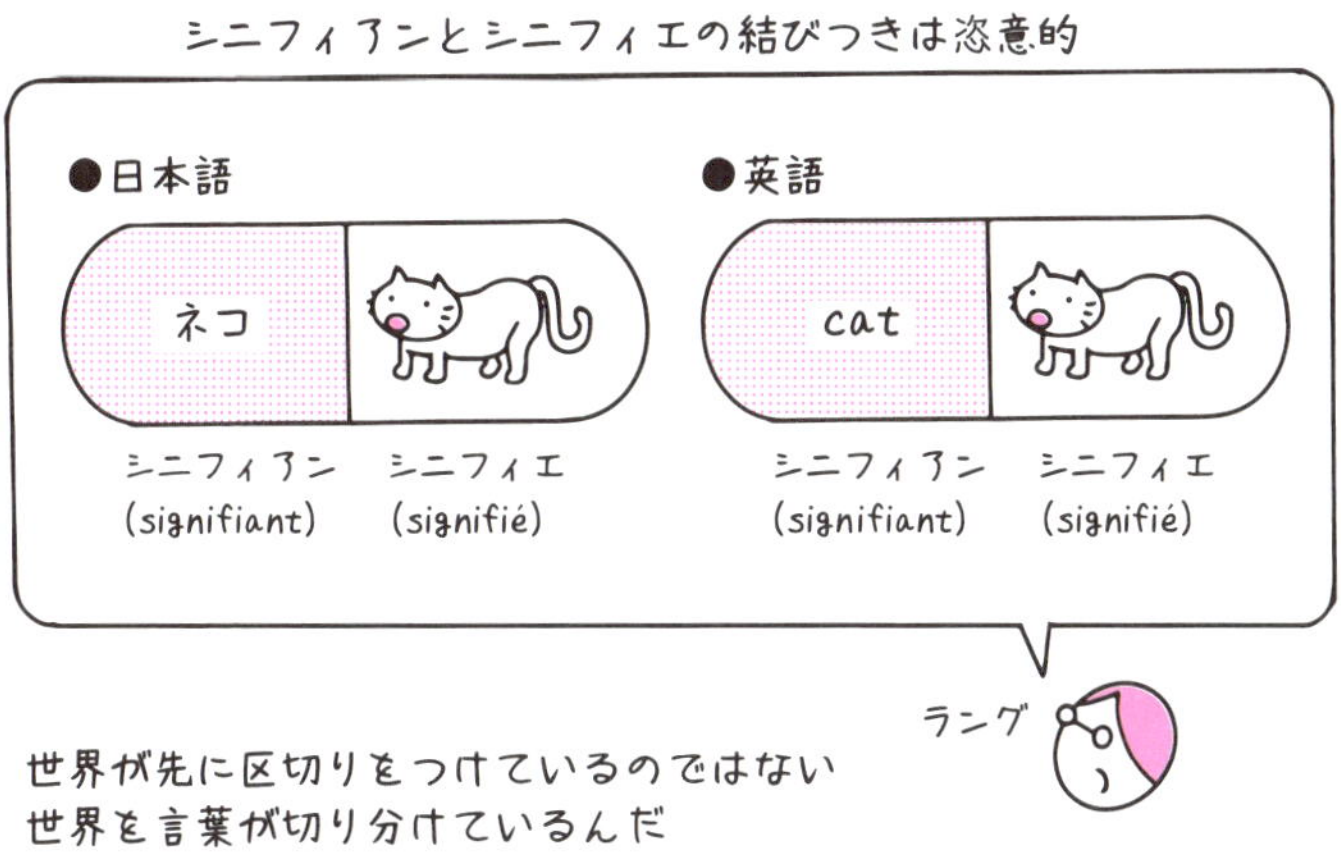
シニフィアンとシニフィエの結びつきは恣意的
●日本語
ネコ
シニフィアン
(signifiant)
シニフィエ
(signifié)
●英語
cat
シニフィアン
(signifiant)
シニフィエ
(signifié)
ラング
世界が先に区切りをつけているのではない
世界を言葉が切り分けているんだ

されているとソシュールは考えました。

先に世界が区切られているのではなく、言語で世界を区切っている。たとえば、ゴミを可燃物や不燃物に分別するようなもので、言語が世界の分別をしているのです。

では、言語と物はどのように結びついているのか。ソシュールは、言語には、シニフィアン（signifiant）とシニフィエ（signifié）があるとしました。それは、コインの裏表のように一体化しています。

シニフィアンは音声の聴覚的な映像によって形成され、シニフィエは言語記号がその内部に持つ概念（意味）として形成されます。

シニフィアン（記号表現）は、「猫」という文字や、「neko」という音声です。

シニフィエ（記号内容）は猫のイメージや、猫というその意味内容です。これらをあわせて「シーニュ」（記号）と呼びます。

ルは、ほとんどチョーク一本だけを持って現れ、語り通したと言われている。

シニフィアンとシニフィエ

『一般言語学講義』では、「ラング（言語）」というシステムが「差異」として成り立っており、その「差異」は概念面と記号の音声面の2種類ということを示している。概念面に関わる差異が「シニフィエ」で、記号の音声面に関わる差異が「シニフィアン」である。

言葉が増えれば世界が開ける

「音・文字」と「その意味」は切り離すことができません。シニフィアンとシニフィエとに分離して「猫」を理解することはできません。

さらに、「猫」を必ず「猫」と呼ばなければならないという理由もありません。だから英語で a cat でもフランス語で un chat でもよいわけです（言語は恣意的につくられる）。

となると、世界を言語によって、どのように区切るかも勝手なのです。「猫」という記号しかない世界と、「家猫」「のら猫」「地域猫」などの記号がある世界では、まったく異なった世界が出現するのです。

また、一つの記号だけで事足りることもあるでしょうし、多くの記号で区切りをつけなければならない場合もあるでしょう。

いろんな種類の猫が先にいるのではなく、どのように世界を言語で区切ったかによって、様々な猫世界の違いが生み出されるわけです。世界を言葉が切り分けているというのは、まったく新しい発想でした。

「あらかじめ確立された観念は存在せず、言語の出現以前には何ひとつ判明なものはない」（同書）

そうなると、近代までの哲学が唱えていたような「そのもの（実体・本質）」を思考する必要はなくなります。言語の指し示すもの（シニフィアン）と指し示されるもの（シニ

構造言語学
社会的に形成された言語習慣の体系はラング（言語）である。それに対して個々の発話（会話）はパロー

フィエ）という記号を通してしか世界について考えることができません。また、その仕組みは、歴史に関係なく一定の構造をもっています。

ソシュールの言語についての観点は、後の構造言語学の出発点となり、また構造主義と称される20世紀の広範な思潮の源流となりました。レヴィ・ストロースは、構造主義の元祖と言われていますが、ソシュールの言語学によるヤコブソンの音韻論に大きな影響を受けています。言語の構造からヒントを得て、精神分析学の無意識概念を適用し、文化人類学的な様々な謎を解明したのでした。

人生で役に立つこと

言葉より心が大切などと思いがちである。しかし、世界全体が言葉によりできている。ということは、多くの言葉を学べば学ぶほど自分の世界が大きくなっていく。たくさん本を読んで考えよう。

（CC-BY-SA Kåre-Olav）

フェルディナン・ド・ソシュール（1857〜1913年）

スイスの言語学者、言語哲学者。記号論を基礎付け、後の構造主義思想に大きな影響を与えた。サンスクリット語の論文で博士号をとる。1906年、1908年から1911年に三度にわたって一般言語学の講義を行った。

ルと呼ばれる。個人のパロールはそれらが要素として属するラングの中で関係づけられることによって意味をもつ。

構造主義

ある事象の意味を、その本質（実体）から理解しようとするのではなく、それらの事象を関係づける社会的・文化的な構造（システム）からとらえようとする立場である。事物のそれぞれの本質を考えてもわからない。両者の違いを比較するとそれぞれ意味が理解できる。

【本の難易度】★★★★☆

『狂気の歴史』

ミッシェル・フーコー 著（1961年）

この本が書かれた背景

中世において、「狂気」は本来、一種の「知」であるととらえられていた。ところが、古典主義時代において理性が優位となり、狂気は監禁されることとなる。はたして、狂気とは何を基準に決められているのだろうか。

狂気は歴史の中でつくられた！

私たちは、「狂気」と「正常」という基準が大昔から決まっていて、それを正しく線引きしていると考えています。しかし、フーコーは、狂気というものは、理性との関係で、歴史的に形作られていったと考えました。狂気が先にあるのではなく、社会が狂気を規定し、意味づけしてきたという視点から歴史を「考古学的」に考察したのです（『知の考古学』）。

フーコーによると、病気や病人の扱い方にそのまま社会のあり方が反映されます。西欧社会において中世までは、狂気の人は神から使わされた者として、常人と区別なしに共存していました。狂気の人たちが乗った船がライン川を航行することがあったほどです（阿《あ》呆船《ほうせん》）。この時期は、狂気が「神懸《が》かり」のような状態であり、神が人間の意識を訪れた

「狂気」と「正常」

フーコーは「われわれの文化はどのようにして、病に逸脱の意味を与え、排除されるべきものとしての地位を病人にあたえるようになったのだろうか」（『精神疾患と心理学』）と問うている。病気とたたかうこと

ステキ…
え？なに？
狂気
理性
おいおい
おまえの方が
変だって
おかしいん
じゃね？
精神病が先に存在したのではなく、
精神医学の成立で線引が生じて
精神病が作られた

しるしであると考えられました。この狂気という現象は、まったく病気ではなく日常から反転した一種の「知」としてとらえられていたのです。このように、狂気には人を魅了する要素があったというわけです。

けれども、近代の社会では理性的な人々とそうではない人々（狂気を含めた人々）を分離・区別し、監禁していくという動きが起こりました。

こうして、狂気が精神病という「病気」に移行していくのでした。1656年に絶対王政によってパリに一般施療院の設立が布告され、ここに狂気の人が閉じこめられるようになります。

これは医療施設というよりは牢獄と変わりなかったとされます（大幽閉時代）。狂気は非理性の側となり、もはや狂気と理性の接点はなくなりました。

は、社会が病気に与える意味とたたかっていることだというのである。時代によって、病気の定義づけが変わってくるのだ。

神懸かり
プラトンは、狂気とは「神懸かり」のような状態で、神が人間の意識を訪れたサインとして考えた。理性を失った狂人は、常人が見られない別な世界を認識するのである（『ティマイオス』）。だから歴史的に狂気の人が崇拝されていた時代があったのである。近代社会では、狂気は一つ

どこで正常を線引きする？

その後、18世紀末からは、狂気の人の扱いは保護施設という制度にまかされました。こうして、狂気は精神医学の学説に支配されることになります。ここでは、デカルトに代表されるような、近代の理性主義が力をもっていました。理性によって、狂気と正常の線引きがはっきりとなされてしまったのです。

フーコーは、このように狂気が歴史的に成立していった過程を分析して、新しい視点を展開しました。従来の考え方では、近代までは医学がまだ進んでいなかったので、狂気と精神病との区別が診断できなかったとされます。つまり、すでに精神病患者は存在したのですが、精神医学が未発達だったから、それが病気と判定できなかったのです。

けれども、フーコーの視点によれば、精神医学が科学となったから、狂気が疾患として認識されたのではなく、むしろ、狂気が精神病に位置づけられたことから、精神医学と心理学が成立したというのです。

同じく、同性愛、放蕩などの性的な自由行動をする人たちは、家族や社会から狂気とみなされて監禁されるようになりました。

また、健全な普通の人々も、内面的には非理性的なものが潜んでいますが、それら非理性的なものを、病気や犯罪への芽生えとして、排除していこうとする動きが生まれました。これが、犯罪心理学や「禁治産」の制度です。

のラベルを貼られて排除された。

フーコーの視点
今まで常識とされていた思考を新しい切り口で説明しなおすのが哲学の役割である。「はたして自分はいつもの思索とは異なる仕方で思索することができるか、いつもの見方とは異なる仕方で知覚

フーコーは現代の精神病理学や、狂気に関する科学的で医学的な知識も、この状態から自由になっていないと考えます。鎖を解かれて自由になった患者が正気を取り戻すのは、理性を取り戻したわけではありません。下士官や召使など社会で組み立てられたシステムに当てはまる形で正気を取り戻しているだけだとされます。社会的な型にはまった行動ができれば正常で、それからはずれれば狂気と判断されるのです。

もしかすると、うつ病とか睡眠障害とかは、病気ではなくてそういう個性の持ち主だというだけのことかもしれません。

人生で役に立つこと

狂気と正常はもともと線引きができないものだ。そうなると、私たちの中に狂気が潜んでいて、それを理性が監視している状態が正常とされるだけなのかもしれない。

ミッシェル・フーコー（1926〜1984年）

フランスの哲学者。高等師範時代にアルチュセールと親交をもつ。1960年の論文に『狂気の歴史』を提出。クレールモン・フェラン大学講師。1970年、コレージュ・ド・フランス教授に選任される。『知の考古学』『言葉と物』『監獄の誕生』などを著した。

することができるか…、今日、哲学とはいったい何であろうか。自分がすでに知っていることを正当化するかわりに、別の方法で思索することが、いかにどこまで可能であるかを知ろうとする企てに哲学が存立していないとすれば、哲学とは何であろうか？」（『性の歴史』）。社会を支配する権力と結びついた知識は正当化される。フーコーは、そこからの解放を求めて、誰ももたなかったような視点から、物事を読み直すことをしたのである。

思想・現代編

第7章

現代社会を別の角度から考えてみる本

【本の難易度】★★★☆☆

『グーテンベルクの銀河系』

マーシャル・マクルーハン 著（1962年）

この本が書かれた背景

グーテンベルクの印刷技術によって、視覚文化が発展し、これは人間を全身体的知覚の世界から視覚世界へと引き離した。結果的に行動の自律、精神と心の分離が生まれる。これが良いのか悪いのかは、今後の未来における新たなメディア文化が答えをだしてくれるだろう。

まさに本のコラージュ作品？

『グーテンベルクの銀河系――活字人間の形成』は、引用の多い本です。また、見出しがキャッチコピー的で、それを読むだけでも楽しめるでしょう。「アルファベットは文化の、攻撃的にして戦闘的な吸収・変容機だ」というような刺激的な見出しが連発します。

マクルーハンは、人類がもともと声でコミュニケーションしていた時期から、文字や記号に移していった過程を様々な引用をつうじて説明します。

「地中海文化の初期の書き物は絵もしくは記号化されたロゴグラム（語標）によって行われた。つまり、単純な絵が事物や、さらに連想によって観念、行為、名前などを表わしていた」（同書）

引用

「本書はさまざまな点で、アルバート・B・ロードの『物語詩の歌い手』の続編的役割をはたすものである」（同書序文）。ロード教授はミルマン・パリーのホメロス研究の続編を

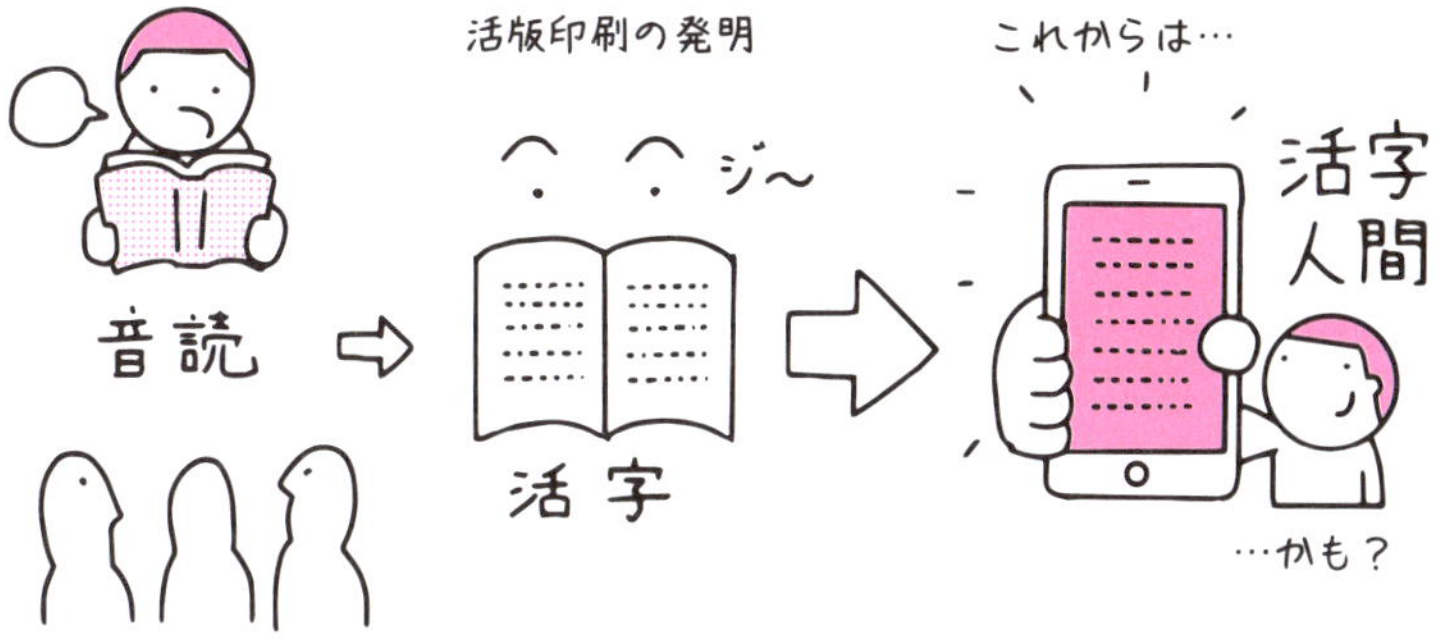

文字は人間の視覚に依存するので、印刷技術の発達による活字の氾濫は、異常なほど肥大化した視覚型人間をつくりだしてしまう

さらに、古代ギリシアや古代ローマでは、ロゴグラムはアルファベットに進化し、この文字は一連の表音文字となりました。表音文字によって対象世界は文字として見える構文をもちます。

「古代および中世においては、読書といえば音読と決まっていた」「息をじゅうぶんに吸って発声し、耳で聴きながら読んでほしい。これがわたしが読んでもらいたいやり方なのであり、こうしてはじめてわたしの詩はさまになるのだ」（同書）

中世文化は朗読法と吟遊《ぎんゆう》詩人が主流でした。けれども、情報量の増大によって、知識の視覚による組織化が刺激されて、遠近法的な視座が生まれます。これは「絵画技術史上の大事件」「幾何学史における大事件」だとされます。ところがもっとすごかったのが活版印刷の出現だったのです。

研究した。マクルーハンは、様々な文献を多様に引用するがその部分が大変に興味深い内容となっている。引用が刺激的なのである。

活版印刷の出現

印刷文化によって視覚による経験の均質化が生じた。これによって聴覚をはじめとする五感が混ざりあった感覚複合を弱めてしまったのだ。すなわち活版印刷技術という印刷文化が、経験を視覚という単一感覚へ還元してしまったのである。

私たちはグーテンベルクの銀河系に住んでいる

印刷技術は中世技術と現代技術との間にくっきりとした区分線を引きました。印刷による写本技術は映画と似ているところがあり、「読者を映写機の視座」に置きます。印刷された文字を次から次へと「著者の精神の速度にあわせて追って」いきます。さらに、活版印刷本は「史上初の大量生産物」であり、最初の「反復可能な〈商品〉」でもあります。

「人間の身体の直接的な技術的延長としての印刷によって、それが発明されてしばらくというもの、ひとびとは以前にはけっして手に入れることができなかったような力と興奮を手に入れたのであった」（同書）。この「身体の技術的延長」という概念もマクルーハン思想の重要なポイントです。

また、本が持ち運びできるようになったことは、個人主義の確立に大いに貢献することとなります。今までは羊皮紙の巻物に書かれていた文字を手軽に持ち歩けるという革命です。

「活字人間のあたらしい時間感覚は映画的、連鎖的、絵画的である」という見出しの項目では、経験の瞬間が氷結させられていく状態が説明されます。

これは活版印刷技術に特有の経験であり、感覚がバラバラに専門分化していくのです。マクルーハンによると、人々は「夢遊病に陥った」とされます。

「だが印刷にも良いところがあるのでは?」という読者に対して、マクルーハンはこう答

身体の技術的延長
「人間はかつて自分の身体で行っていた作業のほとんどすべてを拡張する技術を開発した。武器の発達は、歯と拳骨からはじまって原子爆弾で終わる。着物と家屋は人間の生理的な体温調節の拡張であった……

えます。
「この本の主題は印刷が良いか悪いかの問題にあるのではない。印刷であれ何であれ、ひとつの力がもつ効果に対する無意識状態は悲惨な結果を招きがちだ、ということである。とくにわれわれが自分で作った人工の力の場合にはそうだ」（同書）
さらに、「グーテンベルクの銀河系」は、1905年のアインシュタインの相対性理論による曲がった空間の発見とともに解体したとされます。固定された視点主義は終わり、そしてまた、新たなるメディアの再編成へとつながっているとされました。

人生で役に立つこと

活版印刷技術により、私たちは「グーテンベルクの銀河系」に住むようになった。内的宇宙は広がり続け、新たな科学によって、今後のメディアはどのような方向にむかっていくのだろうか。

（CC-BY-SA CCCP）

マーシャル・マクルーハン（1911〜1976年）

1911年、カナダのアルバータ州エドモントンに生まれる。1946年にカナダのトロント大学教授となる。1951年に最初のメディア論『機械の花嫁』を刊行、1962年には、『グーテンベルクの銀河系』、1964年に、『メディアの理解』を刊行。

電気器具、双眼鏡、テレビ、電話、書物などなどはすべて時空を超えて声を運ぶことで肉体の行為を拡張する道具の例といえる」（同書序章）。マクルーハンはこのテーマをさらに発展させた。『人間拡張の原理―メディアの理解』（1964年）では、メディアとは人間の器官や機能を人工的に拡張し、外部化したものであると主張した。

【本の難易度】★★★☆☆

『ポストモダンの条件』

ジャン＝フランソワ・リオタール 著（1979年）

この本が書かれた背景

科学の発達による情報化社会において、知の形が変わり始めた。今までは、政治と知は結びついていて、世界にはストーリーがあると考えられていた。ところが、情報が交錯する世界では、常識が崩れてくる。未来の知はどのような形になっていくのか？

大きな物語は終わった

『ポストモダンの条件――知・社会・言語ゲーム』の序文は「この研究が対象とするのは、高度に発展した先進社会における知の現在の状況である。われわれはそれを《ポスト・モダン》と呼ぶことにした」という文から始まります。

ポストモダンという思想の特徴は「大きな物語」（メタ物語）への不信感から始まります。「大きな物語」とは、近代の世界観を支配してきた人間や歴史についての考え方のことです。

たとえば、ヘーゲルの「歴史は理性的に進んでいく」（84ページ参照）やマルクスの「歴史は資本主義から社会主義・共産主義へと発展していく」（186ページ参照）などの進歩的な

『ポストモダンの条件』
近代を正当化する物語がすでに無効になり、新しい知の条件が現れていると主張された。昨日を担ったあらゆる「大きな物語」が時代遅れとなったという

絶対としての知のあり方
大きな物語の終わり
小さな物語
いろんな知のあり方

高度情報化社会では、メディアによる記号・象徴の大量消費が行われる。「ポストモダン」の時代では知が多様化する

歴史観などです。それがなんだか古くなってきた……？　というのがこの本の主張です。

人類の歴史が何かに向かって進んでいくというのはワクワクしますが、そういった「大きな物語」はもうおしまいとされます。これは、科学の進歩による情報化社会における知が広まったからです。

「IBMのような企業が、地球周回軌道の或る帯を専有して、そこに通信衛星そしてまたデータ・バンク衛星を載せることが認められたとしてみよう。その場合、いったい誰がそれを利用するのか。いったい誰がチャンネルやデータに禁止制限を設けさせるのか。国家だろうか」（同書）

このように第1章で現代の問題を提起しておき、章が進むにつれて、テクノロジーが「為政者」によって「正当化」され、科学も政治も関連していることなどが示されます。

（「大きな物語の終焉」「知識人の終焉」などの表現がされている）。知的統合は失われ共通の尺度を持たない世界となる。異なる言語ゲームの和解は生ぜず、調停しがたい対立だけが残るとされる。

ポストモダン
1970年代に入って、フランスでは新しい思想の流れが登場した。その代表的な人物はフーコー、ドゥルーズ、ガタリ、デリダなどである。彼らは最初はポスト構造主義と呼ばれていた。

小さな物語の時代ってスマホ社会のこと？

「社会の制御機能つまり再生産機能は、将来にわたってますますいわゆる行政官の手を離れて、自動人形の手に委ねられることになるだろう」（同書）。

「……かつて国家＝国民、党、職業、制度などによってつくられていた誘引の極がその誘引力を失う」（同書）

進歩史観やマルクス主義によると、歴史のコースがあらかじめ決まっていましたが、もはやそういう「大きな物語」は目標になりえず、「生活の目標は個人それぞれに委ねられます（同書でそれは「大きな物語の失墜」と表現されます）。

個人はかつてなかったほど複雑で流動的な諸関係の織物の中に捕らえられているので、「若かろうが老いていようが、豊かであろうが貧しかろうが、男であれ女であれ……コミュニケーションの回路の《結び目》のうえにつねに置かれている」とされます。

だから、古い価値観が崩れ、人はそれぞれの物語を生きるようになるのです。教育機関も形態を変えていき、アマチュア的なグループから新発見などが生まれます。

第二次世界大戦後の技術・テクノロジーの飛躍的発展により、「行動の目的から行動の手段へ」と向かいました。情報科学がますます進歩していく中で、リオタールの予言は、現在の人工知能の発達として的中しているようです。社会の情報化のなかで「言語ゲームは、その時点での完全情報ゲームとなるだろう」。

大きな物語の失墜
「大きな物語」とは、「自由」という物語、「革命」という物語、「人間の解放」という物語、「精神の生」という物語など。これらの物語は、人間にとっての普遍的な価値の物語として、理論と実践とを「正当化」する役割を果たしてきた。リオタールによると、この正当化の根底には、人間性は普遍性であるという信憑が横たわっていたという。

「大きな物語」は世界が進歩していくというシナリオをもっていましたが、それはあまりに大雑把すぎます。

情報化が進むと「小さな物語」が拡散することになります。この『ポストモダンの条件』では、量子力学、不完全性定理などにもふれられています。ポストモダニズムとは、そのような状況の中で人がどう生きていくのかということや、その中で、どうやって「新しい物語」を見出していくのか、あるいは、物語なんて必要なしに新しい道を模索するのかなど多様な方向を示唆してくれる思想です。

人生で役に立つこと

コンピュータ・テクノロジーの発達で、情報は縦横無尽に動き回る。それらは、今までの古い思想ではとらえることができない。分子的な動きをする情報社会を流動的な思考で把握していこう。

ジャン＝フランソワ・リオタール（1924～1998年）

フランスの批評家、哲学者。最初はマルクス主義と現象学の融合を目指していた。フランスの五月革命をきっかけとして、ポストモダンの思想を展開。ポストモダンは流行語となった。

アマチュア的なグループ

本書の序文では「相対性理論は、なかに一人の物理学者もいない、エンジニアとアマチュア哲学者とかから成る友人たちによって作られた偶然の《アカデミー》から生まれたのである」と寄せられた文がある。アインシュタインは、物理学グループの中の対話から、相対性理論の着想を得たとされている。情報化が進むと、さらにこのようなことが起きるかもしれない。

【本の難易度】★★☆☆☆

『消費社会の神話と構造』

ジャン・ボードリヤール 著（1970年）

この本が書かれた背景

生産物の価格にはそれなりの意味がある。多くの労働力が投入されている、あるいは、機能的な価値がある等。ところが、現代においては、そのような本質的な意味とは無関係に、持っているだけで個性を際だたせることができるブランドものに高い値段がつく。

モノの価値は意外なところにある

ボードリヤールは、現代の消費社会では、人々は商品を記号として消費しているのだという分析をしました。

「販売店は、互いに求め合い応答し合う、ほんのすこしだけの異なったモノのシリーズを提供している」「洗濯機、冷蔵庫、食器洗い機等は、道具としてのそれぞれの意味とは別の意味をもっている。ショーウィンドウ、広告、企業」、「消費者をもっと多様な一連の動機へと誘う、より複雑なモノとして互いに互いを意味づけあっている」（同書）。

カバンを買うときの基準は、本来は持ち運びがしやすいか、どれだけ物が入るかなどでした。ところが、ある時期から、デザインや色が豊富になり、形も多様化しました。どこ

記号

記号論は、ソシュールの考え方をいろいろな記号の分析に応用した理論である。ある商品の意味は、その商品がもともともっているモノとしての意味ではなく、他の商品との「差異」によって決まると考えられ

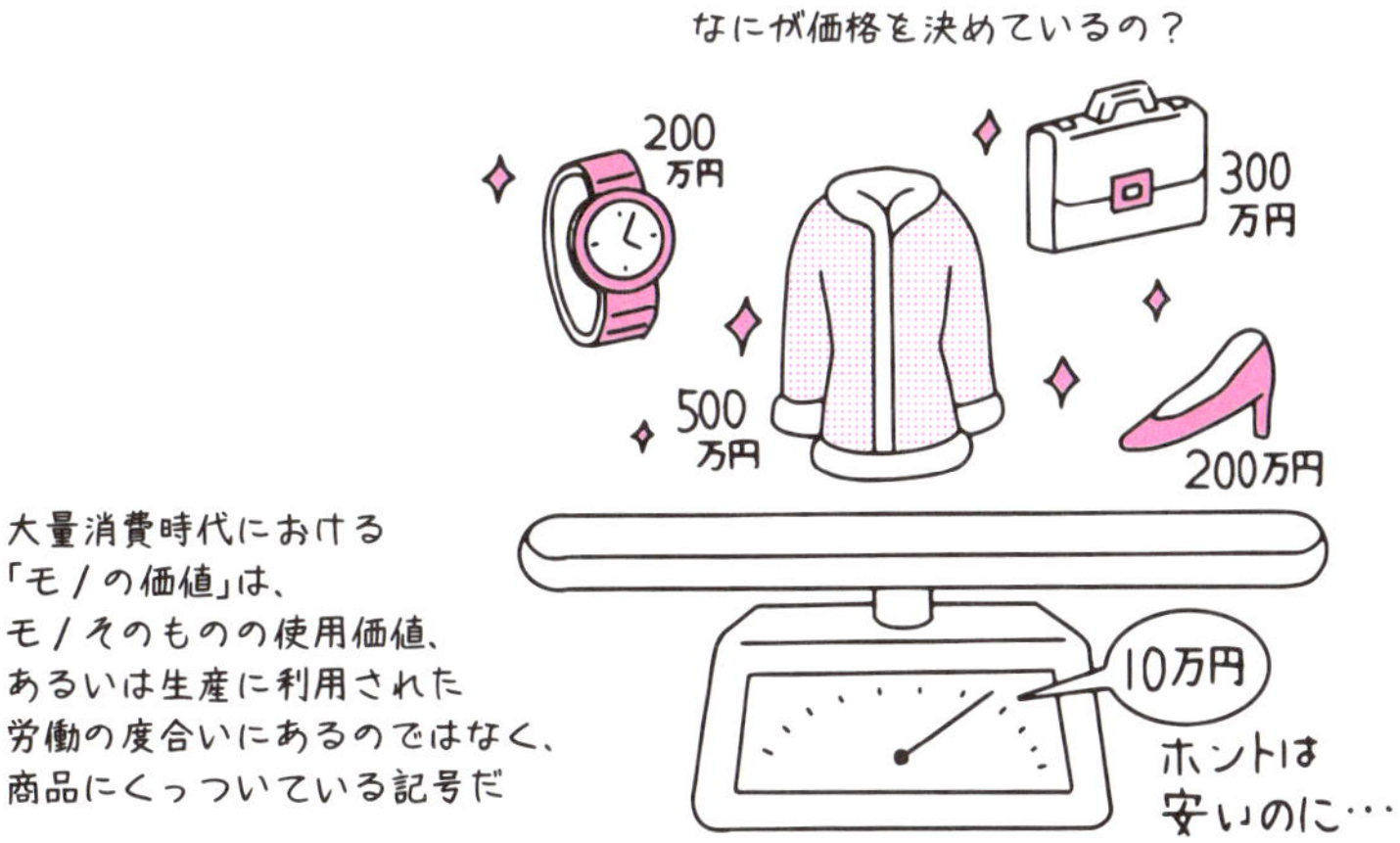
なにが価格を決めているの？
200万円
300万円
500万円
200万円
大量消費時代における
「モノの価値」は、
モノそのものの使用価値、
あるいは生産に利用された
労働の度合いにあるのではなく、
商品にくっついている記号だ
10万円
ホントは
安いのに…

のブランドかなど、使用の仕方以外の判断基準が混ざってきたのです。そうなると、どんどん流行に流されていきます。

なぜなら、「消費社会が存在するためにはモノが必要である。もっと正確にいえば、モノの破壊が必要である」からです。

「今日、生産されるモノはその使用価値や達成可能な持続性のために生産されるのではなくて、反対に価格のインフレ的上昇と同じ程度のスピードで早められるモノの死滅のために生産される」（同書）

「モノの使用価値を増加するのではなくて奪い取ること、つまり、モノを流行としての価値や急テンポの更新に従わせることによって、モノの価値＝時間を奪い取ることである」（同書）

「モノの死滅」など本書にはかなり過激な表現も見られます。

る。もちろんモノの意味が完全になくなったわけではないが、それぞれの商品価値が変質する。

モノの死滅

本書にはかなり過激な表現も見られるが、現代の消費社会を的確に表現している。『あなたの自動車を壊しなさい。あとは保険が引き受けた！』。おそらく自動車は、日常的な、そして長い目で見れば個人的でもあり社会的でもある浪費の特権的場のひとつだろう。その使用価値が計画的に減少さ

ブランド品はなぜ高い?

商品はモノではなく記号となり、モノの効用よりも他の商品との差異(魅力)が重視されるようになります。近代社会は生産中心の社会でした。となると、生産の観点から分析できた近代的な社会は、終わったということになります。

生産の時代と異なり、消費社会においては商品のブランド的な魅力が重視されます。生産の時代には社会を象徴する場所は、工場や鉄道などでした。しかし、現在は、大量の商品が華やかに陳列されたドラッグ・ストアやショッピングセンターです。これは、他の商品との差をつける働きをします。

ボードリヤールは、生活の必要物を求める「欲求」と、社会的地位と差異を求める「欲望」を区別します。お腹がすいたからパンを買うというのは「欲求」、かっこつけたいからブランドのスーツを買うのが「欲望」です。「欲望」は他人との区別を表現する、記号の象徴を消費すると考えられました。本書では、メルセデス・ベンツとヘア・カラーの宣伝文を「ル・モンド」紙とある女性週刊誌から引用しています。「あなたを個性的にします」というスローガンのもとで、差異を強調するのです。

「すべての宣伝には意味(センス)が欠如している。宣伝は意味作用を伝達するだけである」(同書)

消費社会の人間は、単にモノの機能や効用を消費するだけではなくて、昔の貴族と同じ

せられ、その威信とモードの係数が徹底的に強化され、さらに投資される金額が桁はずれに大きいためである」、「交通事故、それは消費社会で最も美しい巨大なハプニングであり、消費社会は交通事故によって、モノと生命の儀式的破壊のうちにあり余る豊かさの存在を立証して見せるのだ」(同書)

記号財
記号論的な消費欲望によって、消費財は機能財と記号財の結合に転換するとされる。つまり、「暖かさを保

く、社会的地位を誇示し、他の人間との差異と区別をきわだたせることを求めます。

しかし、消費欲望がより多く記号財に向かうのに比例して、財はますます記号化していき、消費社会は記号の体系になります。

この行動様式を体現するのは上昇志向をもつ中間階層なので、この階層は他人とのごく小さい差異を求めて行動します。すると、最後はその差異を相互に解消して同一性を生みます。つまり、イタチごっこになるのです。そういう仕組みがあることを踏まえておくと、ショーウィンドウの買い物も勉強になるのかもしれません。

人生で役に立つこと

大量消費時代の現代ではモノの価値が多様化する。がんばって作ったから高いのではなく、その商品の持つコードに他の商品との差異があるからだ。それが「自分らしさ」として刷り込まれている。

（CC-BY-SA File Upload Bot（Magnus Manske））

ジャン・ボードリヤール（1929～2007年）

フランスの哲学者、思想家。ソシュールとマルクスを研究。ポストモダン思想の代表的な思想家。映画『マトリックス』にも影響を与えている。著書に『シミュラークルとシミュレーション』などがある。

つ」「身を守る」（機能財）から着ているのではなく、差をつけるために着ているということ（記号財）。

ショーウィンドウ 本書の「結論 現代の疎外、または悪魔との契約の終わり」に、鏡とショーウィンドウの記述がある。「個人が自分自身を映して見ることはなく、大量の記号化されたモノを見つめるだけであり、見つめることによって彼は社会的地位などを意味する記号の秩序のなかに吸い込まれてしまう」（同書）

【本の難易度】★★☆☆☆

『複製技術時代の芸術』

ヴァルター・ベンヤミン 著（1936年）

この本が書かれた背景

カメラや映画の出現は、一回限りのアウラ（オーラ）の輝きを失わせた。けれどもそこにこそ、大衆がメディアに参加して、世の中を変えていくチャンスがある。これからのネット社会をも射程に含む複製についての社会論だ。

一回限りの感動はどこへいった？

ベンヤミンの『複製技術時代の芸術』が出版されたのは1936年です。「複製」という問題をもっともはやく論じた思想家だといえるでしょう。ベンヤミンによると、古代に大量生産された芸術作品は、ブロンズ像や硬貨でした。19世紀には印刷による複製技術が可能となり、石版によるグラフィックの大量生産が可能とされました。さらにカメラ、トーキー映画という写真と音の複製が19世紀の終わりに着手されました。

「どれほど精巧につくられた複製のばあいでも、それが「いま」「ここに」しかないという芸術作品特有の一回性は完全に失われてしまっている」（同書）

ベンヤミンは、「アウラ」（オーラ）という言葉を用います。「アウラ」は一回限りの現

芸術作品の複製

芸術作品は、絶えず人間によって模造されてきた。弟子たちは技能を修練するために、巨匠は作品を流布させるために努力した。また商人はそれでひと儲けをする活動に勤《いそ》しんだ。しかし、これにたいして、複製

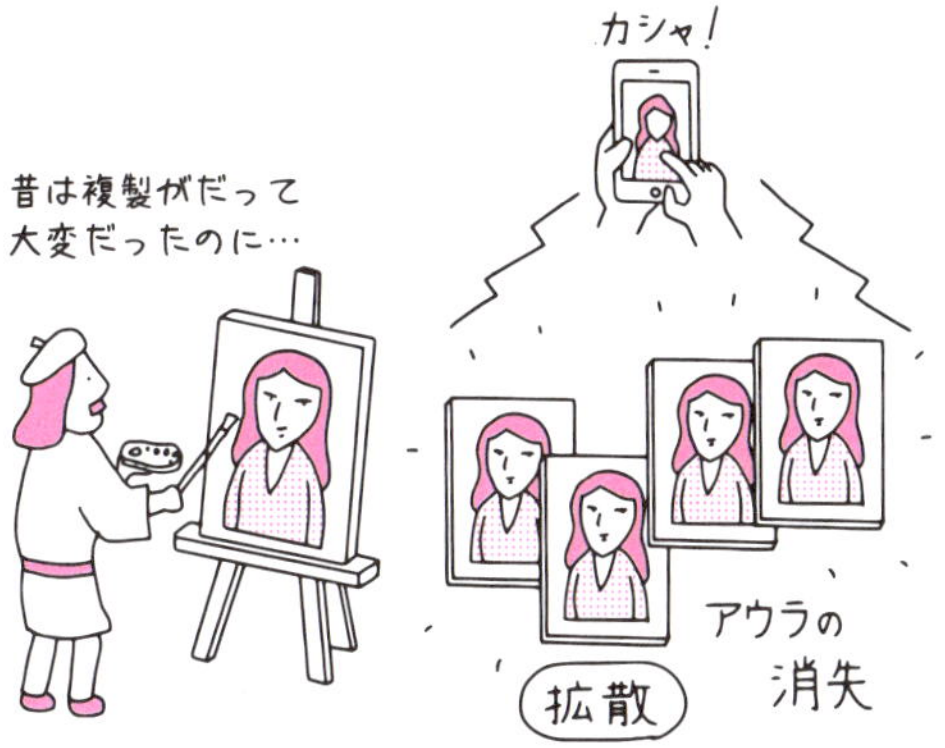

写真や映画などの複製技術により、伝統的な芸術作品から「アウラ」がなくなる。
芸術と人間の関係はどう変化するのか？

象です。

「ここで失われてゆくものをアウラという概念でとらえ、複製技術のすすんだ時代のなかでほろびてゆくものは作品のもつアウラである、といいかえてもよい」（同書）

「アウラ」とは芸術理論上の概念で、宗教上の儀礼の対象がもっていた絶対的な荘厳さをさします。

「われわれの時代の知覚メディアの変化がアウラの消滅の結果である、と考えられる以上、その社会的条件もおのずから解明されうるはずである」（同書）

もちろん、複製が氾濫することは、必ずしも悪い方向だけでとらえられてはいません。ベンヤミンによると、新聞やニュース映像が提供する情報はどんどん変わるので、「無限の射程」が広がるという動きがあります。

技術による芸術作品の再生産は、ぜんぜん異質のことがらである。簡単にコピーが流出してしまうからだ。

アウラ（オーラ）
「アウラの定義は、どんなに近距離に会っても近づくことのできないような現象、ということである」（同書）。ベンヤミンによると、ある夏の日の午後、ねそべったまま山並みや木の枝を目で追うなどのことが「アウラ」を呼吸することである。人生の瞬間に「アウラ」があるのだ。

アウラなき複製社会の時代とは？

本書の後半は映画論とメディアの大衆参加などが述べられています。

「人間が……もちろん生身のからだ全部をつかってであるが、そのアウラを完全に放棄して動作をしなければならぬ状況にとびこんだのである。アウラは、俳優が「いま」「ここに」いるという一回性と結びついていた。……こうして俳優をつつむアウラは、必然的に消滅し、それと同時に俳優が演じる劇中の人物をつつむアウラも消滅する」（同書）。

また、複製技術が政治と結びつくと大きな動きにつながると考えられます。

「やがて絵入り新聞がその道しるべとなる。ただしい道しるべであるか、まちがった道しるべであるか、それは、いまはどうでもよい。ともかく絵入り新聞の中ではじめて写真につけられる解説が不可欠となったのである。……写真の解説によって絵入り新聞の読者は、その受けとり方を一定の方向に規定されてしまうのである」（同書）

複製の文化の中では、一般の市民が参加できるようになります。努力すれば映画に出ることもできますし（現在ではYouTuberや配信者など）、文章の世界では少数の執筆者が何千倍もの読者を相手にする状態が続いていましたが、新聞の発達により、多くの読者が執筆者の側へ移ってきたとされます。

ベンヤミンはこれらの技術によって、革命的政治のために大衆と芸術の新たな関係を築く可能性を求めました。

俳優
「そこで映画界は、アウラの消滅に対抗するために、スタジオのそとで人為的に〈パーソナリティー〉をつくりあげ、映画資本を動員してスター崇拝をおしすすめる。こうして温存されるパーソナリティーという魔術は、いまではすでに腐敗しきったその商品的性格の魔術でしかなくなっているのである」（同書）。これを現代にあてはめてど

「ファシズムは……大衆を征服して、かれらを指導者崇拝のなかでふみにじることと、マスコミ機構を征服して、礼拝的価値をつくりだすためにそれを利用する」(同書)。

資本主義社会の中でのファシズムにおいて、メディアが一方的に政治利用されます。それに対して共産主義社会では「アウラ」なき複製可能な新しいメディアに、自由な表現と政治がつながるとベンヤミンは考えました。

「アウラ」の消失は、むしろ現代における政治と芸術の新たな関係を築くためのチャンスであるとも言えるわけです。

人生で役に立つこと

複製技術の発達によって、文字・写真・映像が政治とつながっていく。複製によって一回限りの輝きはなくなっても、これからの時代は、ネットのリアルタイム配信によってアウラがとりもどされるかもしれない。

ヴァルター・ベンヤミン(1892～1940年)

ドイツの文芸批評家、哲学者、思想家。フランクフルト学派。ベンヤミンは第一次世界大戦中のドイツのファシズムを体験する。ナチスの追っ手から逃亡中に、スペインで服毒自殺を遂げた。

う読み解くかは、人によって解釈が異なるだろう。現代では、アウラを求めて、コンサートやライブ、演劇、リアルタイムのネット配信などが価値を持ち始めている。

【本の難易度】★★☆☆☆

『科学革命の構造』

トーマス・クーン 著（1962年）

この本が書かれた背景

ハーバード大学で理論物理学を研究している最中に、科学専攻でない学生に科学講義をしていたトーマス・クーン。そこで本人も気がつかなかった新しい科学のみかたを発見した。それが「パラダイム転換」だった。

土台からひっくり返って新しい科学が生まれる？

一般に、科学というのは過去の科学的発見から、だんだんと積み重なっていって、現代の科学的発見につながっているような印象を受けます。

しかし、クーンによると科学は連続的に発展していくのではなく、ある段階で科学理論が根本からすげ替えられて、今までの科学現象をも含めて説明できる新しい理論が構築されるのです。

科学者は単に自然の仕組みを理解し、説明することで進歩していくのではありません。

従来のパラダイムの範囲内で試行錯誤し、そのパラダイムでは今まで通りの科学現象を理解・説明できないとわかったとき、新しい「パラダイム転換（シフト）」が起きるのです。

パラダイム転換
クーンの科学革命の説明によれば、

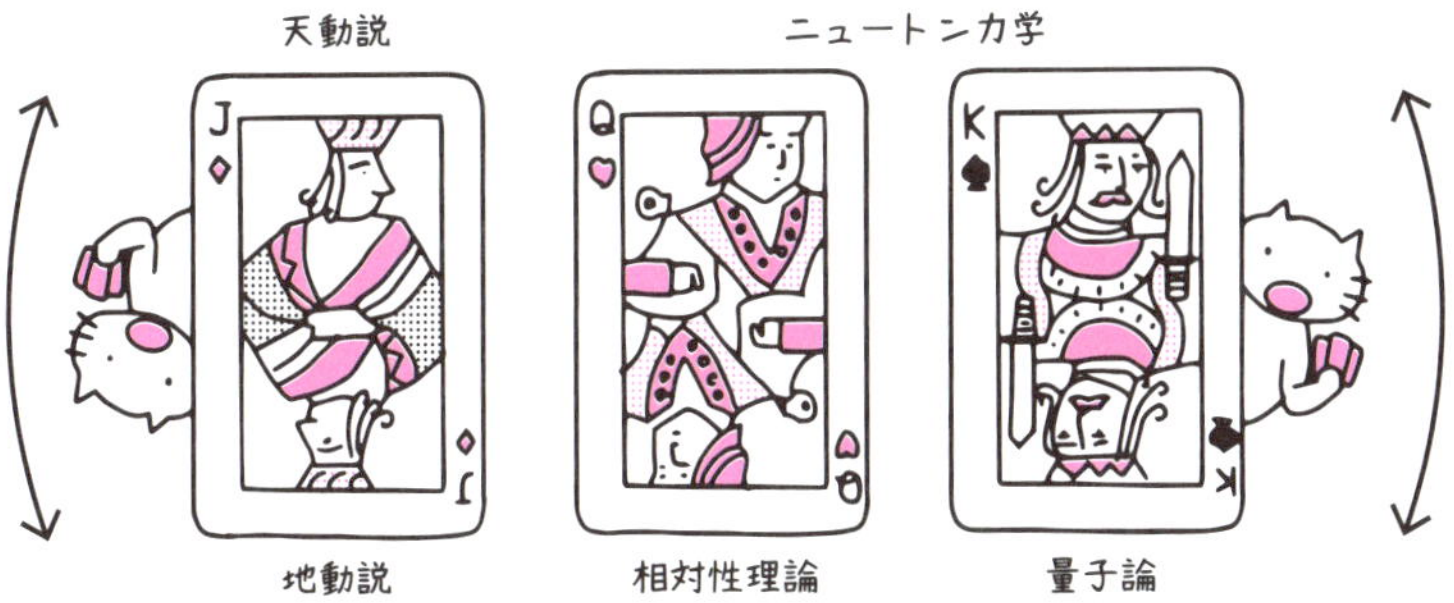

パラダイム転換

科学の歴史は、いつも累積的なものではない。
断続的にいきなり革命的変化をする。これが「パラダイム・シフト」だ

クーンは、アリストテレスの自然学から近代の機械論的自然学への変遷が「累積」による発展によるのではないと考えました（土台からすげ替わるというようなこと）。

プトレマイオスの天動説では説明がつかず、コペルニクスの地動説がとって代わったのもその例です。クーンは、光の性質についても説明しています。

「今世紀のはじめに、プランク、アインシュタインなどによって光量子説が展開される前には、物理学の教科書には、光とは横波の運動である、と書かれてあった。この考えは、究極的には十九世紀初めのヤングやフレネルの光学に関する著述から得られたパラダイムに根ざすものである」（同書）。

光は波と粒子の性質をもちますが、当時は光は波だとされていたのでした。

あらゆる科学はある規範的前提、すなわち「パラダイム（paradigm）」をもち、科学革命とはそのような規範的前提の交替を意味する。

科学革命
科学理論の変遷を理論自体の単純な累積的発展として見るのではなく、飛躍的な観点を考慮する。

光量子説
従来の光の波動説に対して、光が粒子であるという説。現在では、光は波と粒子の両方の性質をもつと説明されている。

「通常科学」と「異常科学」の関係性

光が波であるのは、レンズやスリットなどを通すと干渉の跡が現れるからです。しかし、波ならばその媒体が必要です（海だったら、水があるから波がある）。宇宙空間に波を伝えるエーテルという媒体が考えられていたので、これを検出する実験が行われましたが、うまくいきませんでした。

しかし、もし光が粒子であれば、エーテルという媒体は必要ありません（ただ飛んでくるだけだから）。アインシュタインは光電効果（泥壁にボールをぶつけたら、ちょっと土が跳ね返ってくるみたいな現象）によって、光が粒子であることを証明しました。でも、それでは光の干渉が説明できません。そこで、「パラダイム転換」です。結局、光は**波と粒子**の両方の性質をもつということになりました。

また、クーンによれば、科学には2種類あります。「**通常科学**」（規範的科学）と「異常科学」（革命的科学）です。「通常科学」は、規範とされるべき科学への取り組み方が明確に定められた科学で、ある種の権威をもった科学者集団によって支持されています。大学の研究生らは、この「通常科学」の範囲内で科学を深めていきます。

しかし、時に、このような科学の規範力が及ばない現象、変則的事例が見出されることがあります。普通は、そのような事例は「通常科学」の枠内で場当たり的処方で解決しようとされます。補足説明などを付け加えてなんとかその場を乗り切ろうとするというので

波と粒子
量子力学について筆者のような文系の人間にもわかりやすく説明してくれている本があるので、以下などを参照されるとよいだろう。『量子力学が語る世界像―重なり合う複数の過去と未来』（講談社・ブルーバックス）和田純夫（著）

通常科学
クーンは以下のような例もあげている。ニュートン力学、粒子光学などのパラダイムを学んでいる学生は「将来仲間入りをしよう

す。
ところが、従来の「通常科学」とは異質な理論を提示する者が現れることがあり、これは「異常科学」と呼ばれます。これが抜本的に新しく受け入れられれば、また新たな「通常科学」として制度化されていくことになります（本書は**進化論**にもふれています）。
「どの場合にも革新的な理論というものは、通常の問題を解く仕事がうまくゆかないことがはっきりするようになって、はじめて出現したのである」（同書）
近未来、新たな「パラダイム転換」がまた起こるかもしれません。

人生で役に立つこと

科学者たちはあるパラダイムのもとに通常科学を完成させるが、その中で変則性が多く認められるようになると矛盾が生じ、新たなパラダイムが生まれる。ビジネス用語でも「パラダイム・シフト」は重要だ。

トーマス・クーン（1922～1996年）

科学史家、科学哲学者。科学の背後にある思想指摘で社会学的な基礎を研究し「科学革命」の着想を得た。ハーバード大学で科学史を教え、物理学の博士号を取得。処女作は『コペルニクス革命』。『科学革命の構造』で「パラダイム転換」を説いた。

と思う特定の科学者集団のメンバーになる準備をする」という。そうなると、異常科学的な変則事項が現れても、思考の切り替えをしづらい。

進化論
多くの人は、進化とは「目的に向かっての進化」と解釈していた。だが、ダーウィンの進化論では、自然淘汰による選別の結果、今の生物が生き残っているだけ（目的はない）。クーンは科学においても選択が行われるが、それでも科学は進んでいくという。

【本の難易度】★★★★★

『アンチ・オイディプス』

ジル・ドゥルーズ&フェリックス・ガタリ 著（1972年）

この本が書かれた背景

なにが書いてあるのかまったくわからない本。けれども、わからないなりに、読んでいると閉塞感から解放されていって、ウキウキしてくるような本。それが『アンチ・オイディプス』だ。この本を理解できないと悩むことが、そのままガチガチの頭からの解放なのかも？

世界一意味がわからない哲学書？

哲学書（思想書）というのは本当に難解です。この『アンチ・オイディプス』はとくに諸説が多様なので、ここでは高校の教科書・用語集で紹介されている解釈を載せておきます。

まず、ドゥルーズとガタリの立場は、欲望の開放や資本主義の力を肯定する立場です。ドゥルーズとガタリは、人間を「欲望する機械」としてとらえ、身体のあらゆる器官は無意識の欲望によって動かされていると考えました。人間の身体レベルにおいて、諸器官は相互に連結されています。普通は、欲望と機械はかなり異質な感じがしますが、彼らの思想は唯物論であり、そこに欲望を連結して全体をとらえたのです。

精神分析によると、人間の意識を動かしている真の主体は、リビドー（200ページ参

『アンチ・オイディプス』
本書では父親・神・国家は欲望を禁じる父親となって自我を背後で操り、エスの欲望を抑圧するとされている。オイディプス（エディプス）は、ギリシア悲劇に登場する。フロイトは、母親との性的

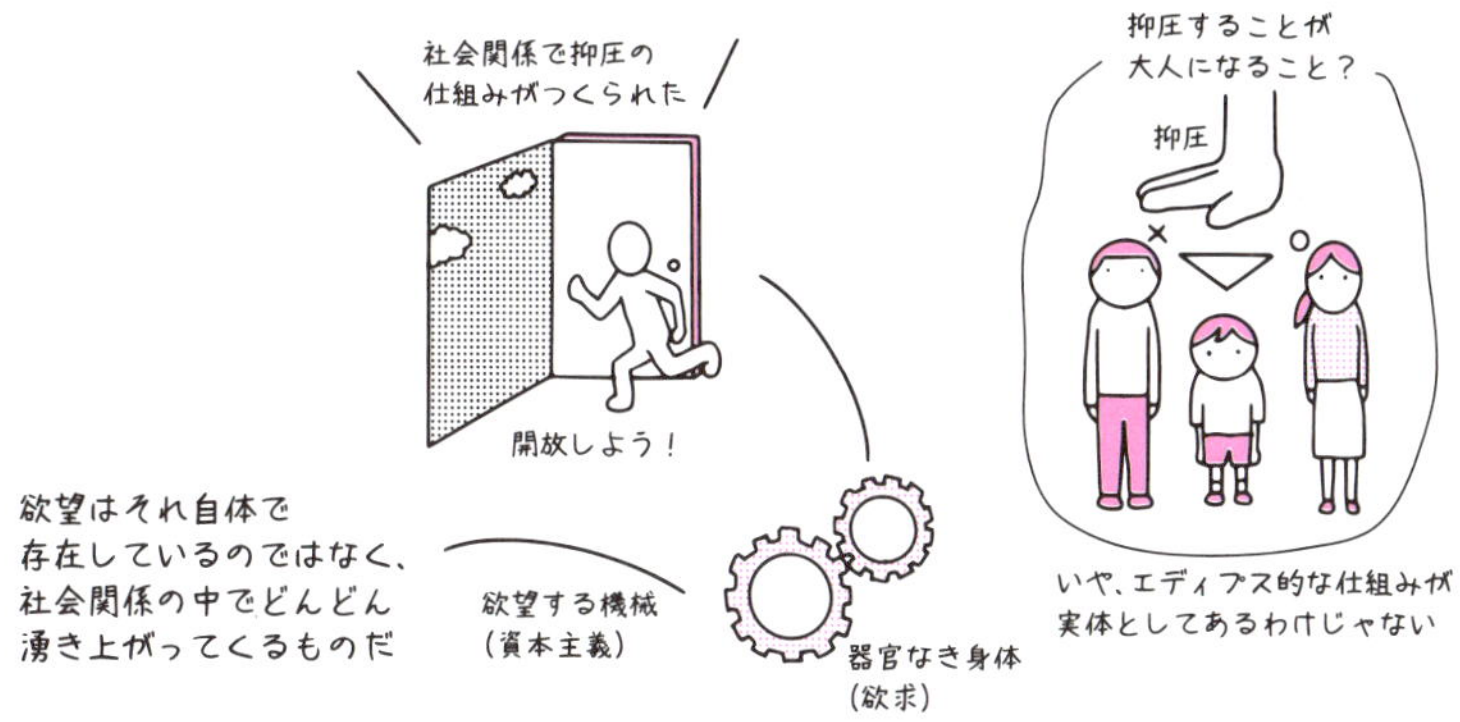

照）と呼ばれる無意識の欲望です。人間の身体レベルにおいて、諸器官は相互に連結されていて、この機械の奥底にはニーチェの説いた「力への意志」のような根源的な原動力があり、これは「器官なき身体」と呼ばれます（「器官なき身体」は劇作家のアルトーの言葉による）。この「器官なき身体」が身体器官に結びついて、食欲や性欲などの具体的な欲望として現れることになります。

この根源的欲望である「器官なき身体」は個人を超えて、社会全体と連続する機械となります。ここでいう機械とは、様々な要素が作動する全体のことを指しています。

欲望の流れは個人というレベルを超えて、複雑なつながりを作り出し、交換・循環させる装置としていたるところに出現するというのです。つまり、資本主義社会は全体が「欲望する機械」なのです。

な愛を望み、それを妨げる父親の死を願う子供の欲望があるとした。この抑圧された心理をエディプス・コンプレックスと呼んだ（200ページ参照）。

機械

ここでいう「機械」というのは、組み立てられた機械や生物学的な仕組みでもなく、欲望と結びついたシステム全体のこと。マルクス経済学では、「原始共産制、古代奴隷制、封建制、資本主義制、社会主義制」という五段階の生産システムの

スキゾとパラノってなんなの？

私たちが生きている資本主義の社会は、欲望の権化、すなわち「欲望する機械」そのものです。資本主義経済を構成する資本、貨幣、商品、労働、政治文化などを含め、どんな要因も欲望に連結されていることを考えると、なんとなくこの本の言いたいことがわかるのではないかと思います。

普通は、欲望はなにかの欠乏と考えられています（食べていないと腹が減る等）。ところが、ドゥルーズとガタリは、この考えを否定して、欲望が生産し、創造するものであると考えます（お腹いっぱいでもしたいことはある）。

「欲望は何者にも欠如していない。欲望自身の対象にも欠如していない。むしろ、欲望に欠如しているのは主体であり、欲望には固定した主体が欠如しているのだ」（同書）

主体を欠いている欲望というのは、無意識的に世界の仕組みの中でどんどん働くわけですから、精神分析の理論はこれを分析するのにもってこいです。ただ、彼らの主張によると、それには、エディプス・コンプレックスの理論を今までのように使っていてはダメなのです。資本主義社会では、父親・神・国家などの権力としての抑圧装置が、オイディプス的に、自我を型にはめて統合し、欲望を抑圧する機能となります。

フロイトの精神分析では、家庭内の父・母・子という三角形で枠付けることから神経症が説明されますが、ドゥルーズとガタリは、これを社会全体で考えて、人類が築いた文明

区別が説明されていたが、ドゥルーズ＆ガタリは、「原始土地機械」「専制君主機械」「文明資本主義機械」の三大社会機械ととらえなおした。「不均質な表現実質の組み合わせをともなう遊牧機械も、原始的な多義性を許されない」（『千のプラトー』）

装置や国家装置を無意識の欲望を抑制する機能ととらえています。

パラノイア型は、中央集権の組織体に欲望を流し込んで、抑圧する器官となり（ファシズム的）、それに対して、分裂病（スキゾフレニー）型は欲望の逃走線に従って、壁を貫きつつ多様な流れを作り出すあり方です。

これは、分裂病型で欲望の喜びを解放する未来の人間像を説いているようです。逃走線に従って、欲望生産を解放していく動きは「ノマディズム」と呼ばれました。『アンチ・オイディプス』の続編『千のプラトー』では、さらなる解放が展開します。

人生で
役に立つこと

欲望は全面的に肯定されうる。「欲望する機械」を自由に連結したり、切断したりすることは、固定的な生き方から解放され、自由な発想と行動をもたらすに違いない。

ジル・ドゥルーズ（1925〜1995年）
フランスの哲学者。20世紀のフランス現代哲学を切り開いた哲学者の一人。

フェリックス・ガタリ（1930〜1992年）
フランスの哲学者、精神分析家。著書に『闘争機械』がある。

スキゾフレニー
パラノイア（妄想症）は統合をめざすが、スキゾフレニーは、新たな逃走線（固定的な思考にとらわれない線）を引くことによって、画一性から抜け出す。スキゾは定住的ではなく遊牧的（ノマド的）。資本主義が欲望する機械なのだから、画一的な頭（パラノ）では適応できないようだ。続編の『千のプラトー』では、リゾーム的な生き方が紹介されている。

日本・自己編

第8章

日本の思想をふりかえって自分を知る本

【本の難易度】★☆☆☆☆

『三教指帰《さんごうしいき》』

この本が書かれた背景

若き日の空海が、考えに考えて、儒教と道教と仏教はどれが一番優れているかについて答えを出した書。もちろん、全部素晴らしい教えであることは間違いない。空海が儒教と道教と仏教を同時に解説してくれるというお得な一冊だ。

空海《くうかい》 著（797年）

儒教と道教はどっちがすごい？

空海は『三教指帰』の序章にこの書物を書いた理由を記しています。「空が晴れ渡っているときには必ず太陽がそのおおもとに現れているように、人が心に何かを感じたときにこそ、人は筆を執《と》って、その思うところを文章であらわすのです」（同書）。

空海が24歳のときの著作で、儒教・道教・仏教を代表する3人の人物を登場させ、仏道が最も優れていると説かれるストーリー形式の書です。

仏教に傾倒した空海は、大学（貴族の子弟が通う学校）を中退し、**求聞持法《ぐもんじほう》**をきわめ、仏道修行をしようと決意しました。『三教指帰』には当時の空海の気持ちが込められています。

この上巻では、儒教の亀毛《きもう》先生という人が、兎角公《とかくこう》の家にまねかれたところ、兎角公の

求聞持法
求聞持聡明法《ぐもんじそうめいほう》ともいう。序文とともに空海の略歴が記

外甥の蛭牙公子《しつが》というグレてしまった青年について相談されました。

そこで亀毛先生は甥を叱ります。彼の両親をうやまわない態度、肉食と酒にまみれているありさま、女性に対する情欲などについてたしなめたのです。

心を入れ替えれば功名をたてたり大成できると説きます。すると蛭牙公子はひざまずいて、心を入れ替えました。

ところが、中巻になりますと、実は座敷のかたすみに道教の虚亡隠士《きょぶいんし》という人がすわっていた様子が描写されます。虚亡隠士は、亀毛先生に向かって「いまの話はどうしようもない」。「他人の欠点を暴き出してもしょうがない」と全否定。そこで、三人は、虚亡隠士の道教（36ページ参照）の教えを聞くことになります。

されている。空海が若いときに一人の仏道修行の僧侶に会い、密教経典の『虚空蔵《こくうぞう》菩薩《ぼさつ》求聞持法経』というお経を教えてもらったとある。それには「もし人がここに示された修法によってこの真言『のうぼう　あきゃしゃ　ぎゃらばや　おんあり　きゃまり　ぼりそわか』を百万遍となえれば、一切の教えの文章や意味を暗記することができる」という。空海は土佐の室戸《むろと》岬《ざき》に行って修行をしてこれを成就した。

仏教の真理が究極だという空海の教え

虚亡隠士は、「あなたたちに不死の神術の秘密を教えよう」と仙人になる道を説き始めます。三人はよろこんでこの教えに聞き入りました。

その内容は、肉欲・貪欲を離れ、穀類は毒で、にら、らっきょう、にんにくは猛毒、もちろん酒や肉もダメ。美女に触れたり、歌ったり踊ったりは命を失う行為というように、仙道をきわめるための禁止事項が長々と説かれます。

さらに、仙道の呼吸法や水の飲み方、仙薬による養生ノウハウが語られます。これをきわめると天空に登れるし、テレポーテーションもできるし、若返って不老不死となるそうです。

さらに隠士は世俗の人々が貪欲にまみれて、水の泡のように消えやすい財産をあつめ、分不相応な幸せをねがっていると説きます。ちょっとでもいいことがあると有頂天になり、悪いことがあると落ち込むと説くなど、現代の一般人を説明しているような鋭いところがあります。

この教えを聞いた三人は、並んでひざまずき、声をそろえて「道教が儒教よりすぐれている」と答えます。

そして、いよいよ下巻では、空海の分身である仮名乞児《かめいこつじ》が登場するのです。乞食修行をしていたら、彼は偶然にこの場にたどり着き、さっきの論争を聞いてしまったのでした。

仮名乞児は、人間は輪廻するものだし、五蘊（47ページ参照）が仮に合わさってできたものなのに、二人はこれに気づいていないと思いました。そこで、仮名乞児は直接論争をいどまずに二人に手紙を送ったのです。なんとそこには、儒教も道教も仏教の一部分であるという真理が説かれていたのです。

仏教の真理が賦《ふ》として記されており、儒教と道教を説いた二人は、これに感激します。最後に儒教・道教・仏教の三教をあきらかにする「十韻《いん》の詩」で終わります。『三教指帰』は、空海の文筆力から伝わってくる響きがありますので、ぜひ原典に触れていただくことをおすすめします。

人生で役に立つこと

儒教によって忠孝の精神を学び、道教によって大自然の力を知り、さらに仏教によってその全体をまとめあげる。そうすれば、大きな視野が開けてきて人生の目標も見えてくる。

（CC-BY-SA Maculosae tegmine lyncis）

空海（774～835年）

弘法大師。真言宗の開祖。最澄《さいちょう》に並んで、平安仏教の根幹を作り上げた。大学を中退し、19歳のころ山林で修行。『三教指帰』は24歳ごろの著作。804年に遣唐使船で唐に渡り、密教の第七祖である唐長安青龍寺の恵果《けいか》和尚に師事。

十韻の詩

深遠な教えが詩として伝えられている。太陽や月が輝いて、夜の闇を破り去るように、儒教・道教・仏教の3つの教えは人々の暗い心を取り除いてくれる。人のあり方は様々なので、病に応じて薬や針の用い方を変える。儒教や道教もすばらしいが、仏によって説かれた一乗の教え、すなわち仏の光を浴びて仏に向かって歩むことに人生の意味があるなどの内容が示されている。

【本の難易度】★★☆☆☆

『歎《たん》異《に》抄《しょう》』

唯円《ゆいえん》（親鸞《しんらん》の弟子）著

この本が書かれた背景

「自分は善人だ」と思い込んでいる勘違いの自称「善人」は、実は救われがたい。むしろ「自分は悪人だ」と自覚している「悪人」の方が、仏様の話に耳を傾けるから救われやすいという逆転の発想だ。

悪人こそが救われるとは？

平安時代の末期のこと、美作国《みまさか》（岡山）の武士の子として生まれた源空《げんくう》（法然《ほうねん》）は、13歳で比叡山《ひえいざん》に登り、天台宗を学んで精進していました。法然は善導《ぜんどう》の『観経疏《かんぎょうしょ》』の「一《いっ》心専念弥陀名号《しんせんねんみだみょうごう》、行住坐臥《ぎょうじゅうざが》……」によって阿弥陀仏《あみだぶつ》の本願の真意をさとり、「専修念仏《せんじゅねんぶつ》」に帰しました。念仏をひたすら唱えれば、すべての人が救われると確信したのです。

親鸞は「専修念仏」の教えを慕って法然に師事し、浄土真宗の開祖となりました。

親鸞の悪人正機説は、悪人が救われるということですが、「悪いことをしても救われる」と誤解を受けたようです。

そこで、弟子の唯円が『歎異抄』（異説を嘆く＝歎異）で親鸞の教えを説明しなおしま

浄土真宗
法然の教えを発展させて報恩《ほうおん》感謝の念仏を説く。自分の唱えている念仏

自力作善の善人でさえ
極楽往生できる。
ましていわんや悪人は
極楽往生できる

した。特に中心的なフレーズが「善人なおもちて往生をとぐ、いわんや悪人をや」です。

意味は「善人でさえ極楽往生できる、ましていわんや悪人は極楽往生できるのだ」ということ。

「善人」と「悪人」が逆なのではないかと思ってしまいますがこれでよいのです。

「しかし、世の中の人は悪人が極楽往生できるなら、ましていわんや善人は当然極楽往生できるでしょうと言う。これは一見正しそうに思われるが、他力本願の考えに合っていない」(同書)

これについて『歎異抄』では、「そのゆえは、自力作善《じりきさぜん》の人は、ひとえに他力をたのむこころかけたるあいだ、弥陀の本願にあらず」と記されています。

ここでは、「他力本願」と「自力作善」という用語にポイントがおかれています。


すら阿弥陀仏のはからいであるとされる(絶対他力)。浄土真宗は、室町時代中期の蓮如《れんにょ》から急速に発展し、下級武士・商人・農民層にまで広がった教えである。

他力本願
親鸞は自分の行によって悟りを得ることはできないと考え、すべてを阿弥陀仏のはからいにゆだねる信仰を説く。「南無阿弥《なむあみ》陀仏《だぶつ》」という念仏は、自力ではなく、仏の慈悲がそれを唱えさせてくれているという。

すべてをゆだねることで心がやすらかになる

今の世の中では「他力本願」というのは、あまり良い意味で使われていません。人任せという主体性のないあり方として解釈されています。ところが、本来は「他力本願」こそが、真の人間のあり方を表現しているといえましょう。というのは、人間は煩悩に翻弄される弱い存在であり、自分の力で自分を救うなどとは、むしろ大それた考え方だといえるからです。弱い存在であるからこそ、それを自覚して、仏という超越的な存在に任せるしかないのでしょう。

さらに、親鸞の説いた「絶対他力」とは、実は信心もまた仏様から与えられているという意味です。信心というのは、「よし！　信じるぞ！」と努力して生まれるものではありません。しかし、阿弥陀仏はすべての衆生を救いたいので、その信心をも与えてくださるというのです。つまり、「信じる心も自力ではない他力なのだ」というところまで徹底するのが「絶対他力」です。

結局、人間は自分の自由な意志で善を行うことはできないのです。また、自分は善人であり善をなすことができると思っている人（自力作善《じりきさぜん》の人）は、本当は煩悩にまみれた悪人なのに単に勘違いをしている人ということになります。

自分は自制心がある、阿弥陀様に頼る人間は弱い人間だと考える人もいるかもしれません。しかし、それはその人がまだ自分の真の限界というものに突き当たっていないからとも言えるのです。

人間は神や仏ではないので、完全にはなりきれない弱い存在です。だから、「私は善人です」という自信満々の人より、私は欲望に負けてしまう悪人なのだと自覚している人の方が、自分の真の姿を知っているということです。

晩年の親鸞は「自然法爾《じねんほうに》」という境地にいたりました。「あらゆるこだわりをすてて、すべてを自然にまかせきる」という態度です。「絶対他力」を極限まで突き詰めると、すべてを仏におまかせするという、明け渡した心になれるのかもしれません。

人生で役に立つこと

なんでも自分でできると背負い込んでしまうと、どこかで限界に突き当たる。人間は人間自身の力ではなく、大きな力によって生かされていると考えると少し楽になるだろう。

親鸞（1173～1262年）

浄土宗開祖法然の弟子。浄土真宗の開祖。20年間比叡山で修行を続け、29歳で山を下る。法然（源空）の門下に入り専修念仏に帰する。生涯にわたって非僧非俗を貫き、他力の思想を徹底した。映画に『親鸞　白い道』（1987年、三國連太郎監督）がある。

自然法爾

すべては阿弥陀仏のはからいによる自然な働きかけである。よって、人生をまかせきればよい。今の時代にあわせて表現すれば、「すべてのことに意味がある」「すべては、うまくいっている」というポジティブ思考につながるかもしれない。

【本の難易度】★★☆☆☆

『正法眼蔵《しょうぼうげんぞう》』

道元《どうげん》 著（1231〜1253年）

この本が書かれた背景

「人間はなんのために生きているのでしょう」と禅僧に聞けば、おそらく、「それがわかったところで、なんのためになるのか？」という答えが返ってくるだろう。禅とは無駄な思考を落とす技法だ。

仏性をもつ人間がなぜ修行するのだろう

道元の著作『正法眼蔵』は、曹洞宗《そうとうしゅう》の根本経典です。道元は、栄西《えいさい》の臨済《りんざい》禅を聞いて建仁寺に入り、師の明全とともに入宋しました。道元は宋で師事した曹洞宗の僧・如浄《にょじょう》の教えを引き継ぎ、「正伝の仏法」つまり、「悟りを得るためのブッダの真の教え」を広めようとしました（禅は達磨《だるま》大師が中国に伝えました）。

『正法眼蔵』では悟りについて以下のように書かれています。

「仏法は、人が知ろうとしても知り得ないものである。……それをきわめさとるときは、自分なりにかねてから、さとりはこんなものであろうと予知したりすることはないのである。……さとったときは、このようであったからさとった、とは知覚されないものである。

栄西
鎌倉時代の禅僧。宋に2度渡り、臨済禅を日本に伝え、臨済宗をひらいた。『興禅護国論』『喫茶養生記』を著す。

達磨（ボーディダルマ）
南インド出身。生没年不詳。禅宗の

只管打坐
ただひたすら坐禅する
修行を続けることこそが悟りの本質だ
お釈迦様は、ただひたすら坐禅にうちこんだから…

……さとりより以前にあれこれ考えたことは、さとりにとって用のないものである」(同書)

あまりに難しくてよくわかりませんが、要するに悟るときに、「どうやったら悟れるだろうか?」という余計なことを考えてはいけないということでしょう。

「仏道を修行するということは、自己を修行することです。自己を修行するということは、自己をわすれることです。…自己が万法に実証されるということは、自己の信心と、それに他己の信心をも解脱させることです」(同書)

道元は深い**禅定**《ぜんじょう》**体験**をつうじて、坐禅の行こそが万人のよるべき悟りの道であることを知りました。宋で修行をしつつ、ある日の参禅において悟りのヒントを得ます。それは、如浄和尚が、「坐禅はすべからく**身心**《しんじん》

開祖。梁の武帝にまねかれて禅を説いたが、中国に禅はまだ早い教えであると失望。嵩山《すうざん》の少林寺で「面壁九年」の坐禅をして改悟し、禅宗を開いたという言い伝えがある。

禅定
ヨーガにおいては、凝念によって心が一点に集中し、想念が持続すること(ディヤーナ)をいう。仏教では、八正道の正《しょう》定《じょう》であり、これは禅定によって心をしずめることを意味した。仏教の三つの基本的修行である戒・定・慧の

脱　落《とつだつらく》なるべし」と一喝したのを聞いたときでした。これは、身と心が同時に脱落するということですから、すべてが一体となった境地であることがわかります。

一分間坐れば、一分間は仏になれる？

道元は「修証一如《しゅしょういちにょ》（一等）」という深い教えを説きました。私たちは、一般に修行によって悟りを得ると考えます。これは「原因と結果」という因果律に基づいた論理思考です。

道元は、修証（修行と悟り）は一つであるとします。

「いま修行しているのも、実は悟りのうえの修行であるから、初心者の弁道《べんどう》がそのまま本来の悟りの全体である」（同書）

修行の際には、「悟りを期待する気持ちがあってはならない……また悟りといっても、修行のうえの悟りであるから、悟りには果しがなく、修行といっても、悟りのうえの修行であるから、修行には始まりがない」（同書）

やはり、こうやったら悟るんじゃないかな？　なんて期待している時点で、もうアウトということなのでしょう。

道元の弟子・懐奘《えじょう》の著した『正法眼蔵随聞記《ずいもんき》』には只管打坐《しかんたざ》について記されています。

「悟りの道を学ぶ上で最も重要なのは、坐禅が第一である。……仏祖の道は、ただ坐禅あるのみだ。…何も得ようとせず、何も悟ろうとせず、ひたすら端然《たんぜん》と坐禅して時をすごす。

古人も、看語《かんご》（古人の語録を読むこと）と只管打坐（ひたすらなる坐禅）とを、ともに努

一つ。中国の天台宗の祖である智顗《ちぎ》により、止観《しかん》が禅の意味をもった。

身心脱落
身体も精神も生の執着を離れて悟りの境地に入ることをいう。このとき人間の本性である仏性があらわれ、山川草木《さんせんそうもく》のすべてと一体となるとされている。

只管打坐
礼拝や念仏、また経典を読むことや公案《こうあん》（禅問答）などを排して、ひた

めてはいるが、やはり坐禅の法を切にすすめているのだ」

道元にとっての坐禅とは、凡夫が仏になるための手段ではなく、坐禅そのものに意味があるということです。つまり、「なんのために？」の答えは、その瞬間に完結していることになります。

しかし、修行をしているときと修行をしていないときとの違いはどうなるのでしょうか。おそらくは、坐禅とはすわって瞑想することだけを指し示すのではないのでしょう。人生のいついかなる瞬間も瞑想状態であることが理想なのかもしれません。

すら坐禅に打ち込むことの意味。

人生で役に立つこと

先のことを考えてばかりいると疲れてしまう。因果的な思考を断ち切って、いま、この瞬間のことに目を向けてみよう。そうすれば、山積みの仕事も、いつの間にか終わっている。

（CC-BY-SA Shii）

道元（1200〜1253年）

日本の曹洞宗の開祖。正治2年（1200年）、京都に生まれる。出家して天台教学を修し、栄西に師事してから、後に博多から南宋へと渡り、中国曹洞禅の如浄から教えを受ける。越前永平寺開山。映画に『禅　ZEN』（2009年、中村勘太郎主演）がある。

【本の難易度】★☆☆☆☆

『武士道』

新渡戸稲造《にとべいなぞう》 著（1900年）

この本が書かれた背景

日本人なら誰でも知っている「武士道」。でも、武士道ってなんだろうと考えたら、けっこうわからないもの。それもそのはず、武士道という体系はない。それを西洋人に説明するのはもっと難しい？

武士道を西洋的に説明したらこうなった！

新渡戸稲造によると、武士道とは、「語られず、書かれてもいない掟」（第一章）です。数十年、数百年に及ぶ武士らの生き方から自然発生した教えです。これを新渡戸が、外国人に説明しようとして、全十七章で構成したのが『武士道――日本人の魂』です。武士道の起源と源泉、その性格と教え、日本人の道徳に及ぼした影響などが記されています。

しかし、西洋人には武士道どころか武士を説明するのも大変でした。そこで、新渡戸稲造は、西洋の騎士道を引き合いに出し、西洋人に武士道をわかりやすく伝えようとしたのです。また、騎士道と武士道はともに、戦士階級における「ノブレス・オブリージュ（高貴な身分に伴う義務）」があることが共通しているとしました。社会的なリーダーにはそ

『武士道』
新渡戸稲造が著した『武士道―日本人の魂』。英文で書かれた（Bushido：The Soul of Japan）。これは、武士道の全体像を初めて西洋人向けにまとめた書である。日本

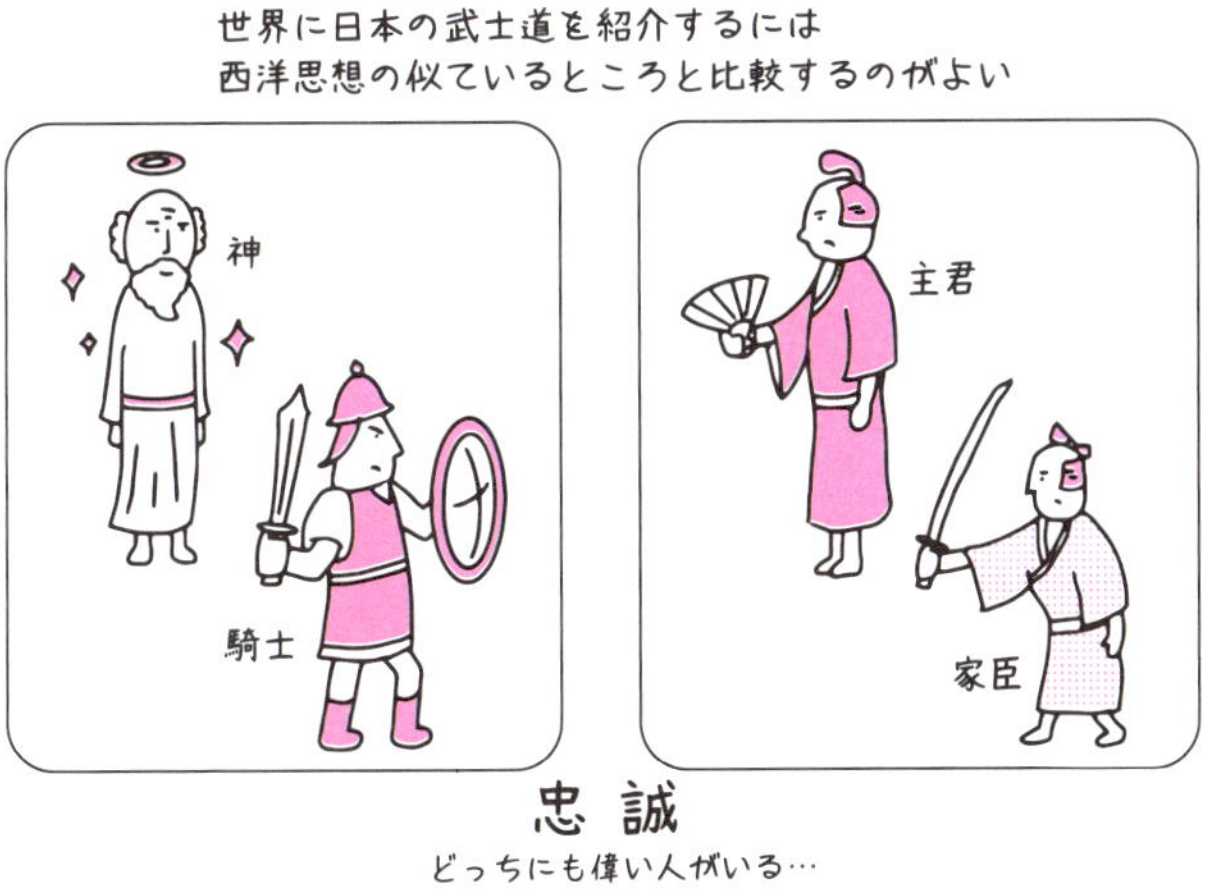
世界に日本の武士道を紹介するには
西洋思想の似ているところと比較するのがよい
神
騎士
主君
家臣
忠誠
どっちにも偉い人がいる…

れなりの責任・義務が伴っているというのです。

新渡戸稲造によると、武士道とは、「語られず、書かれてもいない掟」（第一章）ですが、数十年、数百年に及ぶ武士らの生き方から自然発生しているものだとされます。

新渡戸は、『武士道』において、武士が身につけなければならない7つの徳目を順に説明していきます。これは、義・勇・仁・礼・信（誠）・名誉・忠義（忠）です。

「義」は、武士の掟のなかで、もっとも厳しい教えです。武士にとって、卑怯な行動や不正な行為ほど恥ずべきものはありません。

「義は、自分の身の処し方を、道理に従い、ためらわず決断する心を言う。死すべき時に死に、討つべき時に討つことである」（同書第三章、林子平《はやししへい》が定義したもの）。

人の心を世界に伝えるという大きな功績を残した。おもしろいのは、西洋哲学と似ているところをピックアップして説明しているところで、切腹とソクラテスの死（18ページ参照）を比較したりして説明の努力をしている。

騎士道
騎士道にはキリスト教の精神が宿っているが、武士道にはそれがない。騎士道では神が絶対的存在であるが、武士道では自分の主君こそが絶対の存在となる。

『武士道』的に生きるためにはどうする？

「義」は、もう一つの武徳である「勇気」と双子の兄弟であるとされます。「義」を実践するために必要とされるのが「勇気」です。勇気とは、「あらゆる種類の危険をおかし、じぶんの命を賭け、死の淵に飛び込むこと」と思われていますが、新渡戸によると死ぬべき価値のない理由で死ぬのは「犬死」で、「生きるべき時に生き、死ぬべき時にのみ死ぬ」ことが「勇気」なのです。勇気の心は、高みにのぼると「仁」（愛）に高まります。というのは、力をもつ者は、弱者や目下の者に対して、苦しみを見過ごすことのできない憐れみの心（惻隠の心）（34ページ参照）をもつからです。このように、寛容、他者への情愛、同情、憐れみは、つねに最高の徳です。新渡戸は「もっとも勇敢な者はもっとも優しい者であり、愛のある者は勇敢な者である」と記しています。また、武士の刀は、「忠義」と「名誉」の象徴です。

　このように、武士は名誉を重んじ、恥を嫌ったのですが、一方、恥をかいたときに些細なことで腹を立てるのは「短気」として笑われました。そこで、忍耐によって名誉の行き過ぎにブレーキをかけるのです。

　さらに、『武士道』には、金銭についての価値観も記されています。

「武士は金銭そのもの、金を儲け、金を蓄える術を卑しんだ。金は、武士にとってまぎれもなく不浄なものだった」（第十章）とあります。

「義」
新渡戸は真木和泉《まきいずみ》の説いた義を補足している。それによると、義は、「人の身体に骨があるようなもの」なのだ。骨がなければ首も正しく据わることができないし、手足もしっかりしない。義は武士の骨格なのだ。

死ぬべき時にのみ死ぬ
「仏教は、運命に対する穏やかな信頼、避けられない事柄を心静かに受け入れ、危険や災難を目にしてもス

武士道において倹約が教えられたのは、経済的理由だけではなく、「節制」の訓練のためだったのです。贅沢は人間にとって恐ろしいことであり、質素な生活が求められたのでした。新渡戸は「現代には金権支配がなんと急速に蔓延してしまったのだろうか！」と嘆いています。

この他、『武士道』には、切腹について（第十二章）、女性の教育と地位（第十四章）についてなど、豊富な日本人の心について紹介されています。私たちの魂の奥に武士道が生きていることは間違いないと言えるでしょう。

人生で役に立つこと

グローバル化が進む中、日本の文化を外国人に伝えることは大切だ。特にサムライは外国人が興味をもつ分野である。英語対訳の『武士道』が出版されているので、英語の勉強を兼ねて読んでみるのもいいだろう。

（CC-BY-SA Ueda.H）

新渡戸稲造（1862〜1933年）

岩手県出身。札幌農学校に入り、クラーク博士に導かれてキリスト教に入信した。欧米に留学後東大教授、東京女子大学長などをつとめる。国際連盟事務次長としても活躍する。「太平洋の橋」になることをねがって世界平和を説く。

トイックに落ち着き、生に執着せず、死に親しむ心をもたらした」（同書第二章）。新渡戸によると、瞑想による修行、つまり禅こそが武士道をつかむ極意だという。孔子の教えは支配階級のサムライにふさわしく、特に君臣、父子、夫婦、兄弟、朋友《ほうゆう》の五つの道徳関係が重要視されている。

【本の難易度】★★★★★

『善の研究』

西田幾多郎 著（1911年）

この本が書かれた背景

主観は内側の世界。客観は外側の世界。でもこれらはどうやって結びついているのだろうか。西洋の哲学者も様々な答えを示したが、日本で独特の答えをあみだした哲学がある。それが日本を代表する西田哲学だ。

世界に誇る日本の哲学

明治時代から、日本への西洋哲学の導入が始まったのですが、西田幾多郎は、日本オリジナルの体系をもった哲学を生み出した人物です。

『善の研究』は西田幾多郎の処女作で、本書の独創性は、主観と客観、精神と物質というデカルト以来の二元論的な考え方を排除して、精神も物質も実在としての「純粋経験」のあらわれとする主客同一を主張したところにあります（主客未分《しゅかくみぶん》）。

第1篇「純粋経験」、第2篇「実在」、第3篇「善」、第4篇「宗教」の4篇から構成されています。第1篇「純粋経験」は著者の思想の根本である「純粋経験の性質を明らかにしたもの」です。

『善の研究』
1911年（明治44年）刊行。西田幾多郎の最初期の著作。西田みずからの禅的体験がある。第1篇「純粋経験」、第2篇「実

聴いている私(主観)と聴かれている音楽(客観)は
未だ分離していない…
主客未分

第2篇「実在」においては、「我々の意識現象すなわち直接経験の事実」のみが「唯一の実在」であるとする著者の根本的立場が述べられています。西洋の近代哲学は「見るもの」と「見られるもの」という主観・客観の図式で考えられてきました。この2つを統合するには、世界を主観か客観に振り分ける方法がありました。大雑把に分類すると、主観の方に統合すると「観念論」になり、客観に統合すると「唯物論」となります。

西田はこの主観・客観図式を超えた図式を考えました。主観と客観が分裂するから世界が2つになってしまうのですから、分裂する以前の状態を考察したのです。

この主客が未だ分離していない状態を「純粋経験」といいます。音楽を聞いているとき、「聞かれる音楽と聞く私」という分離がないとされます。

在」、第3篇「善」、第4篇「宗教」。倉田百三の『愛と認識との出発』（1921年）で紹介されて多くの人々に愛読されるようになったとされる。

主観と客観
西田によるとバークリ（62ページ参照）の考えでは、客観が私たちの意識界にすぎないとなるので、その客観性が失われる。逆に「唯物論的」に考えれば、主観が消されてしまうと説いている。

主観と客観に分かれる前に真実がある

では、主観と客観はどのようなときに発生するのでしょうか。それは、一息ついて思考したときではないでしょうか。「ああ、見ている私があって、見られている山がある」と考えたときにこの両者は分離するのです。

「純粋経験においてはいまだ知情意の分離なく、唯一の活動であるように、またいまだ主観客観の対立もない。主観客観の対立はわれわれの思惟の要求より出てくるので、直接経験の事実ではない」（同書）

さらに、前2篇の考えを基礎に展開されるのが、第3篇「善」です。ここでは「人格の実現」あるいは「自己の個人性の実現」こそ「絶対的善」であるとする倫理学説が展開されます。

「……直接経験の上においてはただ独立自全の一事実あるのみである、見る主観もなければ見らるる客観もない。あたかもわれわれが美妙なる音楽に心を奪われ、物我相忘れ、天地ただ嚠喨《りゅうりょう》たる一楽声のみなるがごとく、この刹那いわゆる真実在が現前している」（同書）。

私たちが美しい風景や音楽にわれを忘れたり、何かを作って没頭していたりするのが「純粋経験」なので、そこには世界の相互関係が融合しています。では、「善」とは何なのでしょう。

真実在
西田は、主観と客観が分離する瞬間をわかりやすく説明している。「（音楽を聴いているとき）これが空気の

「善とは一言にていえば人格の実現である。これを内よりみれば、真摯《しんし》なる要求の満足、すなわち意識統一であって、その極みは自他相忘れ、主客相没するというところにいたらねばならぬ」（同書）。

客観を主観に従えたり、主観が客観に従ったりするものではありません。西田はそこに「善」を見出したのでした。

哲学史のなかで、「善」は様々に説明されてきましたが、「純粋経験」という主客を統一した場所に「善」があるというのはまったく新しい発想だったのです。

振動であるとか、自分がこれを聴いているとかいう考えは、われわれがこの実在の真景を離れて反省し思惟することによって起こってくるので、このときわれわれはすでに真実在を離れているのである」（同書）

人生で役に立つこと

何が正しいのかわからなくなったら、自分の中にありありと感じられる瞬間の経験を大事にしよう。それは自分の内側だけではなく、外側ともつながって一つとなっている究極の場だ。

（CC-BY-SA Namazu-tron）

西田幾多郎（1870～1945年）

日本独特の哲学を生み出し、京都学派の創始者となった哲学者。京都大学教授、名誉教授。坐禅の境地を哲学的に理論化する。『善の研究』を著したあと、「絶対矛盾の自己同一」「場の理論」などの難解な思想の展開をみせた。

参考資料

世界の名著（6）プラトンⅠ 田中美知太郎（責任編集）中公バックス
世界の名著（8）アリストテレス 田中美知太郎（責任編集）中公バックス
世界の名著（3）孔子／孟子 貝塚茂樹（責任編集）中公バックス
世界の名著（4）老子／荘子 小川環樹（責任編集）中公バックス
老境について キケロ（著）、吉田正通（翻訳）岩波文庫
聖書（口語訳）日本聖書協会
世界の名著（19）朱子／王陽明 荒木見悟（責任編集）中公バックス
「朱子語類」抄 三浦國雄（翻訳）講談社学術文庫
ブッダの真理のことば・感興のことば 中村元（翻訳）岩波文庫
方法序説 デカルト（著）、谷川多佳子（翻訳）岩波文庫
世界の名著（27）デカルト 野田又夫（責任編集）中公バックス
世界の名著（30）スピノザ／ライプニッツ 下村寅太郎（責任編集）中公バックス
ノヴム・オルガヌム――新機関 ベーコン（著）、桂寿一（翻訳）岩波文庫
人知原理論 ジョージ・バークリ（著）、大槻春彦（翻訳）岩波文庫
純粋理性批判（上・中・下）カント（著）、篠田英雄（翻訳）岩波文庫
実践理性批判 カント（著）、波多野精一、宮本和吉、篠田英雄（翻訳）岩波文庫
世界の名著（45）ショーペンハウアー 西尾幹二（責任編集）中公バックス
歴史哲学講義（上・下）ヘーゲル（著）、長谷川宏（翻訳）岩波文庫
現象学の理念 エドムント・フッサール（著）、立松弘孝（翻訳）みすず書房
プラグマティズム W・ジェイズム（著）、桝田啓三郎（翻訳）岩波文庫
世界の名著（51）キルケゴール 桝田啓三郎（責任編集）中公バックス
世界の名著（57）ニーチェ 手塚富雄（責任編集）中公バックス
哲学 ヤスパース（著）、小倉志祥、林田新二、渡辺二郎（翻訳）中公クラシックス
全体性と無限（上・下）レヴィナス（著）、熊野純彦（翻訳）岩波文庫
世界の名著（74）ハイデガー 原佑（責任編集）中公バックス
存在と無（上・下）サルトル（著）、松浪信三郎（翻訳）人文書院
パスカル パンセ抄 ブレーズ・パスカル（著）、鹿島茂（編訳）飛鳥新社
パンセ パスカル（著）、前田陽一、由木康（翻訳）中公文庫
幸福論 アラン（著）、神谷幹夫（翻訳）岩波文庫
グーテンベルクの銀河系――活字人間の形成 マーシャル・マクルーハン（著）、森常治（翻訳）みすず書房
ポスト・モダンの条件――知・社会・言語ゲーム ジャン＝フランソワ・リオタール（著）、小林康夫（翻訳）水声社
消費社会の神話と構造 ジャン・ボードリヤール（著）、今村仁司、塚原史（翻訳）紀伊國屋書店
複製技術時代の芸術 ヴァルター・ベンヤミン（著）、佐々木基（編集解説）晶文社クラシックス
アンチ・オイディプス ジル・ドゥルーズ、フェリックス・ガタリ（著）、市倉宏祐（翻訳）河出書房新社
戦争論（上・中・下）クラウゼヴィッツ（著）、篠田英雄（翻訳）岩波文庫
クラウゼヴィッツ兵法――ナポレオンに勝った名参謀の戦略 大橋武夫（著）マネジメント社
社会契約論 ルソー（著）、桑原武夫、前川貞次郎（翻訳）岩波文庫
君主論 マキアヴェッリ（著）、河島英昭（翻訳）岩波文庫
自由からの逃走 新版 エーリッヒ・フロム（著）、日高六郎（翻訳）東京創元社
世界の名著（49）ベンサム／J・S・ミル 関嘉彦（責任編集）中公バックス
正義論 ジョン・ロールズ（著）、川本隆史、福間聡、神島裕子（翻訳）紀伊國屋書店
啓蒙の弁証法――哲学的断想 ホルクハイマー、アドルノ（著）、徳永恂（翻訳）岩波文庫
これからの「正義」の話をしよう マイケル・サンデル（著）、鬼澤忍（翻訳）早川書房
世界の名著（28）ホッブズ 永井道雄（責任編集）中公バックス
全体主義の起原1――反ユダヤ主義 新版 ハンナ・アーレント（著）、大久保和郎（翻訳）みすず書房

全体主義の起原2――帝国主義 新版 ハンナ・アーレント（著）、大島通義、大島かおり（翻訳）みすず書房
全体主義の起原3――全体主義 新版 ハンナ・アーレント（著）、大久保和郎、大島かおり（翻訳）みすず書房
世界の名著（31）アダム・スミス 国富論 大河内一男（責任編集）中央公論社
世界の名著（61）ウェーバー 尾高邦雄（責任編集）中公バックス
世界の名著（41）バーク／マルサス 水田洋（責任編集）中公バックス
世界の名著（54）マルクス／エンゲルスⅠ 鈴木鴻一郎（責任編集）中公バックス
世界の名著（55）マルクス／エンゲルスⅡ 鈴木鴻一郎（責任編集）中公バックス
人類の知的遺産（70）ケインズ 伊東光晴（著）講談社
経済学批判 マルクス（著）、武田隆夫、遠藤湘吉、大内力、加藤俊彦（翻訳）岩波文庫
21世紀の資本 トマ・ピケティ（著）、山形浩生、守岡桜、森本正史（翻訳）みすず書房
世界の名著（60）フロイト 懸田克躬（責任編集）中公バックス
元型論 増補改訂版 C・G・ユング（著）、林道義（翻訳）紀伊國屋書店
心理学と錬金術（Ⅰ・Ⅱ）C・G・ユング（著）、池田紘一、鎌田道生（翻訳）人文書院
人生の意味の心理学（上・下）（アドラー・セレクション）アルフレッド・アドラー（著）、岸見一郎（翻訳）アルテ
ウィトゲンシュタイン全集（1）論理哲学論考 奥雅博（翻訳）大修館書店
新訳 ソシュール一般言語学講義 町田健（翻訳）研究社
狂気の歴史――古典主義時代における ミシェル・フーコー（著）、田村俶（翻訳）新潮社
科学革命の構造 トーマス・クーン（著）、中山茂（翻訳）みすず書房
現代フランス哲学（ワードマップ）久米博（著）新曜社
空海「三教指帰」（ビギナーズ 日本の思想）加藤純隆、加藤精一（翻訳）角川ソフィア文庫
空海「般若心経秘鍵」（ビギナーズ 日本の思想）加藤精一（編）角川ソフィア文庫
歎異抄 金子大栄（校注）岩波文庫
名僧列伝（一）紀野一義（著）講談社学術文庫
道元（日本の仏教思想）玉城康四郎（編集）、西尾実、水野弥穂子（訳・注）筑摩書房
武士道 新渡戸稲造（著）、岬龍一郎（翻訳）PHP文庫
善の研究 西田幾多郎（著）、小坂国継（全注釈）講談社学術文庫
立体 哲学 渡辺義雄（著）朝日出版社
中国古典の名言録 守屋洋、守屋淳（著）東洋経済新報社
人生の哲学 渡邊二郎（著）放送大学教育振興会
嫌われる勇気 岸見一郎、古賀史健（著）ダイヤモンド社
ハンナ・アーレント 全体主義の起原（100分de名著）仲正昌樹（著）NHK出版
パスカル パンセ（100分de名著）鹿島茂（著）NHK出版
般若心経（100分de名著）佐々木閑（著）NHK出版
アドラー 人生の意味の心理学（100分de名著）岸見一郎（著）NHK出版
山川喜輝の生物が面白いほどわかる本 山川喜輝（著）KADOKAWA
量子力学が語る世界像――重なり合う複数の過去と未来 和田純夫（著）講談社ブルーバックス
日本の名著（47）西田幾多郎 上山春平（責任編集）中公バックス
誰でも簡単に幸せを感じる方法はアランの『幸福論』に書いてあった 富増章成（著）中経の文庫
最新図説倫理 浜島書店
新倫理資料 実教出版
高等学校 現代倫理 清水書院

[著者]
富増章成（とます・あきなり）
河合塾やその他大手予備校で「日本史」「倫理」「現代社会」などを担当。中央大学文学部哲学科卒業後、上智大学神学部に学ぶ。歴史をはじめ、哲学や宗教などのわかりにくい部分を読者の実感に寄り添った、身近な視点で解きほぐすことで定評がある。著書『日本史《伝説》になった100人』（王様文庫／三笠書房）、『図解でわかる! ニーチェの考え方』『図解 世界一わかりやすい キリスト教』『誰でも簡単に幸せを感じる方法はアランの「幸福論」に書いてあった』（以上、KADOKAWA）、『超訳 哲学者図鑑』（かんき出版）、『オッサンになる人、ならない人』（PHP研究所）、『哲学の小径——世界は謎に満ちている!』（講談社）、『空想哲学読本』（宝島社文庫）など多数。フジテレビ系列にて深夜放送された伝説的知的エンターテインメント番組『お厚いのがお好き？』監修。

読破できない難解な本がわかる本
——図解で読みとく世界の名著60

2019年3月27日　第1刷発行
2023年11月15日　第5刷発行

著　者——富増章成
発行所——ダイヤモンド社
〒150-8409　東京都渋谷区神宮前6-12-17
https://www.diamond.co.jp/
電話／03･5778･7233（編集）　03･5778･7240（販売）

ブックデザイン—小口翔平＋喜來詩織（tobufune）
イラスト——大野文彰
製作進行——ダイヤモンド・グラフィック社
印刷————堀内印刷所（本文）・加藤文明社（カバー）
製本————加藤製本
編集担当——山下覚

ISBN 978-4-478-10195-7